강간을 말할 때 우리가 이야기하는 것

KB142141

레이먼드 카버의 소설 <사랑을 말할 때 우리가 이야기하는 것>은 잠시 잊자. 《강간을 말할 때 우리가 이야기하는 것》. 이보다 더 제목에 충실한 책이 있을까. 이 책은 모든 여성에게 가해지는 성폭력을 말할 때 일어나는 모든 정치를 담고 있다. 자신의 공포스러웠던 경험을 가감 없이 공유하고픈 소망, 우리가 무언가를 말할 때 반드시 동반되는 말할 수 없는 이야기, 완전히 다르지만 정확히 같은 사건으로서의 성폭력, 여성에 대한 폭력gender based violence과 계급, 인종, 종교 체제의 관계….

이 책은 기존에 성폭력을 다룬 책 중에서도 패러다임을 바꿔줄 책이자 최근 내가 읽은 책 중에서 가장 빼어난 텍스트다. 읽는 내내 통쾌하고 힘이 난다. 성폭력에 대한 구체적 실증, 자신의 의제를 공부하려는 의지, 생존자의 위치성, 섹슈얼리티 이론, 글쓰기의 윤리와 유머까지. 고통과 폭력의 문제를 다루려는 이들에게 이 책이 하나의 모델이 되기를 희망한다.

이와 더불어 "나는 여전히 다른 사람이 겪은 일이 내 경험보다 더 끔찍하다고 생각합니다"라는, 피해를 경쟁하지 않는 저자의 연대의 자세를 신자유주의 시대 한국 사회에 전하고 싶다. 피해 서사를 넘어서는 사회 정의로서의 페미니즘, 우리 몸과 우리 자신을 사랑하기 위한 여성주의 입문서로서 최적이다. 고전이 탄생했다.

—**정희진** (여성학자, 《나를 알기 위해 쓴다》 저자)

아직도 강간에 대해 말할 것이 남았냐고 묻는 이들이 있다. 강간이 나쁘다는 것을 몰랐던 시대도 아니고, 법이 없는 것도 아니며, 피해자를 비난하는 문화는 바뀌지 않았냐며 지긋지긋해하는 사람들이 있다. 아직도 변하지 않은 것은 너무나 많다. 인도에서는 강간당한 사람을 '진다 라시', 살아 있는 시체라고 부른다. 이탈리아에서는 강간당한 여성과 혼인하면 강간범을 구제해주는 법이 있었다. 한국에서는 동의하지 않은 섹스를 강간이라고 인정하지 않는다. 하지만 놀라울 만큼 변한 것이 있다. 바로 피해자들이 자신이 겪은 이야기를 쏟아내기 시작한 것이다.

강간에 대한 이야기가 지겹지 않냐고? 전혀 지겹지 않다. 나는 피해자가 직접 말하는 강간에 대한 이야기를 지겨울 만큼 듣는 것이 소원이다. 그런 이야기는 놀라울 만큼 적다. 게다가 이 책의 저자처럼 자신의 피해 경험뿐만 아니라 문제의 원인과 해결 방법에 대해 말하는 피해자이자 활동가는 매우 드물다. 왜 페미니스트들이 강간 피해자를 생존자라고 부르는지 이 책을 읽고 나면 알게 될 것이다. '살아 있는 시체'들이 말을 하기 시작했다. 그러니 범인은 잡힐 것이고, 세상은 달라질 것이다. 피해자의 말은 스스로를 살리고 사회를 구원한다. 그런 의미에서 이 책은 끔찍한 이야기를 모아놓은 슬픈 책이 아니다. 이보다 더 희망찬 책을 근래에 본 적이 없다.

—**권김현영** (여성학자, 《늘 그랬듯이 길을 찾아낼 것이다》 저자)

해외 추천사

자기 신체에 대한 권리는 그 어떤 민주주의에서도 최우선적으로 선행되어야 한다. 그리고 그런 기준에서 보면, 특히 우리 모든 여성은(인종, 카스트, 계급에 의해 푸대접을 받는 여성들도!) 여전히 은밀한 성적 독재의 대상이 되고 있다. 《강간을 말할 때 우리가 이야기하는 것》에 담긴 이야기들은 (강간과 성폭력이라는 주제를 논하는 데 있어서) 지금 우리가 어디까지 왔는지, 그리고 얼마나 더 나아가야 하는지 알려줄 것이다.

— 글로리아 스타이넘Gloria Steinem

단호하면서도 복잡 미묘하다. 그녀의 전복적이고 강인한 글은 우리 곁에 고통받는 사람이 있고, 부서져버린 육체가 있다는 사실을 결코 잊지 못하게 한다. 하나의 몸이 폭력으로 침해당하면 모든 사회가 위험에 처하는 것이다. 이 책은 더없이 시기적절할 뿐 아니라 (강간 생존자인) 압둘알리가 아닌 그 누구도 쓸 수 없었을 것이다. 만일 #미투 운동이 전 세계 여성들이 처해 있는 상황을 변화시키는 데 지속적인 영향을 미친다면, 바로 이런 책이 있기 때문이다.

— 프레티 타네자Preti Taneja, 영국의 작가, 2018 데즈먼드 엘리엇 상 수상자

강간, 강간 문화, 성폭력으로 고통받는 개인에 관한 현재적 논의에 반드시 필요한 책. 압둘알리는 이 불안정한 주제에 깃든 복잡성을 명료함, 동정심, 통찰력을 동원해 포착해낸다. 그녀의 글은 안락함을 주면서 격분하게 하고, 공격적이면서 호감을 갖게 하고, 현재에 충실하면서 보편타당하며, 인간적이면서 동시에 끔찍하다. 그러면서 그녀는 더 안전하고, 더 건강하며, 모두를 위해 더더욱 충만한 세상을 만드는 데 기여할 수 있는 우리의 역할과 책임에 초점을 맞춘다. 압둘알리는 성폭력을 극복하는 것은 근본적으로 창조적 행위와 같다는 점을 우리에게 가르쳐준다. 이 용감한 책에서 그녀는 자신을 비롯해 다른 수많은 이들의 경험을 공유함으로써 살아남고, 강인해지고, 온전함을 되찾는 이야기를 들려준다.

　　　　　―리처드 O. 프럼 Richard O. Prum, 예일 대학교 생태학·진화생물학 교수

알아둘 것: 압둘알리가 강간에 대해 솔직하게 말하는 것은 충격적이지 않다. 그녀가 솔직함과 따뜻함, 냉철한 엄밀함과 정당한 분노, 지혜와 유머(그렇다! 유머다!) 등을 통해 강간 문화에 관한 대중적 담론의 내용과 한계를 깊이 파고드는 것 또한 충격적이지 않다. 충격적인 것은, 이런 책이 더 이상 없다는 것이다. 이 책은 우리의 사회화된 침묵이 오직 불의, 공포, 단절로 귀결되는 상황을 강력하게 고발한다. 압둘알리는 변화가 가능하다는 희망으로, 자신의 인간애를 총동원하

여 그러한 공허감과 잘못된 인식에 맞서 발언한다. 이 책을 읽자. 그리고 이야기하기를 멈추지 말자.

—**사라 크라스노스테인**Sarah Krasnostein,
《트라우마 클리너The Trauma Cleaner》 저자

우리 모두에게 (종종 말로 표현되지 못하지만 언제나 삶을 송두리째 뒤바꿔놓는 방식으로) 영향을 미치는 범죄에 대한 매우 중요하고도 놀랄 만한 탐구. 생존자의 목소리는 변화를 위한 필연적 도구이며, 이 책은 그 목소리를 정직하고 씁쓸하고 매력적이며 너무나도 인간적으로 담아낸 증거이다. 그럼으로써 이 책은 수백만의 여성과 함께 공명하고 또 다른 수백만의 사람들을 교육할 수 있는 진리로 가득 채워질 것이다.

—**위니 M. 리**Winnie M. Li, 《다크 챕터Dark Chapter》 저자

수많은 통찰이 책 속에서 빛을 발한다. 이 책은 강간에 대해 말하는 법을 배워가기 위한 동시대 운동에 관한 국제적 담론이다. 우리가 더 많이 이야기할수록 우리는 더 많은 것을 배울 것이다. 우리가 더 많은 것을 배울수록 우리는 더 많은 것을 변화시킬 수 있을 것이다. 이 책을 읽고 변화에 동참하기를.

—**우나**Una, 《비커밍 언비커밍Becoming Unbecoming》 저자

압둘알리는 동의, 책임, 의도, 명예, 예방을 둘러싼 논쟁에 깊은 연민, 유머, 악의 없는 반어, 그리고 분노로 접근한다. 그녀 스스로 정답을 가지고 있다고 주장하지는 않지만 이 책이 주장하는 바는 분명하다. 즉 피해자들은 믿음, 지지, 공정한 발언의 기회를 가질 자격이 있다; 강간범들은 마땅한 대가를 치러야 한다; 그리고 생존자들은 충만하고 즐거운 삶을 살아갈 수 있다. 저자의 명석한 분별력, 우아함, 문학적 손길로 충만한 이 책은 사회학자, 심리치료사, 페미니스트, 그리고 모든 여성이 공포로부터 자유로운 세상을 만들어갈 수 있다고 믿는 사람들에게 귀중한 읽을거리가 될 것이다.

—퍼블리셔스 위클리Publishers Weekly

직설과 미묘한 뉘앙스를 동시에 갖는 강간 담론을 통해서 성폭력의 복잡성을 정면으로 반박하며, 지나치게 단순화된 기존의 관습과 생각을 정확하게 비판하는 책. [강간에 대해] "말하는" 것이 때로는 비용을 감수해야 하며 "심리적 안정, 사건 종료, 정의 같은 보상이 늘 뒤따르는 것은 아니지만" 압둘알리는 생존자들이 강간에 대해 말할 수 있도록 용기를 불어넣어 준다.

—커커스 리뷰Kirkus Reviews

중요한 목표를 향해 돌진하는 중요한 책. 금기처럼 여겨지는 주제에 대한 의미심장하고 사려 깊은 논의.

—북리스트Booklist

성폭행, 강간 문화, 그로부터 우리가 나아가야 할 방향을 알려주는 허심탄회하고 간명한 선언. 이 책이 젠더 스터디와 성폭력에 관한 주요 문헌들 중에서 중요한 위치를 차지할 것이라는 데에 의심의 여지가 없다. 압둘알리는 눈을 뗄 수 없는 문장, 많은 이야기들을 통해 놀라운 성취를 이루었다.

—도서관 저널Library Journal

강간을 말할 때 우리가 이야기하는 것

…그리고 이야기하지 않는 것

What We Talk About
When We Talk About Rape

소하일라 압둘알리 지음
김성순 옮김

쌤앤파커스

WHAT WE TALK ABOUT WHEN WE TALK ABOUT RAPE

Copyright © Sohaila Abdulali 2018
First published by Myriad Editions www.myriadeditions.com
Translation copyright © 2020, by Sam & Parkers Co., Ltd.
Korean translation rights arranged with LOUISA PRITCHARD ASSOCIATES through EYA(Eric Yang Agency).

이 책의 한국어판 저작권은 EYA(Eric Yang Agency)를 통해 LOUISA PRITCHARD ASSOCIATES와 독점 계약한
(주)쌤앤파커스에 있습니다.

저작권법에 의하여 한국 내에서 보호를 받는 저작물이므로 무단전재 및 복제를 금합니다.

사마라, 에이단 그리고 라페에게 바칩니다.
우리의 영원한 티타임teatime을 위하여

차례

1 들어가며   15

2 누구에게 말해야 할까요?   20

3 조용히 있든지, 죽든지, 미친년이 되든지   33

4 완전히 다르고 정확히 같은   50

5 예스, 노, 아마도   66

6 뭘 기대한 거야?   80

7 침묵의 카르텔   92

8 목숨을 부지하는 법   98

9 강간 생존자를 돕기 위한 지침   113

10 공식적인 언어로 말하기   115

11 너의 사랑이 나를 죽여   124

12 아주 잠깐 동안의 공포   138

13 틀니로 가득 찬 가방   143

14 지독하게 뻔뻔한 남자   156

15 역겨운 권력자들에게 맞서며   170

16 아주 잠깐 동안의 분노   177

17 처방전: 예의 바른 대화   180

18 침대 밑의 괴물   199

19 아주 잠깐 동안의 혼란   208

20 강탈당한 자유, 강탈당한 기쁨   211

21 주머니 속 돌멩이   228

22 아주 잠깐 동안의 권태   233

23 자비심의 본질   234

24 당신의 경험이 내 경험보다 더 끔찍해요   243

25 착한 여자는 안 그래   252

26 초보자를 위한 강간 예방법   270

27 그 남자의 상식   272

28 아주 잠깐 동안의 테러   282

29 강간. 구원. 대재앙   285

감사의 말   293

주   296

들어가기에 앞서

이 책에는 저를 비롯해 많은 사람들이 실제로 겪은 일이 담겨 있습니다.
인터뷰이의 사생활을 보호하기 위해 이름, 장소 등 구체적인 정보는
모두 바꿨습니다. 가끔은 이야기의 순서를 변형해야만 하는 경우도
있었습니다. 그래서 A의 삼촌이 실제로는 B의 아버지일 수도 있습니다.
하지만 진술의 내용은 최대한 그대로 옮기기 위해 노력했습니다.

일러두기

* 원문에서 저자가 강조한 단어는 볼드체로 표시했다.

* 옮긴이 주는 본문의 해당 내용 옆에 방주 처리하고 '옮긴이'라 표시했다.
  단, 구체적인 설명이 필요한 곳에는 *로 표시하고 각주 처리했다.

1
들어가며

빛은 들어왔던 창문을 통해 다시 방을 빠져나가고 있었다.
— 레이먼드 카버, 〈사랑을 말할 때 우리가 이야기하는 것〉

강간은 빛을 앗아갑니다. 《해리 포터》에 나오는 무시무시한 디멘터Dementor처럼 사람의 영혼을 갉아먹고 행복을 거두어갑니다. 일상의 대화조차 제대로 할 수 없게 만들어요. 강간에 대한 담론은 대부분 비논리적이고 비상식적입니다. 여느 범죄들과 달리 피해자의 입을 틀어막습니다. 삶이 회복 불가능할 정도로 파괴되었는데도 다른 범죄보다 가볍게 다뤄집니다.

나는 강간이 앗아간 그 빛을 다시 찾고 싶습니다.

강간. 상당히 거친 말입니다. 힌디어로는 발라트카르balatkaar, 핀란드어로는 라이스카타raiskata, 인도네시아어로는 멤퍼코사memperkosa, 아랍어로는 아흐티사브aightisab, 슬로베니아어로는 포실스트보posilstvo,

남아프리카의 줄루족은 우쿠들뱅굴라ukudlwengula라고 합니다. 영어 rape는 '강탈하다', '나르다'라는 뜻의 라틴어 라페레rapere에서 유래한 것으로 여겨집니다. 지난 700년 동안 rape는 '힘으로 강탈하다'라는 의미로 사용되었습니다. 고대 로마에서는 성폭력과 무관하게 여자를 납치하는 것을 랍투스raptus라고 불렀습니다. '황홀하다'는 뜻의 rapture라는 단어가 연상될까 봐 끔찍합니다. 옥스포드 영어사전에서는 rape가 '순무'를 의미하는 라파rapa에서 유래했다고 설명합니다. 이렇게 '강간'이라는 단어의 정의조차도 모호합니다.

여기저기서 들었던 강간 이야기를 떠올려봅니다. 니카라과 해변에서 데이트 중이던 커플 앞에 한 무리가 나타나 남자를 의식을 잃을 정도로 폭행하고 여자를 강간했습니다. 그리스의 해변에서 산책을 즐기던 여성은 '경찰관들'에게 강간을 당했습니다. 또 어떤 여성은 새로 사귄 남자친구와 낭만적인 데이트를 꿈꾸며 나갔다가 그에게 데이트 강간을 당했습니다. 인간은 어쩌다 이렇게 강간이 만연한 종으로 진화했을까요? 왜 이 지경까지 되었을까요? 우리 사회가 아무에게나 성적 취향을 강요하는 것보다 무례한 테이블 매너를 더 나쁜 규범 파괴라고 여기는 것은 아닌지 의구심마저 듭니다.

이 책이 서점의 어느 코너에 놓일지 궁금합니다. 에세이일까요? 아닙니다. 사회학? 배우지도 않았고 그만큼 전문적인 내용도 아닙니다. 심리학? 개인적인 의견이 너무 많습니다. 학문적 연구? 그 정도로 심도 있고 포괄적이지는 않습니다. 회고록? 아니길 바랍니다. 이 책이 어떤 장르인지 딱 규정할 순 없지만 분명히 말할 수 있는 게 있습니다. 바로 이 책의 지면을 내 자유 공간으로 남겨두는 것입니다. 내 마음이 이끄는 대로 무엇이든 말하고 싶습니다. 자유롭게 세상과 인터넷 공간을 돌아다니며, 원하는 곳에서 멈추고, 관심이 가는 사람과 이야기를 나누며, 나만의 결론을 이끌어내고자 합니다. 또는 그렇게 하지 않을 수도 있습니다. 강간 생존자로서 나의 경험을 가감 없이 공유하고 싶은 이유는 그 누구도 아닌 나 자신을 위해서입니다.

그렇다면 이 책의 목적은 무엇일까요? 이 책은 무언가에 대해 이야기하는 것이지만, 동시에 우리가 이야기하지 **않는** 것을 이야기하려는 것입니다. 우리는 공포를 불러일으키는 것에 대해 이야기하려 하지 않습니다. 믿음을 회복하는 것에 대해서도 이야기하지 않습니다. 기쁨과 분노에 대해, 그리고 그 둘을 우리의 삶에 어떻게 적용해야 할지도 그다지 이야기하지 않습니다.

나는 강간을 당하고 몇 주 지나 곧바로 대학 생활을 시작했습니다. 부상이 채 회복되지 않아 머리에 큰 혹을 달고 발목에 붕대를 감고 기숙사에 들어갔습니다. 발목은 강간 때문에 다친 것은 아니었습니다. 그 일을 겪고 며칠 뒤, 해변을 산책하다가 내가 아직 살아 있다는 사실이 너무 행복한 나머지 계단을 깡충깡충 내려가다가 발목을 삐었죠. 대학에 들어가서는, 뱃사람들이 육지에 올라 술을 진탕 마시듯 페미니스트 운동에 몸을 던졌습니다. 거기에 내 친구들이 있었고, 거기에 내 자리가 있었습니다! 지금도 여전합니다. 열일곱 살 때 죽을 고비에서 커다란 혹을 머리에 달고, 살아 있음에 기뻐하다 발목에 붕대를 감게 되면 온갖 클리셰가 새롭게 여겨집니다. 나는 시위에 참가해 구호를 외쳤습니다.

"예스는 예스고, 노는 노를 의미할 뿐이다!"

나중에 경찰과 의사들 앞에서 강의할 때도 강간과 섹스는 아무 관련이 없다는 것을 설명하는 데 힘을 쏟았습니다.

하지만 이제 와 생각해보니 "예스"가 '예스'를 의미하지 않는 때도 있더군요. 그리고 강간이 섹스와 관련이 **있을** 때도 있고요.

강간에 대해 말하는 방식은 그동안 많이 바뀌었습니다. 인도 사람들은 불과 몇 년 전, 겨우 강간에 대해 이야기하기 시작했습니다. 우리 집에서는 강간이 일상적 주제 중 하나에 불과합니다. 집단 학살 genocide, 인종 차별, 비키니 왁싱, 더 이상 회피할 수 없는 지구 온난화에 대해 아이들과 이야기하면서 성폭력에 대해서는 왜 함구해야 할까요?

다행히도 성폭력에 대한 관심은 전 세계로 퍼지고 있습니다. #미투 운동은 성희롱에 대한 경각심을 불러일으켰습니다. 그러는 와중에 미국에서는 성희롱의 끝판왕이 대통령직에 올랐죠.[1] 종의 진화를 믿는 품위 있는 페미니스트였던 전 주인과는 정반대인 남자가 백악관에 입성했습니다. 흥미롭기도 하고 혼란스러운 상황입니다.

우리는 누가 이 대화에 참여하고 누가 참여하지 않는지 알아야 합니다. #미투 운동의 참가자는 전 세계인입니다. 하지만 이 '전 세계인'

이라는 범위는 어디까지 해당될까요? 인도 마하라슈트라에 있는 저희 고향 집에 버펄로 우유를 가져다주는 배달원이나 아프리카 스와질란드 왕의 부인은 소셜 미디어에 노출되지 않습니다. 당신이 트랜스젠더라면 성폭행을 당할 확률은 반으로 줄어들겠지만[2]* 이해와 지지, 또는 공정한 대우를 받을 기회 또한 훨씬 낮을 것입니다.

이 책에서 나는 스스로를 반박할 것입니다. 강간은 언제나 재앙입니다. 강간이 언제나 재앙은 아닙니다. 강간은 다른 범죄와 비슷합니다. 강간은 다른 어떤 범죄와도 비슷하지 않습니다. 이 진술은 모두 진실입니다. 나는 강간에 대해 **가해자**와 **피해자**가 있는 **범죄**라는 기본적 진실 외에는 어느 것도 당연하게 받아들이지 않을 것입니다.

강간은 빛을 앗아갑니다. 나는 강간이 앗아간 그 빛을 다시 찾고 싶습니다. 나 역시 분명한 답을 알지는 못하지만, 적어도 우리를 둘러싼 몇 가지 질문과 방향 제시에는 빛이 다시 비춰지기를 희망합니다. 우리는 강간에 대해 이야기해야 합니다. 강간에 대해 **어떻게** 말해야 할지 이야기해야 합니다.

---

* 그러나 트랜스젠더를 대상으로 한 살인 감시 TMM(Trans Murder Monitoring) 프로젝트 자료에 따르면 트랜스 혐오 살인은 지난 10년간 3300여 건, 한 해에 331건 발생했고 지속적으로 증가 추세에 있다. <https://transrespect.org/en/tmm-update-trans-day-of-remembrance-2019/> 참고.

2
누구에게 말해야 할까요?

그녀는 권태로 죽었다.

— 벌린 클링켄보그, 《단순하지만 충만한, 나의 전원생활》, 성가신 모기에 대한 이야기 중에서

1980년 나는 열일곱 살이었고, 우리 가족은 그보다 몇 년 전에 미국으로 이주한 상태였습니다. 고등학교를 마치고 대학에 입학하기 전, 어머니와 남동생을 제외하고 나와 아버지, 할머니는 여름을 보내기 위해 뭄바이로 건너갔습니다. 어느 밤, 나는 뭄바이에서 남자친구와 데이트를 즐기고 있었습니다. 갑자기 길에서 흉기를 든 남자 네 명이 나타나 우리를 위협하며 산으로 끌고 가 구타했습니다. 그들은 나를 강간했고 남자친구를 거세하겠다고 협박했습니다. 목숨이 위태로운 상황에서 우리는 애원하며 겨우 그들을 달랬고, 몇 시간 만에 풀려날 수 있었습니다.

지금 생각해도 소름 돋는 그날 밤 그 긴 고통의 시간을 간단히 이야기했지만 핵심 부분은 하나도 빠뜨리지 않았습니다. 하지만 그 뒤에 겪은 일은 그 일보다 훨씬 흥미롭습니다.

강간 사건이 있고 며칠 후, 지역 신문에 한 납치 사건을 찬사하는 기사가 실렸습니다. 부부가 밤에 스쿠터를 타고 집에 가고 있었습니다. 한 무리의 남자들이 길을 가로막더니 아내만 끌고 가버렸습니다. 남편은 아무런 구조 요청도 하지 않고 스쿠터를 몰아 집으로 갔습니다. 다음 날 아침, 집에 돌아온 아내는 부엌에서 몸에 기름을 붓고 불을 붙여 자살했습니다. 기사에 따르면 남편은 아내가 불을 붙이는데도 말리지 않았다고 합니다.

나는 그 기사를 아버지와 함께 읽었습니다. 그 순간 우리 가족이 유별난 것은 아닐까 하는 생각을 했습니다. 기사 내용이 전혀 공감되지 않았기 때문입니다. 왜 남편은 신고하지 않았을까? 왜 아내는 자살을 택했을까? 왜 자살했다고 찬사를 받는 걸까? 우리가 지금 같은 시대를 살고 있는 게 맞는 걸까?

나에게는 인도 여성들이 선천적으로 갖고 있다는 수치심 유전자가 없는 것이 분명했습니다. 강간을 당하고 죄책감, 공포, 트라우마, 혼란 속에 사로잡혔지만 수치심을 느껴야 한다고는 전혀 생각하지 않았습니다. 다행히 부모님도 그렇게 생각하지 않았습니다.

미국으로 돌아와 3년 뒤, 대학 졸업 논문 주제로 인도의 강간을 선택했습니다. 인도 방방곡곡에 강간 피해자들이 넘쳐나므로 논문을 쓰면서 그들의 경험담을 솔직히 들을 수 있으리라고 여긴 것입니다. 하지만 그런 일은 일어나지 않았습니다.

나는 1980년대 인도의 선구적 여성 운동가였던 소날 슈클라와 플라비아 아그네스가 활동하는 여성 단체를 찾았습니다. 이 두 사람은 델리에 있는 인도 최초의 전국적인 페미니스트 단체에 나를 데리고 갔습니다.

여전히 치유되지 못한 내 마음에 뭄바이의 두렵고 고통스러운 그 날이 되살아났습니다. 나는 분노로 타올랐습니다. 강간은 '자신들'에게는 일어나지 않는 일이라며 다른 세상 일처럼 말하는 상류층들 때문이었을까요? 강간을 주제로 연구한다니 나를 당연히 더듬어도 된다고 생각하는 역겨운 늙은 남자 때문이었을까요? 독립적인 존재로 나 자신이 인정받지 못할 것 같은 강한 확신 때문이었을까요?

그곳에서 만난 새로운 페미니스트 친구들은 억눌린 나의 분노를 분출하게 도와주고, 그것을 글로 써보라고 격려해주었습니다. 나는 내 이야기를 썼습니다. 그리고 글에 사진을 동봉해 강간 사건 때 같이 있었던 남자친구와 우체국에 가서 인도의 유일한 잡지였던 《마누시》로 보냈습니다. 당시엔 인터넷이 없었기 때문에 내 글이 그 여성 잡지에 실리더라도 금방 사람들의 기억에서 사라질 것이라 생각했습니다. 시간이 지나면 바로 잊힐 거라고요.

어쨌든 내 기고문은 인도에 작은 파문을 일으켰습니다. 나처럼 강간당한 사실을 드러내놓고 말한 사람이 그전에는 없었으니까요. 하지

만 예상대로 내 글은 쏟아지는 무수한 글 속에 묻혔고, 그렇게 30년
이라는 시간이 흘렀습니다. 그 사이 나는 삶을 꾸려가며 책을 쓰고,
잡다한 일들을 하고, 여행을 하고, 엄마가 되었지만, 강간의 악몽에서
벗어난 적은 한 번도 없습니다.

　사적인 감정을 떠나서 나는 실제로 성폭력과 맞서기 위해 끊임없
이 노력했습니다. 대학에서 강간에 대한 논문을 썼을 뿐만 아니라,
졸업 후 얻은 첫 직장이 매사추세츠주 케임브리지에 있는 보스턴강
간피해자센터였습니다. 열성적인 자원봉사자들 35명이 운영하는 그
곳에서 생존자들을 상담해주고, 기금을 모으고, 의사와 경찰, 교사
들을 교육하면서 삶에 도움이 되는 많은 교훈을 얻었습니다. 이후 여
러 직업을 거치고 이사를 하고 다양한 관계를 쌓았지만 젠더 폭력이
라는 주제를 벗어날 수가 없었습니다. 개인적인 경험도 있었지만 마
음을 사로잡는 무언가가 열정을 불러일으켰기 때문입니다. 과거의
나를 떨쳐내기 위해 애썼습니다. 수치스러움 때문이 아니라 과거에
얽매여 다른 일을 못하는 것이 싫었기 때문입니다. 모든 것이 순조로
웠고 인생은 뜻대로 흘러갔습니다.

　그러던 중 2012년 12월 16일, 뉴델리에서 물리치료를 공부하는 대
학생 조티 싱Jyoti Singh이 남자친구와 저녁을 먹으러 외출했다가 버
스에서 여러 남자들에게 구타와 윤간을 당한 후 처참한 상태로 내동
댕이쳐졌다는 소식이 들려왔습니다. 그녀는 며칠 후 죽었고 온 나라
가 떠들썩해졌습니다. 이 사건은 전 세계인의 분노를 샀습니다. 인도

에서도 거센 항의의 물결이 일어났고, 인도의 끔찍한 강간 문화의 단면이 세상에 드러났습니다.

시위자들의 팻말에는 이런 문구가 쓰여 있었습니다.

"당신의 딸에게 집 밖으로 나가지 말라고 하지 말라. 당신의 아들에게 올바르게 행동하라고 말하라."

또 다른 팻말에는 이런 문구도 있었지요. "강간 도구를 잘라라."

인도 대통령의 아들이자 하원의원이란 사람은 이렇게 말했습니다.

"촛불 시위에 참가한 사람들, 여자들은 모두 이 일과 무관한 사람들이다. 시위에 참여하는 순간 예쁜 아가씨들은 망가진다."[1]

다큐멘터리 영화 〈인도의 딸 India's Daughter〉에는 조티를 윤간한 범인 중 한 명이 나와서 이런 말을 합니다.

"세상에 '착한 여자'는 20퍼센트 정도밖에 안 된다. 남자와 밤에 외출한 것은 스스로 불행을 자초한 것이다. 죽고 싶지 않다면, 반항하지 말고 시키는 대로 하면 된다."

그들은 조티에게 교훈을 주려고 했을 뿐이며, 그녀의 죽음은 그저 사고일 뿐이라고 했습니다. 나는 어딘가 강간 매뉴얼이 있는 것은 아닐까 하는 생각이 들었습니다. 나를 강간했던 남자들도 가르쳐주기 위해서 그랬다고 말했습니다. 다큐멘터리에는 강간범의 변호사도 등장하여 이렇게 말합니다.

"신전에 놓인 꽃은 숭배를 받지만 시궁창에 있는 꽃은 보호받지 못한다."

여자를 꽃, 남자를 신전이라고 비유한 것이죠. 나중에 그는 여자를 다이아몬드에 남자를 개에 비유하면서, "길가에 다이아몬드가 있다면 개가 주워가는 것은 당연한 것"이라고 말합니다. 나는 더 이상 그의 은유를 따라갈 수 없었습니다.

조티 싱 사건으로 인해 강간은 이제 모든 사람에게 화제가 되었습니다. 뉴스며 일상의 대화며 모두 강간에 대해 이야기했습니다.

나는 오히려 침묵했습니다. 사람들이 끔찍한 살인 사건에 충격을 받아 관심을 갖고 지켜보는 상황이 다행으로 여겨졌습니다. 어쨌든 나는 30년 전에 할 일을 다 했고 더 이상 나설 일은 없을 거라고 생각했습니다. 수많은 사람들이 앞장서 선한 싸움을 하고 있었으니까요.

몇 주가 지난 새해 첫날, 나는 가족과 함께 보스턴에서 뉴욕으로 가는 기차에 있었습니다. 마침 델리에 사는 친구가 보낸 이메일을 휴대폰으로 확인했습니다.

"페이스북에 난리가 났어."

메일 아래에 있는 링크를 클릭한 순간 나는 온몸이 얼어붙고 말았습니다. 10대 때의 내 얼굴이 휴대폰 화면을 가득 채웠습니다. 소셜 미디어를 하지 않는 나는, 30년 전 《마누시》에 실렸던 내 글이 온라인상에서 떠돌아다닌다는 것을 상상도 할 수 없었습니다. 내 기사는 즉시 퍼져나갔습니다. 나는 지금까지도 '인도에서 유일하게 살아남은 강간 피해자'라는 타이틀을 달고 있습니다.

그리고 지옥문이 열렸습니다. 이성을 잃게 만드는 강간에 대한 격렬한 감정이 30년이 지난 뒤 아무런 경고도 없이 다시 들이닥쳤습니다. 내 이야기는 페이스북, 트위터, 어떻게 쓰는지도 모르는 온갖 플랫폼에서 떠돌아다녔습니다. 과거의 내 일을 전혀 모르던 친구와 친척들도 휴대폰과 컴퓨터에서 내 사진과 글을 보았습니다. 인도 TV 방송국에서 연락이 왔습니다. 전 세계적으로 이슈가 되어버린 인도 강간 문화의 실제 피해자가 나타나자 서구 언론들이 내게 인터뷰를 요청해왔습니다. 열한 살 딸이 무슨 전화냐고 물어보면 나는 뭐라고 대답해야 할지 몰라 가만히 앉아 있을 수밖에 없었습니다.

나는 인터뷰 요청을 모두 거절했지만 혼란스러운 날들이 이어졌습니다. 인터뷰를 해야 하나? 그냥 잠잠해지길 기다려야 하나? 인터뷰를 하는 게 내 의무일까? 내가 무슨 이야기를 하든 이제 와서 의미가 있을까? 무엇보다 내 사건이 주목을 받으면 어머니가 힘들어하실 것 같았습니다. 과거의 강간 사건에 내 인생이 휘둘리는 것이 싫었습니다. 하지만 오래전 한껏 위축된 마음으로 썼던 글이 내 마지막 메시지가 되는 것도 바람직한 상황은 아니었습니다. 뭐라도 말해야 하지 않을까?

남편이 냉철하고 이성적으로 조언해주었습니다.

"해야 할 이야기가 있는지 먼저 생각해."

분명 맞는 말이지만, 정신이 없던 내 귀에는 남편의 말이 들어오지 않았습니다. 나는 수치심을 거부하며 《마누시》에 기고하던 어린 소녀의 반항적인 외침을 떠올렸습니다. 그리고 생존자이자 엄마이자 작가인 지금의 나를 생각했습니다. 산에서 강간당한 일을 애써 객관화하면서 글을 써 내려가던 그때를 기억했습니다. 어쩌면 지금이 기회일 수도 있었습니다.

내가 썼던 글에는 많은 생각이 응축되어 있었습니다. 강간은 당신을 정의하지 않으며, 가족에게 미안해할 일도 아니고, 우리는 끔찍하지만 살아남을 수 있고, 삶의 기쁨을 누릴 수 있다는 것이었습니다. 산속에서 나를 강간한 남자들에게 결코 나 자신을 빼앗기지 않겠다고 말하고 싶었습니다. 나는 결국 《뉴욕타임스》 웹채널의 인터뷰에 응했습니다.[2] 제작진은 내게 원하는 말을 다 하게 해주었지만, 한 가지 표현은 바꿔달라고 요청했습니다. 결국 "나는 남자의 뇌가 고환에 있다는 말에 동의할 수 없습니다"라는 표현을 "나는 남자의 뇌가 생식기에 있다는 말에 동의할 수 없습니다"라고 바꿨습니다('고환'이 훨씬 직관적인데도요).

인터뷰는 또 다른 지옥문을 연 듯했습니다. 물론 이번엔 **내 의지로** 열어젖힌 것이니 불평할 수는 없었습니다. 하지만 날이 밝으면 집 현관 앞에, 컴퓨터 모니터 속에, 그리고 수많은 사람들 사이에서 내 이야기가 회자될 거라 생각하니 두려움으로 덜컥 겁이 났습니다. 새벽 5시 30분, 나는 이불 속에서 몸을 움츠리고 울음을 터뜨렸습니다. "내가 왜 그랬을까? 이건 아닌 것 같아." (임신 8개월 때도 그런 적이 있었습니다. 어쨌든 그런 후회는 돌이킬 수 없을 때 몰려옵니다.)

갑자기 '나를 드러낸 것'이 완전히 멍청한 짓 같았습니다. 《뉴욕타임스》가 내 인터뷰를 어떻게 내보낼지 전혀 몰랐지요. 어떤 제목으로 나갈지도 몰랐습니다. 알고 싶지도 않았습니다.

새벽 6시가 되자 동생에게 전화가 왔습니다. "나왔어!"

"오, 이런. 제목이 뭐야? 설마 **버자이너 버자이너 버자이너 버자이너 버자이너?**"

그건 아니었고* 침울한 이미지이긴 했지만 불쾌할 정도는 아니었습니다. 하지만 거의 모든 내용이 편집되어 있더군요. 회사 상사가 출근길에서 지하철 옆자리에 앉은 남자가 내 기사를 읽고 있다고 문자로 알려주었습니다. 샌드위치 가게에서는 어떤 남자가 나를 보고 "당신이군요!" 하며 아는 척을 했습니다. 온갖 매체의 기자들이 다시 전화를 하기 시작했습니다. 친구, 동료는 물론 전혀 모르는 사람들까지도 이메일을 보내고 전화를 걸어왔습니다. 내 웹사이트는 한 달 동안 조회 수 300만을 기록했습니다.

나는 기자들이 보낸 이메일에 거의 빠짐없이 답장했습니다. 이제 나의 일은 다 끝났다고 말했습니다. 가끔은 너무 기가 차서 웃음밖에 나오지 않는 이메일도 있었습니다. 내가 소설을 팔려고 이야기를 꾸며낸 것 아니냐고 묻는 사람들도 있었습니다. 작가가 되기 몇십 년 전에 그런 일을 꾸밀 수 있다면, 보통의 선견지명으로는 불가능하겠지요. 이메일 제목에 "Hats Off!(경의를 표합니다)"라는 표현이 많았는데, 종종 "Heads Off!(싹을 잘라버려)"라는 제목도 눈에 들어왔습니다. 인도, 미국, 덴마크, 오스트레일리아, 사우디아라비아, 영국, 캐나다 등 많

---

* 2013년 1월 7일 《뉴욕타임스》에 실린 글의 제목은 〈나는 상처 입었지만 나의 명예는 그렇지 않았다 I Was Wounded; My Honor Wasn't〉이다.

은 곳에서 이메일을 보내왔습니다. 여자들은 자신도 강간을 당했지만 아무에게도 말하지 못했다고 썼습니다. 남자들은 공포와 무력감을 표출했습니다. 인도의 한 이웃은 나에게 "정말 강인한 사람"이라고 썼지요. 기사를 읽고 울었다는 친구들의 이메일도 있었습니다. 모든 이메일이 매우 흥미로웠습니다. 끔찍하게 슬픈 글도 있었습니다. 가까운 사람에게 강간을 당했는데 자신의 고통을 나눌 사람이 없어서 나에게 메일을 쓴다는 사람도 있었습니다. 나는 많은 이메일을 열어볼 때마다 그 편지들이 나를 웃게 할지("그렇게 극적으로 목소리를 낼 이유가 없잖아요.") 아니면 울게 할지("나는 무력감에 지쳤어요. 내가 강간을 당하고, 사람들이 그런 내 모습을 쳐다보는 악몽을 꾸다 깨어날 때마다 진저리가 나요.") 전혀 예측할 수 없었습니다.

나를 '드러냄으로써' 얻은 이런 위로와 공감은 사실 전혀 원하던 바가 아니었습니다. 내게 진짜 공감과 위로가 필요했던 날로부터 30년이나 지나 있었기 때문입니다. 기사를 읽은 사람들은 내 일에 충격과 분노를 느꼈지만, 나의 충격과 분노는 이미 오래전에 종결되었습니다. 그들의 위로는 내게 전혀 새롭지 않았고, 내가 오히려 그들을 위로하는 이상한 입장이 되었습니다.

만일 당신이 강간 생존자이고 지금 이 글을 읽고 있다면, "나의 충격과 분노는 이미 오래전에 종결되었습니다"라는 나의 말이 강간의 더러운 기억을 털어내고 그때의 감정에서 완전히 벗어났다는 뜻이 아니라는 것을 알 것입니다. 그 일이 있은 지 1년이 안 되었을 때 친구였던 한 남자아이에게 물었습니다.

"내가 너무 집착하고 있는 거 같아?" 나는 알고 싶었습니다. "아직도 무섭고 분노가 치미는데, 내가 그 일에 너무 매달리고 있다고 생각해?"

그 아이는 이렇게 대답했습니다.

"그래. 이젠 좀 잊어버릴 때도 됐잖아."

그 대답에 나는 한동안 말을 잇지 못했습니다.

그 아이가 얼마나 아무것도 모르는 사람이었는지는 오랜 시간이 지난 후에야 깨달았습니다. 강간은 그렇게 쉽게 '잊어버리는' 것이 아닙니다. 강간은 그런 식으로 작동하지 않습니다. 강간은 여느 트라우마들과 다르지 않습니다. 일어나지 않았던 일이 될 순 없어요. 아무리 정성껏 치유해도 죽지 않는 한 강간을 당하지 않은 사람으로 살 수는 없습니다. 다시 말해서 강간은 나를 지금 있는 그대로의 나로 만든 사건들 중 하나라는 것입니다. 거기에 그대로 있는 기억이 가끔은 나를 화나게도 합니다. 대체로 나는 그 악몽과 화해하며 살았습니다.

갑자기 그렇게 많은 관심을 받게 되자 좀 당혹스러웠습니다. 내 소설도 그런 반향은 일으키지 못했으니까요. 내가 그저 파문을 일으키려고 자극적인 이야기를 한 걸까요?

나는 《마누시》 기사로 시작한 것을 《뉴욕타임스》 기사로 마무리 지으려 했을 뿐인데, 결국 '강간 피해자'의 상징처럼 되고 말았습니다. 30년 전 원점으로 되돌아갔고, 다시 몇 년 동안 강간이 나를 정의하지 아무리 정성껏 치유해도 죽지 않는 한 강간을 당하지 않은 사람으로 살 수는 없습니다. 강간은 나를 지금 있는 그대로의 나로 만든 사건들 중 하나라는 것입니다.

않는다는 것을 입증하기 위해 온 힘을 쏟아야 했습니다. 나는 강간과 관계없는 글을 쓰기 위해 노력했습니다. 정원 일, 자전거, 건축, 교육….

그런데 왜 지금 나는 다시 강간에 대한 글을 쓰고 있는 것일까요? 강간이 나를 정의하지 않는다 해도 그것은 나를 오롯이 사로잡고 있었습니다. 지금은 그 어느 때보다 많은 사람들이 강간에 대해 이야기하고 있습니다. 몇 년 전만 해도 세계를 통틀어 극소수의 용감한 사람들만이 자신이 강간당한 이야기를 할 수 있었습니다. 성폭력은 서구 언론 전반에 걸쳐 언급됩니다. 나는 회의적인 관찰자에 불과하지만, 특이한 자격을 갖추고 있습니다. 무슬림(이슬람교도) 강간 생존자임에도 '수치심 유전자'를 탑재하지 않았고, 중년의 갈색 머리 양성애자로 이민자이며 작가입니다. 그것이 나의 자격입니다.

언제 멈춰야 할지 몰라 죽어버린 벌린 클링켄보그의 모기와 달리 나는 죽지 않았습니다. 나는 나를 강간한 남자들에게 비밀을 지키겠다고 말했습니다. 나를 놓아주기만 하면 뭐든지 다 하겠다고 빌었습니다. 내가 병에 걸렸다고 거짓말도 했습니다. 그들에게 빌며 우리 할머니가 아직 살아 계시다는 말도 했습니다. 제발 나를 죽이지만 말아달라고, 온갖 이야기를 미친 듯이 쏟아냈습니다. 쉬지 않고 이야기했습니다. 내가 정신을 잃지 않았던 것은 계속 말했기 때문입니다. 그리고 나는 지금도 말을 하고 있습니다.

3
조용히 있든지, 죽든지, 미친년이 되든지

내가 왜 이 글을 쓰고 있는지 모르겠지만 가슴속에 있는 이 짐을 벗어버리고 싶어요. (…) 이 악몽에서 결코 벗어날 수 없을 거 같아요. 자살도 시도해봤어요. 어떻게 살아야 할지 모르겠어요.

— 2013년 이메일

언니에게 처음으로 이야기했어요. 내 말을 듣고 싶어 하지 않았어요. 남편이 나를 강간했어요. 나는 임신 중이었는데 하혈까지 했어요. 남편이 자동차 열쇠를 가지고 나가버려서 병원에 갈 수도 없었어요. 언니에게 전화를 했죠. 그리고 언니와 함께 병원으로 가면서 무슨 일이 있었는지 이야기를 해줬어요. 언니는 "조심해, 다른 사람한테 이야기하지 마"라고 말했어요. 내가 거짓말을 한다고 했어요.

— 앤지, 가정 폭력과 부부 강간 피해자

나는 사람들에게 내 이야기를 했습니다. 하지만 자신의 이야기를 하지 못하고 사는 사람도 많습니다.

"아침마다 그가 뭔가를 하고 있는 기척에 깨곤 했습니다."

리다가 서너 살 무렵이었습니다. 리다의 가족은 군인인 아버지의 근무지를 따라 자주 이사를 다녔습니다. 마하라슈트라의 작은 마을에서는 하사관들이 마을의 잡일을 돕기 위해 배치되었습니다. '그'도 그중 한 명이었습니다.

정확히 언제부터인지 기억이 나지 않지만 리다는 몇 달 동안 아침마다 이상한 기척에 깨어났습니다.

"잠옷이 벗겨져 있었고 그 사람이 내 위에 올라와 있었어요. 매일 아침 일어나기가 겁이 났죠. 눈을 뜨면 그 사람에게서 멀리 달아나는 게 일이었어요."

리다는 그 사실을 한동안 아무에게도 말하지 않았습니다.

"세상에는 말할 수 없는 것들이 있습니다. 나는 아주 일찍 깨달았죠. 어느 날 아침 깨어났는데 그의 발기된 성기가 보였어요. 그 남자는 몸집이 거대하고 뚱뚱했어요. 나는 있는 힘을 다해 그를 걷어찼습니다. 그 후로 그 일은 멈췄습니다."

리다가 그 일에 대해 침묵한 것은 지금 생각해볼 때 자신이 비난받을 것 같았기 때문이었습니다.

"나는 말괄량이였어요. 계급에 상관없이 모두 친하게 지냈어요. 감정을 마음껏 표현하고 집안일을 거드는 사람들에게도 편하게 대했

어요. 부모님은 그런 나를 달갑게 여기지 않으셨죠. 엄청 보수적이셨
거든요. 무의식적으로 부모님이 나를 비난할 거라 느꼈던 것 같아요.
우리는 '남자 옆에 누우면 안 된다'라는 말을 듣고 자랐어요."

리다가 처음으로 자신의 경험을 다른 사람에게 털어놓은 것은, 대
학에 들어간 열일곱 살 때였습니다. 친구들과 이야기를 하다가 어릴
적 일을 말하게 되었습니다.

"**모든** 여자아이들이 비슷한 경험을 했더군요. 한두 번이 아니었어
요. 내 이야기를 꺼냈어요. 눈물이 나왔습니다. 놀라웠어요. 카타르시
스가 있었나 봐요. 안정이 되며 가슴속에서 무거운 돌덩이가 치워진
것 같았어요."

몇 년 후, 리다는 수업 시간에 가까운 사람에게 편지를 써서 비밀
을 공개했습니다. 성적 학대를 받은 사실을 써서 언니에게 보낸 것입
니다. 편지를 부치고는 언니에게 전화를 걸어 내용이 아주 심각하니
너무 충격받지 말라고 미리 언질을 주었습니다. 언니는 편지를 받자
마자 리다에게 전화를 걸어와 자신도 어릴 적 똑같은 일을 당했다고
말했습니다. 자매는 각자 같은 비밀을 간직한 채 어린 시절을 보낸 것
입니다.

아무에게도 말 못할 비밀을 계속 품고 있다면 어떤 영향을 미칠까
요? 당신의 침묵은 자신과 공동체에 어떤 영향을 미칠까요?

앤지는 남편과 10년 만에 헤어졌는데, 그 10년 동안 자신이 당한
일을 털어놓을 사람이 아무도 없었습니다.

"상처를 남에게 보여줄 수 있는 사람도 있겠지만, 나는 누구에게도 말할 수 없었습니다."

세릴은 미국 중서부의 작은 도시에서 자랐습니다. 그녀는 고등학교 때 반에서 가장 인기 있던 남학생에게 강간을 당했습니다. 나와 이야기를 나누면서 세릴은 당시 자신이 얼마나 외로웠는지 회상했습니다. "엄청난 스트레스를 감당하며 조용히 지냈어요. 내면에는 늘 불안감이 깊었는데 그 사실이 나를 더 화나게 했지요. 나는 그 아이와 함께 수업을 들었습니다. 나의 옷차림은 헐렁하고 어두운 색으로 바뀌었습니다. 그 아이에게 쪽지를 보냈지요. '왜 나한테 그딴 짓을 한 거지?' 그 아이는 이렇게 답장했습니다. '나 좀 괴롭히지 마. 거짓말 그만해.'"

왜 우리가 조용히 해야 합니까? 그 질문에 가장 쉬운 대답은 '수치심'입니다. 수치심은 우리의 입을 막아버립니다. 이용당하고 착취당하고 무력해진 것이 내 잘못이라고 여기게 만듭니다. 수치심은 전 세계 어디서나 피해자가 자기 자신을 책망하게 만들고, 범죄자들에게 잘못했다는 사실조차 인지하지 못하게 합니다. 누군가의 악랄한 방법에 속수무책으로 당했다는 사실을 인정하는 것보다 수치심을 느끼는 것이 훨씬 쉽다고 여기게 합니다.

세릴은 스스로를 비하하는 아주 친숙한 방식으로 자신의 이야기를 들려주었습니다.

"학교에서 가장 인기 있던 남자아이가 숙제를 도와달라고 했어요.

바보처럼 나는 넘어갔죠."

헤더는 조직폭력배에게 당했습니다. 그녀는 자신이 겪은 일을 말하지 못한 이유를 설명했습니다.

"당황스럽고 역겨웠습니다. 일단 나에게 일어난 일을 잊어버리고 완전히 벗어나고 싶었습니다. 괜찮아, 다 끝난 일이야. 그냥 잊어버리고 내 삶을 살 거야."

나를 강간했던 남자들은 날카로운 흉기를 지니고 여차하면 나와 남자친구를 찌를 태세였습니다. 아무에게도 말하지 않겠다는 약속으로 우리는 살아날 수 있었습니다. 강간범들은 내 말을 믿었습니다. 아니, 나를 믿었다기보다는 피해자가 입을 다물 수밖에 없는 인도라는 사회의 특성을 믿었던 것이죠.

사회마다 금기가 다릅니다. 남아프리카 포트엘리자베스의 마을에 사는 부시시위 므라시는 스물세 살입니다. 빛이 샐 정도로 벌어진 앞니를 드러내며 해맑게 웃는 그녀는 아홉 살에 강간당한 이야기를 들려주었습니다. 그 뒤로도 무수히 끔찍한 일을 겪었습니다. 결국 그녀는 강간으로 인해 에이즈에 걸렸습니다. 어머니는 알코올중독자였고 아버지는 천식 환자였습니다. 부시시위는 혼자 힘으로 학교에 다녔으며, 지금은 세 살배기 아들과 같이 살고 있습니다. 그녀와 나는 NGO 우분투 패스웨이Ubuntu Pathways에서 제공하는 건강·교육 지원을 받는 과정에서 만나게 되었습니다. 성폭행을 당하고 나서 주변에 알렸는지 묻자 그녀는 서슴없이 대답했습니다.

"나는 사람들에게 강간을 당했고 에이즈에 걸렸다고 말해요. 여기 사람들은 서로 자신의 경험을 공유하며 이해합니다."

부시시위가 사는 곳에서는 이런 태도가 매우 당연하게 받아들여집니다. 강간을 당한 일에 대해 스스럼없이 말합니다. 물론 한 가지 제약이 있습니다. 남에게 당했을 때만 그렇다는 것입니다.

"가족에게 강간을 당했을 때는 비밀로 해야 합니다."

남에게 당한 이야기를 하는 것도 이렇게 힘든데, 근친 강간, 부부 강간, 지인에 의한 강간에 대해 이야기하는 것이 얼마나 고통스러울지는 상상조차 하기 어렵습니다. 흔하게 일어나는 일인데도 말입니다. 인도에서는 친족 간의 강간이 어릴 때 일찍 결혼을 시켜야 할 정당한 이유가 됩니다. 삼촌이나 이웃에게 당하기 전에 빨리 결혼을 해 시댁에서 법적으로 강간을 당하는 것이 훨씬 나은 선택입니다.

산자나는 아홉 살 때 가족의 친구에게 성폭행을 당했습니다. 그녀는 자신의 잘못으로 벌어진 일이라고 확신한 탓에 누구에게도 말하지 않았습니다. 가해자는 열여덟 살 정도 되는 남자였습니다.

"그에게 관심을 받는 게 좋았습니다. 우리는 친했어요. 당시 나는 몸에 대해 호기심이 많았어요. 그래서 강간을 당하고도 내 잘못 때문에 벌어진 일이라고 생각했어요. 다른 사람에게 어떻게 말하겠어요? 그저 피 묻은 속옷을 엄마한테 들킬까만 걱정했죠."

남아시아의 한 여성은 이런 편지를 보냈습니다.

"어릴 때 친척에게 줄곧 성폭행을 당했어요. 아버지는 나를 믿지 않으셨고 어머니에게는 말할 용기조차 나지 않았어요. 내게 일어난 일이 너무 혼란스럽고 부끄러웠어요. 그 남자는 내 영혼을 난도질했어요."

미국에서 발생하는 강간 사건의 10건 중 7건은 아는 사람에 의해 저질러집니다.[1] 가해자가 아는 사람일 때에는 자책감과 말하지 못하는 어려움이 커질 수밖에 없습니다.

하지만 수치심보다 더 큰 요인이 있습니다.

폭로를 한다고 마음이 안정되는 것도 아니고, 사건이 종결되거나 정의가 실현되는 것도 아닙니다. 아무런 보상이 없습니다. 더욱이 용기 내어 이야기를 한다고 해도, 아무 말도 듣지 않은 것처럼 행동하는 사람이 많습니다. 한 여성이 보낸 이메일입니다.

"부모님께 말씀드렸지만 아무런 조치를 취하지 않았어요. 아무 일도 없던 것처럼 행동했죠. 말할 수 없을 만큼 큰 배신감을 느꼈어요. 가족 모두 내가 당한 일을 알고 있었는데도 가해자인 삼촌은 가족 행사 때마다 아무렇지 않게 참석했어요. 가족들은 심지어 나를 삼촌 가게에서 일하라고 보내기도 했죠."

때로는 폭로가 소중한 관계를 망가뜨리기도 합니다. 손을 잡아주는 할머니가 있는 반면에 또 다른 할머니는 당신을 죽일 듯이 노려봅니다.

때로는 폭로하고 난 뒤 오히려 상대방을 위로해야 하는 처지가 되기도 합니다.

때로는 폭로했을 때 놀림의 대상이 되기도 합니다. 나는 강간을 당한 다음 날 친구에게 털어놓았더니 놀리듯이 이렇게 말했습니다.

"와, 너 네 명이랑 한 거네!"

이런 일은 관계를 잠깐 위태롭게 하는 것으로 그치지 않습니다. 영원히 지속됩니다. 강간에 대한 이야기를 하고 난 뒤 견뎌야 하는 삶의 무게를 생각하면 그 일을 폭로하는 것이 바람직하지 않다고 여기게 됩니다. 대학원에 다닐 때 잠시 사귀었던 남자친구에게 강간당한 이야기를 했다가 곧바로 멀어졌고, 관계는 금방 끝나고 말았습니다. 내 이야기를 들은 그는 공포에 질린 얼굴로 마치 나를 악당들이 파괴한 비싼 도자기라도 되듯이 쳐다보았습니다. 그러더니 나를 보호하는 것이 자신의 임무인 양 집착하기 시작했고 나는 그의 행동에 질리고 말았습니다. 누가 그런 대접을 원할까요?

폭로는 엄청난 시간과 에너지와 감정의 낭비에 불과할 때도 있습니다. 누구에게 말할지는 통제할 수 있지만(그가 30년 전 당신의 분노에 찬 목소리를 페이스북에 올리지 않는다면) 그들의 반응까지 통제할 수는 없기에, 폭로는 쉬운 일이 아닙니다. 몸을 움츠리게 됩니다. 폭로로 인한 이런 경험을 한두 번 겪으면 누구든 더 이상 상처가 악화되지 않게 고통을 혼자 끌어안고 살아가게 됩니다.

헤더가 조직폭력배에게 당한 일을 자세히 이야기할수록, 나는 그녀의 말에서 아주 친숙한 느낌을 받았습니다. 바로 내가 느꼈던 감정이었습니다. 헤더는 강간당한 일을 이야기하면서 아무 감정도 없이 차분하고 무미건조하게 진술했습니다. 자신의 상처를 이야기할 때 적당한 거리를 유지하는 것은 훌륭한 대처 방법입니다. 이 방법은 치유의 효과도 있습니다. 자주 이야기를 할수록 말하기가 더 수월해집니다. 세세하게 이야기하더라도 남들이 듣고 싶어 하지 않을 부분은 생략할 수 있게 됩니다. 마침내 우리는 이야기에 필요한 공포감은 다 전달하면서도 상대방을 너무 불편하게 할 만한 부분이 사라진 최적화된 버전을 갖게 됩니다. 그리고 상대방이 감당할 수준을 넘어서지 않는 범위에서 감정을 전달하기 위해 노력합니다. 우리가 당신들을 지켜주고 있는 거라고요.

지금은 여성들이(대부분 특권을 가진 안전지대에 있는 여성이지만) 강간과 강간범에 대한 폭로를 자유롭게 하지만 내가 태어나고 자란 곳에서는 스스로 '강간 생존자'라고 말하는 사람을 찾기 힘들었습니다. 스스로 강간 생존자라고 말함으로써 겪을 불이익이나 낙인이 완전히 사라지려면 오랜 시간이 걸릴 것입니다. 물론 완화되고 있지만 완전히 사라질 날이 오기를 기대합니다.

2014년 아동 성폭력 근절 행사에 인도의 배우 겸 작가인 칼키 코이클린이 참석했습니다. 사회자가 행사에 참가해주어 고맙다는 인사를 전하자 칼키는 의미심장한 대답을 했습니다. "아동 성폭력은 세계적인 문제입니다. 저를 포함하여 무수한 여성들이 겪은 일이죠."

그때 일에 대해 칼키는 나와 인터뷰를 하며 이렇게 회상했습니다.

"나는 그 말이 그렇게 반향을 일으킬 줄 몰랐어요. 그저 많은 사람들이 고통을 받고 있다는 이야기를 전하고 싶었을 뿐이었어요."

그녀의 발언은 큰 의미를 두고 한 것이 아니었습니다.

"다음 날 아침 눈을 떴더니 세상이 뒤집혔더라고요." 그녀의 가족과 지인들은 물론 언론들도 어떤 일이 있었는지 궁금해한 것입니다. 모두가 성폭력범이 누구인지 알고 싶어 했습니다. 그녀의 이야기는 대서특필되었고 TV 뉴스에까지 등장했습니다. 칼키는 소동이 가라앉기를 기다렸고 어느 정도 시간이 지난 뒤 담담하게 입을 열었습니다. "무슨 일이 있었는지가 중요한 게 아닙니다."

칼키는 모든 인터뷰와 대화가 성폭력에만 집중되는 것에 진저리가 났습니다. 그녀는 내게 말했습니다. "조금 비켜서 있고 싶었어요. 내 과거가 수치스러웠기 때문이 아니라, 사람들의 그런 시선에 규정되고 싶지 않았을 뿐입니다."

나는 그녀의 의도를 전적으로 이해합니다. 그것은 꽤 균형 잡힌 행동이었습니다. 혼자만의 비밀을 갖고 싶었던 것은 아니지만, 마찬가지로 자신에게 일어난 한 가지 사건으로 자신을 규정하게 만들고 싶지도 않았던 것입니다. 누구도 강간 생존자라는 것이 자신의 가장 흥미로운 부분이 되는 것을 원치 않습니다. **그 후에** 어떻게 살아가느냐가 더 중요합니다. 인권 운동가 말랄라 유사프자이가 탈레반에게 머리에 총을 맞았기 때문에 흥미로운가요? 물론 주목할 만한 일이지만, 그녀가 세상에 알려진 것은 그 이후에 그녀가 한 일 때문입니다.

폭로는 오히려 생존자에게 부메랑이 되어 돌아오기도 합니다. 용기를 내어 어렵게 말을 꺼냈는데 아무도 믿어주지 않는다고 생각해보세요. 미국 교육부가 허위 신고를 지나치게 경계해서 만든 교내 성폭력 대책을 보면 어이가 없습니다. 물론 성폭력으로 기소가 되어도 정당한 절차를 밟아야 할 것입니다. 내가 사랑하고 존경하는 주변의 남자들 중에서 누군가가 성폭력으로 고발을 당한다면, 공정한 재판을 받기를 바랄 것입니다. 하지만 우리 주변에서 성폭행을 신고한 사람들을 한번 보세요. 강간을 신고하는 일이 기분 좋은 일인가요? 성폭력을 당하지 않고서 당했다고 말하는 여성과 소녀는 극히 드뭅니다. 여전히 성폭력을 신고하는 일은 쉽지 않습니다. 오히려 그 반대의 일이 빈번하지요. 말을 삼켜야 했던 여성들에게 물어보세요.

수십 년이 지났지만 나에게 일어났던 일을 생생히 기억합니다. 경찰은 한눈에 보이는 상처에도 내 말을 믿지 않았고, 의사는 어쩔 줄 몰라 하며 허둥댔습니다. 그럼에도 내가 미치지 않았고 나의 말이 망상이 아님을 입증할 수 있었던 것은, 나의 모든 상황을 목격한 남자 친구가 있었기 때문입니다. 게다가 다행히도 내게는 전화기만 집어 들면 내 말을 믿어줄 가족이 있었습니다.

하지만 경찰서 구석에서 먼지가 쌓여가고 있을 내 진술서를 찾아보면, 그날 밤 아무 일도 없었다고 적혀 있습니다. 경찰이 나를 '보호'라는 명목하에 구금하는 것을 막으려면 어쩔 수 없는 선택이었습니다. 내가 진실을 주장하고 기소를 하고자 했다면, 나는 유치장에 갇혔을 것이고 나는 인도를 떠나지도, 어머니와 미국으로 가지도, 대학을 다니지도 못했을 것입니다. 그래서 나는 거짓말을 했습니다. 강간을 당하지 **않았다고** 거짓말을 해야만 했습니다.

여자들이 강간당했다고 거짓말을 할까요? 그런 사람도 있겠지요. 있더라도 명백히 드뭅니다.[2] 물론 사이코패스, 거짓말쟁이, 기회주의자 여성도 있습니다. 하지만 강간 **피해자를** 기본적으로 거짓말쟁이라고 전제하면 안 됩니다.

피해자의 입을 막는 것은 이것뿐만이 아닙니다. 세상에는 잘못된 편견이 많습니다. 폭로를 하면 나약하고 징징거리는 사람으로 비춰질까 하는 우려가 보편적으로 퍼져 있습니다. "입을 닫고(또는 질을 닫고) 조용히 혼자서 극복하지 못하면 나약한 존재다." 많은 여성들이 이 우스꽝스러운 만트라를 받아들였습니다. 후렴구는 이렇습니다. "삽입 강간을 당한다고 죽는 것도 아닌데 불평한다면, 강한 여성을 꿈꾸며 쏟은 모든 노력이 수포로 돌아가는 것이다. 자신을 방어하지 못하는 연약하고 수동적인 여성상을 더욱 굳힐 뿐이다. 그때 '싫다'고 이야기하지 못했으면 입 다물고 있어라."

이런 말은 모두 틀렸습니다. 진실은 정반대입니다. 당신이 폭로하는 순간, 당신 자신의 이야기를 쓰는 순간, 당신이 입을 여는 그 순간, 당신은 더 이상 단순한 피해자가 아닙니다. 당신은 통제력을 되찾습니다. 그것은 피해자다움과는 정반대에 있는 것이에요.

폭로에 얼마나 용기가 필요한지 모르는 사람은 불신, 조롱, 성적 자극 운운하는 비도덕적 반응을 전혀 경험해보지 않았기 때문입니다.

당신이 폭로하는 순간, 당신 자신의 이야기를 쓰는 순간, 당신이 입을 여는 그 순간, 당신은 더 이상 단순한 피해자가 아닙니다. 당신은 통제력을 되찾습니다. 그것은 피해자다움과는 정반대에 있는 것이에요.

나에게 남자 네 명과 했냐며 놀렸던 친구는 정말 성적으로 자극되어 그랬던 것은 아닙니다. 우리의 대화에 불편을 느낀 나머지 하지 말아야 할 말을 농담조로 불쑥 던진 것입니다. 자책하고 있던 나는 그 말을 던진 친구에게 반감조차 갖지 못했습니다. 하지만 어떤 사람들은 강간 이야기를 듣고 정말 성적 자극을 받기도 합니다. 물론 그럴 수도 있겠지만, 여전히 역겹습니다. 누군가 트럭처럼 돌진해 나를 치었는데 뭐가 에로틱하다는 것인지, 내 이야기를 듣는 사람의 눈이 성적 호기심으로 번뜩이면 도무지 이해가 안 됩니다. 그런 사람들 때문에 입을 닫게 되기도 합니다.

셰익스피어의 비극 〈타이터스 앤드로니커스Titus Andronicus〉에서 라비니아는 강간을 당하고 혀를 잘립니다. 혀가 잘려 말을 하지 못하면 신체적, 심리적 도움도 받지 못합니다. 임신을 했는지도 알 수 없고, 치료나 에이즈 검사도 받지 못합니다. 친한 친구와 햇빛 아래 앉아 이야기를 하며 실컷 울지도 못합니다. 비밀을 지키기 위해서는 노력이 필요합니다.[3] 때로는 기억을 되살리기가 너무 괴로워 가슴에 묻는 경우도 있지만 그런 선택이 반드시 효과적이지는 않습니다. 나와 결혼한 현명한 남자는 이렇게 말합니다.

"망각하는 것이 기억하는 것보다 쉬울 때가 되면 잊을 수 있을 거야."

그것이 생존자들이 지불해야 하는 비용입니다. 강간에 대한 기억을 마음속에 간직한 채 침묵을 지키면 부작용이 발생합니다. 강간범들은 아무런 죄책감 없이 거리를 활보하게 됩니다. 생존자의 의무는 오로지 살아남는 것입니다. 폭로나 제보 같은 것은 절대 생존자의 의무가 아닙니다. 생존자의 첫 번째 의무는 무조건 살아남는 것입니다. 하지만 '거대한 국제적 음모'임에 틀림없는 강간을 둘러싼 침묵 속에서 우리는 모두 유죄입니다.

래리 나사르는 정확히 이런 음모의 덕을 본 수혜자입니다. 미국 체조 대표팀 주치의였던 그는 범죄가 발각될 때까지 수백 명의 소녀들을 성추행하고 성폭행했습니다. 수많은 피해자들의 연이은 폭로로 그는 마침내 체포되었습니다. 사태가 이 지경에 이른 책임은 눈과 입을 닫고 있었던 어른들에게 있습니다. 이례적이지 않은 사건이라고 한다면, 이것은 잘못된 시스템이 빚어낸 엄청난 비극입니다.

고전학자 메리 비어드는 이렇게 말했습니다.

"여성을 침묵하게 하는 것에 대해 이야기하자면, 서구 문화는 수천 년의 역사를 가지고 있다."[4]

다른 문화도 마찬가지입니다. 침묵은 힘이 있습니다. 하지만 말보다 강하지는 않습니다. 하비 와인스틴에 대한 폭로가 나오자 온갖 분야에서 폭로가 이어졌습니다. 할리우드의 거물 와인스틴은 수십 년 동안 수많은 여성을 성추행했습니다.[5] 피해자들은 대부분 침묵하거나, 가까운 사람들에게만 이야기하고 말았습니다. 그러다 2017년 10월 《뉴욕타임스》가 할리우드의 공공연한 비밀이던 와인스틴의 비열한 행동을 폭로하자 침묵을 깨고 여기저기서 말이 터져 나왔습니다. 할리우드 배우들의 폭로가 연달아 이어졌습니다. 성추행뿐만 아니라 더 심한 행동에 대한 증언도 나왔습니다. 귀네스 펠트로, 안젤리나 졸리, 로재나 아켓, 애슐리 주드, 아시아 아르젠토, 로즈 맥고완 등…. 와인스틴에 대한 역겨운 이야기들이 꼬리를 물었습니다. 대중은 폭로자를 격려했습니다. 여성들의 폭로에 아낌없는 지지를 보냈습니다. 큰소리로 반대하는 사람들은 소수였습니다.

말은 하비 와인스틴이 가지고 있던 권력보다 강했고, 많은 사람들에게 노출되었던 그의 페니스보다 더 힘이 컸습니다. 말은 불의의 적입니다. 말은 진정한 변화를 일으킵니다.

콩고민주공화국은 '세계 강간의 수도'라고 불립니다.[6] 사실이 아니라고 해도, 세계에서 가장 불의한 도시라는 불명예를 얻기에 부족함이 없습니다. 2008년 유엔은 공식적으로 강간을 전쟁 범죄로 지정하고, 무력 충돌 중에 강간이 빈번하게 발생하는 부카부에 피스툴라 fistula[7]와 같은 병원을 세워 강간으로 인한 부상과 질병을 치료하도록 했습니다. 그럼에도 여전히 강간범들은 아무 거리낌 없이 기록적으로 여성과 남성과 아이들을 잔혹하게 괴롭히고 있습니다.

2015년 미국 여성미디어센터의 우먼언더시즈Women Under Siege 프로젝트 책임자 로렌 울프는 하원의원 프레더릭 바투미케 루김반야를 비롯한 남성 11명의 강간 혐의를 고발했습니다. 로렌의 고발은 계속해서 이어졌고, 2016년에는 그녀가 《가디언》에 기고한 글로 인해 68명의 남성들이 체포되었습니다.[8] 콩고민주공화국이 계속 미루고만 있던 군사 재판이 열릴 때까지 로렌은 계속해서 글을 기고했으며,

마침내 2017년 12월 재판에서 강간 혐의자 12명 전원에게 반인륜적 범죄를 저지른 데 대해 종신형이 선고되었습니다. 그들은 어린아이부터 18세까지 50명이 넘는 소녀들을 강간하고 죽였습니다. 말의 강력함에 힘입어 콩고민주공화국에서 처음으로 군 간부에 대한 강간죄 유죄 판결이 내려진 것입니다.[9] 로렌 울프는 침묵을 거부했고, 대화를 나눈 모든 피해자와 가족들이 목소리를 낼 수 있게 도왔습니다. 목격자들의 증언은 목숨을 걸 정도로 위험했기 때문에 몸 전체를 가리거나 목소리를 변조하고 심지어는 벽 뒤편에 숨어서 진행되었습니다. 말은 불의에 구멍을 뚫었습니다.

하지만 누군가에게는 여전히 말이 사치일 수도 있습니다. 어떤 형태로든 당당하게 성폭력에 대해 말하려면 용기가 필요합니다. 많은 여성이 말을 꺼내는 것 자체가 치명적일 수 있습니다. 위험을 무릅써야 하기 때문입니다. 유명하고 부자인 백인 할리우드 스타라면 거리낌 없이 말을 할 수 있겠죠. 반면에 아이들을 먹여 살려야 하는 뭄바이 아파트의 가정부는 주인 남자가 밤마다 그녀의 방에 들어온다고 해도 고발하지 못합니다. 마을 공동체에서 살아가는 여성 역시 근친에게 강간을 당한 사실이나 성폭행을 입에 올렸다가는 죽음에 이를 수 있습니다.

그래서 그들은 침묵할 수밖에 없고, 그런 침묵 때문에 강간은 계속됩니다. 한 부부 강간 생존자는 내게 이렇게 말했습니다.

"우리가 참고만 있다면 침묵은 영원히 계속되겠죠."

4
완전히 다르고 정확히 같은

세상의 그 어떤 말로도 묘사할 수 없는 또 다른 세계가 있어요.
— 루미

어떤 일은 세상을 뒤흔들기도 합니다. 이제는 모든 것이 바뀔 때야! 이런 일이 또다시 일어나서는 안 돼! 모두의 심장을 들끓게 하며 실제로 세상을 바꾸는 전환점이 됩니다.

2012년 12월 16일 인도 뉴델리에서 발생한 조티 싱의 강간 살인 사건이 그랬습니다. 인도의 작은 마을에 살던 조티 싱은 꿈을 안고 대도시로 올라와 물리치료 인턴 과정을 공부하고 있었습니다. 어느날 밤 남자친구와 함께 영화를 보기 위해 집을 나선 평범한 외출은 끔찍한 윤간을 당한 끝에 질구와 내장이 파열된 채 길가에 참혹하게 내던져짐으로써 끝이 났습니다. 조티 싱의 죽음은 인도 전역에 엄청난 분노를 몰고 왔습니다.

강간과 살인은 너무나 흔한 일입니다. 태양이 뜨고 누군가 강간을 당하고, 태양이 지고 누군가 죽임을 당하고, 다시 태양이 뜹니다. 태양이 뜨고 지듯 강간과 살인이 비일비재하지만, 조티 싱의 사건은 전 국민을 좌절시키고 마음을 흔들었습니다. 그로 인해 강간에 대한 인식이 판이하게 달라지기 시작했습니다.

우선, 강간에 대한 이야기가 공론화되었습니다. 인도에서는 이것만으로도 급진적인 변화입니다. 좋든 나쁘든 강간을 주제로 이야기가 쏟아졌고 정부 차원에서 강간을 주요 범죄로 인식하기 시작했습니다. 이제는 어머니의 운전기사와도 강간에 대해서 거리낌 없이 이야기할 수 있게 되었습니다.

30년 전만 해도 상상할 수 없던 일입니다. 1983년 졸업 논문을 쓰려고 인도에 갔을 때가 생각납니다. 나는 사회 각 분야를 대표하는 여성, 남성들과 심도 있는 대화를 기대하며 두툼한 수첩과 튼튼한 만년필을 들고 인도를 찾았습니다. 하지만 내 바람은 전혀 이뤄지지 않았습니다. 내가 만난 생존자는 뭄바이 빈민가에 사는 다섯 살 여자아이가 유일했습니다. 가족은 강간을 당한 아이를 보호하기 위해 여성 단체 시설에 들어와 일을 도와주며 살고 있었습니다.

결국 생존자 인터뷰는 딱 한 명으로 끝나고 말았습니다. 바로 나 자신이었습니다. 논문에는 하층 계급 여성의 강간 사건에 대한 개략적인 내용밖에 실을 수 없었습니다. 인도의 좌파 운동가들은 강간을 계급 탄압의 맥락에서만 이야기하려고 했습니다. 의미 있는 자료이지만 그것만으로는 부족했습니다. 하층 남성에게 강간을 당한 중산층 부인도 있고, 가족에게 당한 소녀도 엄연히 존재하니까요. 페미니스트 단체들은 선한 싸움을 하면서 성폭행에 대한 좀 더 미묘한 논의를 일궈내려고 노력했지만 쉽지 않았습니다.

성범죄는 이전에도 수없이 일어났는데 왜 조티 싱 사건이 유독 국민적 관심을 받은 것일까요? 1972년 발생한 마투라 사건은 대중적인 영향을 미치지 못했습니다. 부족 마을에 살던 마투라는 두 명의 경찰관에게 성폭행을 당했습니다. 이 일로 시위와 거센 반발이 있었지만 강간범들은 무죄 판결을 받았습니다. 판사는 마투라가 "성행위에 익숙했다"며 강간이라고 판결하기엔 무리가 있다고 했습니다.[1]

그럼에도 마투라 사건은 인도에서 강간에 대한 대중적 반대 운동을 촉발한 첫 사례라는 점에서 의미가 있습니다. 여성들이 모이기 시작했고 가두시위도 일어났습니다. 인도에서 강간 판결에 불복하는 시위는 그때가 처음이었습니다. 조티 싱 사건처럼 온 나라가 들고 일어난 것은 아니지만 마투라 사건은 페미니스트들의 분노에 불을 지폈습니다.

조티 싱 사건과 마투라 사건의 차이점은 무엇일까요? 어떤 사람은 조티 싱이라는 여성이 새로운 인도를 대표하기 때문이라고 말합니다. 시골의 젊은 여성이 야망을 품고 도시로 올라와 학위를 따고, 친구를 사귀고, 자유를 느끼고, 밤에 외출하고, 영화 〈라이프 오브 파이〉를 보고, 행복하게 살아갈 수 있는 나라. 조티 싱은 새롭게 발전하는 희망적인 인도의 상징이었습니다. 그것이 무참히 짓밟히자 오랫동안 끓어오르던 분노가 마침내 터져 나온 것이라고 설명합니다.

이것이 맞는 설명인지는 모르겠지만 실제로 분노는 폭발했습니다. 수천 명이 거리로 나와 시위를 벌였습니다. 강간범들은 실형을 선고받았습니다. 한 명은 미성년자로 3년형을, 나머지 네 명은 사형을 선고받았습니다(2020년 3월 20일에 사형이 집행되었다.—옮긴이). 한 명은 의문의 사고를 당해 감옥에서 죽었습니다. 가두시위와 언론의 힘으로 최고 입법기관에서도 여러 논의가 진행되었습니다.

범죄 발생 열흘 만에 중앙 정부는 성폭행 관련 법안을 검토하기 위해 30일 동안 활동할 수 있는 사법위원회도 발족했습니다. 대법관 자그디시 샤란 베르마, 전 대법관 레일라 세스, 전 판사 고팔 수브라마니암이 주축이 된 사법위원회는 강간과 강간법에 관한 시민들의 의견을 듣기 위해 공청회를 열었습니다. 연달아 개최된 공청회에 모인 사람은 7만 명이 넘었다고 합니다. 7만 명!

사법위원회가 발표한 보고서는 대단했습니다.[2] 나는 모든 내용에 전적으로 동의하지는 않지만, 인도 정부가 페미니스트 선언문을 작성했다는 것만으로도 대단한 일 아닙니까? 이 보고서는 사법개혁, 경찰개혁 등 구체적인 조치들을 요청하는 것을 넘어, 강간 문화를 바꾸고 여성을 보호하는 다양한 제도적 변화를 권고했습니다. 이를테면 결혼을 할 때 단순히 종교적 의식만 치르지 말고 혼인 신고를 하라고 말합니다. 대중의 무관심뿐만 아니라 정부에게도 책임을 물었습니다.

불순한 분위기를 조성하는 인도의 뿌리 깊은 성차별주의에 대해서도 언급했습니다.

아직 가야 할 길은 멀지만 이것은 엄청난 성취였습니다. 일반 대중과 여성 단체들의 의견을 청취했습니다. 전문가들을 소환하여 신뢰할 만한 증언도 들었습니다. 보고서는 성범죄에 대처하는 정부의 가장 잘못된 자세, 즉 "손바닥이 맞부딪쳐야 박수 소리가 난다"며 가해자뿐 아니라 피해자에게도 책임이 있다는 논리를 꼬집어 지적했습니다.

보고서는 인도 여성들이 받는 억압을 "자유로운 인도를 훼손하는 끔찍한 오명"이라고 비난합니다. 미국의 흑인 성악가이자 시민운동가인 메리언 앤더슨의 이야기도 인용되었습니다. 내 사례도 실렸는데 유치하게도 나는 반가웠습니다. 보고서는 젠더 유동성을 옹호했습니다. 또한 강간 피해를 입은 사람도 "긍정적인 방법으로 삶을 지속할 수 있다"고 명시하고 있습니다. 별것 아닌 것처럼 들릴지 모르지만, 인도는 강간당하는 것보다 죽는 것이 낫다는 믿음이 깊게 깔린 나라입니다. 인도에서는 아직도 강간당한 사람을 '진다 라시zinda laash'(살아 있는 시체)라고 부릅니다.

보고서는 "수치심과 명예 사이의 고리를 끊어내야 한다"고 말합니다. 그리고 인도의 경찰이 '명예의 결정권자' 역할을 하는 현실을 개탄합니다. 인도에서는 경찰이 강간 가해자의 죄와 피해자의 권리를 결정하는 도덕적인 능력을 가지고 있다고 간주하기 때문입니다. 막강한 힘 앞에서 선택의 여지가 없는 사람들에게 가해지는 '암묵적 동의'에 대한 문제도 짚습니다. '남편이 아내를 강간한다는 말은 성립될 수 없다'는 전통적인 관념을 완전히 뒤집고 "피고인과 피해자가 혼인 상태이거나 친밀한 관계라는 사실이 강간의 형량을 경감시키는 요인이 되지 않는다"라고 명시했습니다.

엄청난 발전입니다. 보고서에는 '강간'과 '성폭행'이라는 용어에 대해서도 이야기합니다. '성폭행'은 포괄적인 의미로 사용할 수 있는 단어인 반면, '강간'은 훨씬 심각한 수준의 범죄를 일컫는 것으로 도덕성에 대한 사회적 비난을 동반한다고 말합니다. 또한 남아프리카나 캐나다 같은 나라를 참고하여 정책을 수립할 것을 권고합니다. 보고서는 '이브티징Eve-teasing'(거리에서 지나가는 여성을 희롱하는 것.—옮긴이), 가정부를 비롯하여 다양한 직장 내 성희롱, 성매매, 인신매매, 국경 지역의 성범죄에 대해서도 이야기합니다. 특히 인신매매와 매춘을 구분하는데, 이는 많은 서구 페미니스트보다 더 진보적이라고 할 수 있습니다.

보고서는 또한 가족과 학교에서 성 역할에 대한 개념을 재정립할 것도 요구합니다. 잘못된 교육이 인도의 소년들을 얼마나 멍청한 어른으로 키워내는지 정확한 분석을 통해 보여주고 있습니다. 보고서는 강간범에 대한 사형 선고를 인도적 차원에서 반대하는 대신 화학적 거세로 방향을 바꾸라고 권고합니다. 무엇보다도 보고서는 선출직 공무원들의 높은 범죄율, 의료진과 경찰에 대한 교육 부족, 인도 전역에 만연한 차별 문화를 강도 높게 비판합니다.

보고서는 사려 깊게 꼭 필요한 내용을 담고 있습니다. 읽기가 쉽지는 않습니다. 656쪽짜리 보고서를 읽다가 215쪽에 이르렀을 때, 나는 잠시 멈출 수밖에 없었습니다. 소년원에 수감된 아이들의 끔찍한 처우에 대해 이야기하는 장면이었습니다. 세상은 너무나 불의하고 악의적입니다. 가장 취약한 사람들을 집어삼키기 위해 날카로운 이빨을 드러내는 괴물과 같습니다.

이 보고서는 2012년 12월 조티 싱 사건이 아니었다면 존재하지도 않았을 것입니다. 어쨌든 이 문서는 역사상 중대한 분수령이 될 것입니다. 아직까지는 그렇습니다.

하지만 나는 이 소동이 과연 현실을 얼마나 바꿀 수 있을지 궁금합니다. 우리가 지금 나누는 논의와 인식이 단 한 건의 강간이라도 막을 수 있을까요? 뉴스에는 연일 강간 사건이 보도됩니다. 아동 강간, 집단 강간, 강간 동영상, 온갖 강간들….

조티 싱의 가족은 상황이 조금 나아졌다는 것에 결코 만족하지 않습니다. (어떻게 그럴 수 있겠습니까? 딸의 죽음이 무의미해지지 않으려면 무엇을 해야 할까요? 조티 싱은 아무 이유도 없이 죽었는데 말이죠.) 인도의 여성들은 여전히 안전하지 않다고 느낍니다. 분명 강간 신고율은 늘어났지만 과연 누가 신고를 했으며 그 후에 무슨 일이 벌어졌을까요? 한 보고서에 따르면 델리에서 접수된 강간 사건 중 신고자의 40퍼센트가 피해자의 부모였습니다. 그들이 신고한 이유는 미성년 딸이 남자친구와 섹스를 했기에 둘 다를 처벌하기 위한 것이었습니다.[3]

사실, 강간을 이용하여 다른 목적을 달성하려는 범죄는 매우 심각합니다. 2018년 1월 17일 인도 잠무카슈미르의 카투아 정글에서 여덟 살 여자아이의 시신이 발견되었습니다. 아이는 강간을 당하고, 자신이 두르고 있던 스카프에 목이 졸린 채로, 머리에 돌을 맞아 살해되었습니다. 겨우 여덟 살입니다.

조티 싱을 떠올리게 하는 이 사건은 인도의 시민들을 다시 거리로 나오게 만들었습니다. 하지만 조티 싱 때와는 달리 이 사건에는 믿기 어려울 정도로 추악한 상황적 요소가 있었습니다. 경찰 네 명을 포함한 용의자들은 힌두교 민족주의자들로, 여자아이가 속한 무슬림 부족을 위협하기 위해 강간과 살인을 벌인 것입니다. 용의자를 지지하는 사람들도 거리 행진에 나섰습니다. 성차별주의자, 계급주의자, 권력자들이 자신들의 이익을 위해 여덟 살 소녀를, 자신이 키우던 말의 이름을 '예쁜이'라고 지어준 그 어린 소녀를 정치적으로 이용했습니다.

카투아 강간 사건은 정치적 동기가 분명하다고 하지만, 다른 강간과 별로 다르지 않았습니다. 단지 정치적인 이유였다면, 왜 소녀의 목숨을 빼앗기 전에 한 번 더 강간하겠다며 잠시 기다리라고 했을까요?

과거 인도의 경찰은 강간 사건 신고를 달갑게 여기지 않았습니다. 내 경우에도 경찰들은 지역 평판을 우려해 신고를 막으려 열성적으로 노력했고, 성공적으로 임무를 마쳤습니다. 개방의 물결이 일고 있는 지금은 어떨까요? 강간 사건 접수는 분명히 과거보다는 늘어나고 있습니다. 하지만 한 가지는 여전히 바뀌지 않고 있습니다. 피해자를 전혀 신경 쓰지 않는다는 것입니다.

뭄바이에서 여아들을 위한 고아원을 운영하는 한 원장은 최근 강간 사실을 숨기지 않는 분위기에 대해 우려합니다. 친인척이나 마을 사람에게 강간을 당했다는 신고를 하면 그 아이들은 모두 고아원으로 보내지기 때문이죠. 부모들이 정의를 바라며 경찰에 신고를 하는 순간 아이를 돌볼 수 있는 권리를 빼앗깁니다. 경찰은 강간범을 잡아 가두면서 아이들을 부모에게서 떼어놓습니다. 뭄바이 고아원 원장은 이런 현실을 안타까워하며 말했습니다.

"부모들이 울면서 아이를 집에 데려가고 싶어 합니다. 아이들 역시 울면서 집에 가고 싶어 합니다. 경찰은 가해자가 풀려날 수 있다고 으름장을 놓으며 이미 강간으로 고통당한 아이들을 가족에게서 마저 떼어냅니다. 아이들이 직접 법원에 나가 증언을 해야 하기 때문이죠."

문제를 해결하려는 이 투박하고 괴이한 열정은 합법적으로 피해자를 가두고, 조종하고, 괴롭힙니다. 카투아 강간 살인 사건을 계기로 인도는 아동 강간에 대한 사형 선고 법안을 신속히 통과시켰습니다. 하지만 사법체계가 심각하게 왜곡된 문화에서 돌이킬 수 없는 판결은 매우 위험할 수 있습니다. 더욱이 사형 제도가 범죄를 억제한다는 증거는 어디에도 없습니다.[4] 사형이라는 제도 자체가 윤리적이지 않지요. 나는 신문 칼럼에 이런 제목으로 글을 쓴 적이 있습니다. 〈그들을 높게 매달수록 우리는 아래로 가라앉는다〉.[5]

강간을 소재로 한 영화, 책(이 책도 그러하길), 공적 토론, 사적 논의와 마찬가지로 베르마 보고서는 중요합니다. 대화와 소통이 없이는 아무것도 할 수 없습니다.

하비 와인스틴 사건도 미국과 전 세계에 진실이 분출하는 카타르시스의 순간을 이끌어냈습니다. #미투 운동은 성희롱과 강간을 사회적인 문제로 만들었지만 그와 동시에 강간 문화의 불미스러운 이면을 만천하에 드러냈습니다. 앨라배마주 예비 상원의원의 과거 성희롱 의혹을 정당화하기 위해 공화당은 필사적으로 성경을 들고 흔들었습니다. 결국 그는 선거에 졌습니다. 성추행 혐의자가 국가 관직에 선출되지 못하는 것은 지극히 당연한 것인데도, 그의 패배 소식은 우리에게 놀랄 만한 기쁨을 안겨주었습니다. 남성들은 물론 수많은 여성들이 그를 지지하는 모습이 뉴스에 나왔습니다. 선거는 끝까지 접전이었습니다. 몇몇 유권자들은 그의 범죄 사실을 폭로한 여성들을 선거 부정행위로 고소했습니다.

"이 여자들은 40년 동안 뭐 하다 이제야 나타난 건가요? 이들은 유권자에게 사과해야 합니다."

여성 지지자들의 성난 얼굴과 독설이 TV 화면을 뚫고 고스란히 전해졌습니다.

이 책을 쓰기 위해 만난 강간 생존자 중 한 명은 #미투 운동이 아니었다면 인터뷰에 응하지 않았을 것이라고 단호하게 말했습니다.

"너무 감사하죠. #미투 운동은 나에게 목소리를 주었어요."

그녀는 강간을 당한 일에 대해 말할 용기가 없었는데 #미투 운동
을 계기로 말하기 시작했고 새로운 인생을 출발할 수 있었습니다. 내
가 열일곱 살에 겪었던 일이 지금 발생했다면 내 회복 과정도 많이 달
랐을 것입니다. 혼자라고 느끼지 않았겠지요.

#미투 운동은 의미 있는 현상이지만 그렇다고 특별한 것은 아
닙니다. 미국에서 시작되었기에 파급력이 있었던 것이지요. 말레
이시아의 진보적 커뮤니케이션 협회APC, Association for Progressive
Communications의 여성 인권 프로그램 매니저 잭 슴 키Jac sm Kee는
페미니즘 토론회에서 이렇게 말했습니다.

"인터넷은 지리적으로 우리를 연결해줍니다. 인터넷은 단순한 공
간이 아닙니다. 아주 특별한 공간입니다."

인터넷이 지리적 한계를 극복한다는 그녀의 말은 이론적으로는
맞습니다. 하지만 실제적인 콘텐츠는 미국이 지배하고 있습니다.

한 예로, 그녀는 멕시코의 프리마베라 비올레타Primavera Violeta(보
랏빛 봄) 사건을 언급했습니다. 아마도 라틴아메리카에 살고 있지 않
은 사람이라면 들어보지 못했을 것입니다. 바로 그것이 내가 지적하
려는 것입니다. 2016년 4월 두 명의 작가(한 명은 콜롬비아인이었고 한 명
은 멕시코인이었습니다)가 여성들에게 성희롱에 관한 글을 트위터에 올
려달라고 요청했습니다. 수천 명이 목소리를 냈고, 수천 명이 가두시
위를 벌이고, 젠더 폭력이 전국적 담론이 되었습니다. 그럼에도 불구
하고 국경의 북쪽에 살고 있는 우리에게 #미투 운동은 처음 겪는 현

상의 하나였습니다.

그렇다고 해서 이것이 미국과 전 세계에서 펼쳐진 #미투 운동의 힘을 빼앗지는 않을 것입니다. #미투 운동은 우리가 외부와 단절된 상태가 아니라는 것을 알려주었다는 것만으로도 충분히 가치가 있습니다. 그것은 시작입니다. 물론 그 시작점을 찾기 힘들 정도로 #미투 열풍이 한꺼번에 폭발했지만, 그동안 전개되었던 수많은 대화, 토론, 소셜 미디어의 담론이 밑바탕이 되었음은 분명합니다.

사실 #미투 운동의 시작점은 분명히 존재합니다. 나는 열성적으로 여성 운동을 하고 있었음에도 #미투 운동의 정확한 시발점에 대해 알지 못했습니다. 2017년 가을 어느 유명인의 트위터에서 #미투 운동이 시작되었다고 알려졌지만, 실제로는 20년 전인 1997년, 열세 살 소녀가 자신이 당한 성폭력을 흑인 여성 타라나 버크에게 이야기하면서 시작되었습니다. 버크는 소녀의 이야기를 듣고 고심했습니다. 그로부터 10년 뒤인 2007년, 버크는 성폭행과 성희롱 피해자들을 돕기 위한 비영리 단체를 설립하고 캠페인을 시작했습니다. 그 캠페인의 슬로건이 바로 '미투'였습니다. 할리우드와는 매우 먼, 전혀 유명하지도 않은 유색 인종 여성이 현재 우리에게 친숙한 신조어를 처음 만들어낸 것입니다.

인도, 멕시코, 미국을 비롯한 전 세계에서 많은 움직임이 생겨나고 뉴스, 토론회, 일상 대화에서 강간이나 성폭력에 대한 이야기를 더 많이 하게 되었습니다. 모든 게 한꺼번에 바뀌지는 않더라도 개인적으로나 세계적으로나 성범죄의 심각성에 대한 인식이 많이 달라졌습니다. 물론 #미투 운동을 통해 할리우드나 동네 구멍가게의 성희롱이 완전히 종식되기엔 무리겠지만, 분명한 사실은 피해자들이 더 이상 혼자라고 느끼지 않게 된 것입니다. 가해자들은 이제 발 뻗고 잘 수 없게 되었습니다. 세계 어느 곳에 있든 피해자들이 자신만 그런 일을 당했다고 생각하지 않기를 바랍니다. 이것은 상당한 변화입니다. 성윤리 개념이 없는 남성들은 성희롱을 하면 어떤 일이 벌어질지 스스로 점검하여 잘못된 행동을 하지 않기를 바랍니다.

성범죄에 쏟아진 스포트라이트는 많은 피해자들에게 힘을 주고 상처를 극복하도록 도와주었지만 다른 한편으로는 어쩔 수 없이 불안감을 가중시키기도 합니다. 끔찍했던 기억을 겨우 묻고 살았는데 갑자기 뉴스를 통해서 또는 저녁 모임에서 사람들을 만날 때마다 기억을 떠올려야 한다면 불안해질 수밖에 없습니다. #미투 운동이 불어닥치자 강간피해자센터는 매우 분주해졌습니다.[6] 잊기 위해 애써왔던 것이 갑자기 수면 위로 떠오르면 감당하기 힘들어집니다. 설령 장기적으로 봤을 때 도움이 되더라도 당장은 무방비 상태에서 트라우마에 직면한다는 건 끔찍한 일이지요.

폭로는 사회적으로 바람직한 일이지만, 개인에게는 그 시기가 맞지 않거나 감당하기에 벅차다면 고통스러울 수밖에 없습니다. 실제로 한 지인은 #미투 운동이 활발해지면서 괴로움에 빠졌습니다. 어렸을 때 받은 성적 학대를 가족에게 숨기고 살았는데 갑자기 여기저기서 과거의 기억들이 떠오르자 견디지 못했습니다. 한때 술에 빠졌다가 간신히 벗어났는데 다시 술을 입에 대기 시작했습니다. 길고 험한 길이 그의 앞에 다시 펼쳐졌습니다.

나도 대학에 다닐 때 비슷한 경험을 했습니다. 공개적으로는 어떤 말이든 할 만큼 충분히 외향적인 성격이었지만, 내가 겪은 강간 사건만큼은 꽁꽁 싸매 그날의 산속에 묻어버렸습니다. 없었던 일이 될 수는 없지만, 그 기억상자를 더 이상 내 옆에 두지 않았기 때문에, 현실의 나는 아름다운 매사추세츠에 사는 대학생일 뿐이었습니다. 기억상자는 이미 다른 세계로 보내졌고 그곳의 규칙은 여기서 통하지 않기에, 나는 안전하다고 생각했습니다.

하지만 1983년 3월 6일 현실은 깨졌습니다. 매사추세츠 뉴베드퍼드의 한 술집 당구대에서 셰릴 아라우조가 집단 강간을 당하는 사건이 일어났습니다.[7] (이 사건은 이후 조디 포스터가 주연한 〈피고인〉이라는 영화로 제작되었습니다.) 이 사건은 1만 2000킬로미터 밖이 아니라 겨우 100킬로미터 거리에서 일어난 일이었습니다. 나는 신문에서 그 소식을 접하고 완전히 얼어붙었습니다. 누군가 내 주변의 공기를 모두 내몰고 공포로 채우고 있는 것 같았습니다. 그나마 친구들이 곁에 있어서 다행이었습니다.

그런 충격은 사실 나에게 필요한 것이었습니다. 아무리 추한 실체라도 마주할 수 있어야 궁극적으로 도움이 되기 때문입니다. 하지만 전혀 준비가 안 된 상태에서 느닷없이 찾아온 공포는 엄청난 후폭풍을 몰고 옵니다. 강간 사건 뉴스를 마주할 때마다 생존자들은 자신에게 싸늘하게 속삭이는 과거의 소리를 들어야 하니 괴로울 수밖에 없습니다.

언론이 제대로 된 진실만을 보도하는 것도 아닙니다. 거짓 정보도 많고 이리저리 휘둘리기도 하기에 우리가 접하는 많은 뉴스 중에는 진실이 왜곡되거나 편파적이며 고정관념으로 뒤덮인 것도 있습니다.

물론 정의로운 순간도 분명히 있습니다. 더욱이 진실은 결코 일차원적이거나 단순하지 않고, 항상 파악하기 어려우며, 무질서와 혼돈의 맥락 속에 존재하기 때문에 더욱 소중합니다.

정의로운 순간은 세계 어디에나 빛을 비춥니다. 하지만 스포트라이트의 한계는 주변의 어둠을 보지 못하게 한다는 것입니다. 미국 사람들은 북미 원주민들이 다른 인종들보다 강간이나 성폭력에 노출될 확률이 두 배 이상 높다는 사실에 대해서는 그다지 관심을 두지 않습니다.[8] 인도에 사는, 같은 부족의 내 친구 마티는 내가 강간에 대해 이야기하면서 정의는 어디에나 있다고 말하자 큰 소리로 웃었습니다. 뉴질랜드에서는 마오리족 여성들이 다른 인종보다 성폭력을 당할 확률이 두 배나 높습니다.[9] 오스트레일리아에서는 내륙 원주민과 토러스 해협 원주민들이 가정 폭력에 시달리는 비율이 높고, 대학에서도 성폭행을 당할 확률이 높습니다.[10] 미국에서는 발달장애인의 90퍼센트 이상이 성폭력을 당합니다.[11] 이런 현상은 계속되고 있습니다. 안타깝게도 우리 사회는 우리와 같은 언어를 사용하지 않고, 미디어에 접근할 수 없고, 특권과는 거리가 멀고, 이런 책을 읽을 수 없고, 자신의 몸에 대한 권리를 위해 시위하지 않는 수백만의 사람들에게 전혀 관심조차 갖지 않습니다.

조티 싱 사건, 도널드 트럼프의 막말, #미투 운동, 카투아 강간 살인 사건, 법정에서 강간 피해자의 성적 이력을 공개하는 것을 이제 멈춰야 한다고 주장하는 영국의 하원…. 우리는 강간에 대한 이야기를 이제 막 시작했을 뿐입니다. 이 거대하고도 극적인 순간들은 지속해야 할 담론의 일부일 뿐입니다. 학자이자 변호사인 캐서린 매키넌은 지금 "젠더 계층의 지각판이 교체되고 있다"고 말합니다.[12] 아침 식사 중의 대화, 트위터, 신문 기사에서 언급되는 강간에 대한 이야기는 이런 흐름의 일부분으로 매우 의미가 있습니다. 하지만 아직 이런 담론에 모든 사람이 참여하고 있지는 않습니다. 그래서 우리는 계속 이야기해야 합니다.

5
예스, 노, 아마도

공자님이 말씀하시길, 여자는 치마를 올리기만 하면 되니까 바지를 벗어야 하는 남자보다 더 빨리 뛸 수 있다던데?
— 콜린 덱스터,《우드스톡으로 가는 마지막 버스》

남자들은 여자들이 비웃을까 봐 두려워한다. 여자들은 남자들이 죽일까 봐 두려워한다.
— 마거릿 애트우드

"예스"는 '예스'라는 뜻이고 "노"는 '노'라는 뜻입니다.

그런데 그렇게 간단하다면 이 책은 색인 카드에나 들어가면 알맞을 것입니다. 동의의 의미에 대해 잘 생각해볼 필요가 있습니다. 동의는 아주 간단하지만 동시에 아주 어렵기도 합니다.

블루시트 스튜디오는 〈동의: 그것은 차tea만큼 단순하다〉[1]라는 제목의 멋진 영상을 제작했습니다. 섹스를 하는 것과 차를 마시는 것이 다르지 않음을 간결한 막대 그림으로 설명합니다. 차는 마시기 싫다고 하면 강요하지 않는데, 왜 섹스는 강요할까요? 차를 마시고 싶다고 하여 끓여서 건넸는데 갑자기 마시기 싫어졌다고 하면 차를 목구멍에 강제로 들이붓나요?

이 영상은 이런 식으로 전개됩니다. 아이들을 교육하기에도 좋은 교재입니다. 하지만 섹스는 차가 아닙니다. 또한 차는 마시기 싫어도 매너상 상대방의 기분을 배려해 마실 수 있습니다. 하지만 섹스를 하고 싶지 않은데 상대방의 기분을 상하게 할까 봐 한다면(이런 일은 자주 일어납니다) 그것은 전혀 다른 이야기입니다. 강간과 다르기도 하지만 같기도 합니다. "노"라고 이야기하면 관계가 틀어질까 봐 두려운가요?

지인 중에 10대 때 사창가에 간 친구가 있습니다. 성경험이 몇 번 없던 친구는 자신의 한계를 넓히고 싶었습니다. 그래서 사창가를 찾아가 허세를 잔뜩 부리며 돈을 건넸습니다. 귀엽고 앳된 얼굴의 여자애가 친구를 구석의 작은 방으로 안내했습니다. 친구는 그때의 상황을 이야기해주었습니다.

"우리가 침대에 앉았는데 그다음에 뭘 해야 할지 모르겠는 거야. 여자애는 나를 쳐다보기만 하더라고. 그래서 내가 말했지. '옷을 벗어.' 근데 여자애가 '싫어'라고 하더라고."

"그래서 어떻게 했어?" 내가 물었습니다.

"어떻게 해야 될지 모르겠는 거야. 강제로 해야 하나? 그 애가 싫다고 했는데? 그래서 알았다고 했지. 잠시 나란히 침대에 누웠다가 시간이 다 돼서 나왔어."

너무나 납득이 되는 대답이었습니다. 그가 섹스의 대가를 지불한 것은 맞습니다. 하지만 그렇다고 옷을 벗기 싫어하는 상대를 강제로 벗길 권리는 없습니다. 돈을 돌려달라고 할 수는 있지만, 강제로 벗기지 않은 것은 옳은 행동이었습니다. 나는 이런 행동이 너무나 당연하다고 여기는데, 많은 사람들은 돈을 지불하면 무엇이든 마음대로 할 수 있다고 생각합니다.

성노동자라고 해서 강간을 당해도 되는 것은 아닙니다. 배우자 역시 마찬가지입니다. 하지만 안타깝게도 동의를 받아야 할 의무는 당신이 누구이고, 어디에 사느냐에 따라 달라집니다. 캐나다에서는 배우자를 강간하는 것은 범죄입니다. (로버트 스미스 판사에게 재판을 받는다면 예외가 될지 모르겠군요. 스미스 판사는 부인에게 성관계를 강요하는 것이 불법인 줄 **몰랐다고** 주장하는 남성에게 무죄 판결을 내렸습니다.[2]) 인도, 가나, 요르단 등에서는 여성이 결혼을 하면 성기(다른 신체 부위도 물론)의 권리를 남편에게 넘겨줘야 합니다.[3] 섹스하는 데 동의 같은 것은 필요 없습니다. 법적으로 무제한 접근을 허용하기에 여성의 동의 여부는 아무런 문제가 되지 않습니다.

쿠웨이트에서는 미혼 여성을 강간해도 피해자와 결혼을 하면 처벌을 면해줍니다.[4] 강간을 사랑의 행위로 탈바꿈시키는 결혼이라니 사법 제도라기보다 국가가 지지하는 가학주의에 더 가까워 보입니다. 다행히도 지금은 서아시아의 많은 정부들이 이 법률이 얼마나 비인간적인지 깨닫고 있습니다. 물론 이슬람 세계만을 비난하는 오류에 빠져서는 안 됩니다.

이탈리아에도 피해자와 결혼을 하면 강간죄를 면해주는 형법 544조가 있었습니다. 형법 544조는 1960년대 프랑카 비올라라는 소녀가 자신을 납치하고 강간한 남자와 결혼하기를 거부한 일로 인해 대중에 널리 알려졌습니다. 이 법조항은 성폭력은 도덕에 반하는 범죄일 뿐 인간을 해치는 범죄가 아니며, 결혼으로 용서받을 수 있다고 보는 것입니다. 그냥 단순하게 생각해보세요. 강간으로 인한 모든 나쁜 운은 단지 교회에 가서 강간범과 함께 '마트리모니오 리파라토레Matrimonio Riparatore'(보상 결혼)로 지울 수 있습니다. 이 법은 1981년에 마침내 폐지되었습니다.

지금은 동성 커플의 결혼을 법적으로 허용하는 곳이 많아지고 있기에, 강간법이 어떻게 발전하는지 지켜보는 것도 흥미로울 듯합니다. 남성이 남편을 강간하는 것은 허용될까요? 힘의 역학이 젠더의 역학으로 바뀔까요?

네 명의 남자가 나와 사랑하는 내 남자친구를 죽이겠다고 흉기를 들고 협박했습니다. 그들은 남자친구의 바지를 내리고 내가 반항하면 거세하여 죽이겠다고 칼로 위협했습니다. 그래서 나는 저항하지 않았습니다. 그들이 나를 '강간하게' 내버려두었습니다. 나는 죽음 대신 강간을 '선택'했습니다. 어떤 사람들은 그것을 동의라고 부를지도 모르겠습니다.

하비 와인스틴과 할리우드 거물들이 배우들에게 굴복하지 않으면 망신을 주거나 경력을 망치겠다고 협박했습니다.[5] 이것이 여성들이 동의했다는 의미가 될까요? 둘 다 술에 취해 있었다면 어떨까요? 술을 마시고 필름이 끊기는 블랙아웃 상태를 연구한 킴 프롬은 종종 전문가 자격으로 법정 증인석에 자주 섭니다. 그는 블랙아웃이 된 상태에서도 성적 합의는 가능하다고 주장합니다.[6] 프롬의 견해에 따르면 블랙아웃 상태에서 자동차를 운전하거나 기계를 조작할 수는 없지만, 섹스는 동의할 수 있다는 것입니다.

이쯤 되면 혼란을 느끼기 시작합니다. 갑자기 "예스는 예스를 의미하고 노는 노를 의미한다"라는 말이 모호해집니다. 법에도, 우리의 마음에도 너무 많은 예외가 존재합니다.

《모호한 경계: 다시 생각해보는 대학가의 섹스, 힘 그리고 동의》의 저자 바네사 그리고리아디스는 한 인터뷰에서 이렇게 말했습니다.[7]

우리가 이야기하고 있는 것은 섹스할 때 필요한 합의의 새로운 기준입니다. 이것은 우리가 성폭력에 대해 접근하는 새로운 방식입니다. 지금까지 강간은 힘의 문제이지 섹스의 문제가 아니라고 배웠습니다. 하지만 아닙니다. 우리가 말하는 성폭력은 그런 것이 아닙니다. 섹스 자체에 대해, 청소년기 이후 성인이 되어 섹스를 하는 방식에 대해 이야기를 해야 합니다. 누구도 이야기하고 싶어 하지 않는 근본적인 변화에 대해 이야기해야 합니다. 성교육에서 배운 것은 이제 작동하지 않기 때문입니다. 강간이 등장하는 책도 쓰지 마세요. 그것이 내 첫 번째 조언입니다.

미국의 몇몇 대학에서는 '적극적 동의'에 대해 지침도 정해놓았다고 하더군요. 뭔가 그럴듯해 보이지만 섹스를 하기 전 무릎을 맞대고 앉아 무엇을 할지, 어떻게 할지, 얼마나 적극적으로 할지 꼼꼼하게 토론할 10대가 있을까요? 나이와 상관없이 섹스는 그런 식으로 이뤄지지 않습니다. 동의하에 섹스를 하라고 말할 수는 있겠지만, 규정된 틀 속에서 상호 존중을 가르칠 수는 없습니다. 서로 물어보고, 살펴봐야 합니다. 정말로 확신이 설 때까지는 바지를 내리면 안 됩니다. 상대방이 원하는 것이 무엇인지, 감정이 어떠한지 끝까지 관심을 갖고 살펴야 합니다.

욕망에 대한 이야기를 해봅시다. 매사추세츠의 성교육자 재클린 프리드먼은 동의라는 의미를 이렇게 설명합니다. "적극적 동의는 성적 상호 작용에서 가장 중요한 도덕률을 바꿉니다."[8]

우리는 '동의'에 지나치게 낮은 기준을 가지고 있는 것은 아닐까요? 무엇에 동의한다는 것일까요? 남성이 오르가슴을 느끼도록 여성이 몸을 허락하는 것? 죄수가 편의를 봐달라는 의미로 교도관에게 자신을 제물로 바치는 것? 치매에 걸린 늙은 여성이 요양원 간병인이 더듬거려도 가만히 있는 것? 모두 너무나 형편없는 기준입니다. 섹스는 쾌락과 기쁨에 관한 것이며 서로 함께 나누는 것입니다. 그 기쁨과 쾌락을 함께 공유한다는 것에 동의하는 것입니다!

인도에서 동의를 논할 때 여성의 오르가슴은 전혀 중요하지 않습니다. 사실상 '동의' 자체를 중요하게 여기지 않으며, 성적 침해를 판단하는 요소로 고려하지도 않습니다. 영국 앵글리아 러스킨 대학교 박사 과정에 있는 스물일곱 살 마두미타 판디는 델리의 악명 높은 티하르 감옥에 수감된 강간범들과 몇 년에 걸쳐 인터뷰를 했습니다.[9] 마두미타는 100명이 넘는 남성들과 대화를 나눴습니다. 인터뷰를 시작하기 전에는 괴물로 여겨졌던 범죄자들이 인터뷰가 끝나갈 즈음이 되자 우리와 같은 인간으로 보이기 시작했다고 합니다.

강간범들은 평생을 가난 속에서 살았고, 어린 시절 학대를 받았으며, 열악한 환경에서 온갖 열패감을 맛보았고, 카스트와 계급 제도, 경제적 불평등으로 고통받는 희생자들이었습니다. (하지만 여기서 짚고 넘어가야 할 것은, 가난하게 살고 학대를 당했으며 계급과 경제적 불평등으로 고통받은 소녀들이 자신의 좌절감을 표출하려고 밖에 나가서 강간을 저지르지는 않는다는 사실입니다.) 그들은 그저 평범한 가치관을 가진 인도의 남자들로 동의에 대한 개념조차 없는 사람들이었습니다. 그들은 대부분 자신이 저지른 범죄가 강간이라는 생각조차 하지 못했습니다. 물론 그들이 모든 강간범을 대표하는 것은 아닙니다. 하지만 인도에서 강간죄 명목으로 감옥에 들어간 사람은 모두 힘이 없는 사회 취약 계층

입니다. 물론 감옥에 가지 않는 부와 권력을 가진 사람들도 이 가치
관을 공유합니다.

재클린 프리드먼은 이렇게 말합니다.[10]

서로 적극적 동의를 했는지 파악하는 것은 간단합니다. 각자는 두 사
람 사이에 일어나는 모든 일에 실질적으로 관여할 책임이 있습니다.
동의에 대한 개념이 있는 사람들은 상대방이 동참하는 섹스만을 하
기 때문에 이는 낯선 일이 아닐 것입니다. 하지만 섹스를 남성은 '먹
고' 여성은 '먹히는' 대결이나 거래라고 보는 사람들, 결혼을 '독점'이
라고 여기는 사람들에게는 너무나 낯설게 들릴 것입니다.

쾌락pleasure 중심의 포괄적 성교육이 부재한 상황에서 사람들
은 이상적인 섹스의 모델을 미디어나 다른 경로에서 찾게 됩니다. 금
욕을 외치는 선동가, 주류 대중문화, 포르노 영상 등을 통해 성을 배
우면 편협하고 결핍된 성 개념을 갖게 됩니다. 남성은 섹스를 이끌어
가는 주인공이고 여성은 남성의 욕망을 받아들이는 행운의(또는 불운
의) 조연이라고 여기게 됩니다. 이들에게는 동의를 얻기 위한 의사소
통이 오히려 발기와 감정에 치명적인 영향을 미칠 수 있습니다.

적극적 동의가 무엇인지 가르치는 것은 정말 중요한 일입니다. 수용
할 수 있는 도덕적 기준이 달라지고, 경계가 무너지는 것을 허용하는
것입니다. 이런 동의에 대해 제대로 가르치려면 이성애 중심 성교육
에서 벗어나야 합니다. 관계 중 일어나는 모든 일에 동등하게 책임을

느낀다면, 여자는 수동적이고 남자는 능동적이라는 성역할 고정관념
은 무너질 것입니다.

　이런 동의에 대한 교육은 또 다른 변화를 초래할 것입니다. 소녀
들은 섹스가 남을 위한 것이 아닌 자신을 위한 것임을 알게 될 것입
니다.

어떻게 하면 아이들에게, 파트너에게, 또 우리 자신에게 동의를 가
르칠 수 있을까요? 동의는 수많은 상황에서 거론조차 되지 않습니다.
나를 강간했던 남자들은 무슨 일이 있어도 강간할 작정이었고 내가
유일하게 선택할 수 있던 것은 사느냐 죽느냐였습니다. 하지만 대부
분의 성관계는 애매한 상황에 일어납니다. 우리는 어떻게 "예스, 노,
아마도" 사이의 혼란을 헤쳐나갈 수 있을까요? 나는 이런 판단에 도
움이 될 만한 내용을 BDSM 단체에서 찾았습니다.

　BDSM은 동의하는 성인들이 성적 쾌락을 얻기 위해 결박과 고통,
지배와 굴복, 가학과 피학을 즐기는 것입니다. 잠깐만, 도망가지 마
세요! 중요한 것은 '동의하는 성인'입니다.

　저널리스트, 성노동자, 성교육자, 포르노 제작자이며 팟캐스트
〈사람들은 왜 거기에 빠지게 되었을까?!〉의 진행자인 티나 혼은 이
렇게 설명합니다.

　"BDSM은 성인이 에로틱한 방식으로 힘의 역학을 즐기며 탐구하
기 위해 만들어진 체계적인 문화입니다. 채찍질하는 것은 상대방에

대한 관심의 표현이 될 수 있습니다. 물론 상대방이 원할 때 말이지요."

나는 때리거나 맞고 싶은 욕망은 전혀 없지만, 성관계 시 다른 사람의 의사를 존중하고 들어주는 것은 충분히 의미 있다고 생각합니다. 가죽과 채찍에 호감을 느끼지 않더라도, 규칙과 합의를 중시하는 하위문화에서 배울 점이 있습니다. 복잡하고 어려운 문제가 아닙니다. 자신의 욕구만을 가장 중요하게 여긴다면 상대방의 감정에 관심을 갖거나 주의를 기울이기 어렵습니다. BDSM은 근본적으로 동의에서 출발합니다. 즐거움을 향해 나아가는 여정에 발을 내딛기 전에, 먼저 상대방과 합의해야 합니다. 무엇을 할지, 멈추고 싶을 땐 어떻게 신호를 보내고 어떻게 그 신호를 포착할지 의논합니다. 섹스는 함께할 때 더 즐거운 것입니다. 파트너와 계획을 짠다고 신비감이 사라지지 않습니다. **오히려** 함께하는 환상적인 모험이 됩니다.

티나는 BDSM이 오명을 쓰지 않았다면 더 건강한 사회가 되었을 것이라고 주장합니다. 나는 **섹스**가 오명을 쓰지 않았다면 더 건강한 사회가 되었을 것이라고 생각합니다. 여자들이 욕망을 갖는 것을 나쁜 것이라고 느끼지 않고, 남자들이 자신에게 자격이 있다고 느끼는 것을 멈춘다면 말이죠. 여기서 "자격이 있다"는 말은, 합의된 섹스는 기차 여행과 같지 않다는 의미입니다. 즉 기차표를 샀다는 것이 종착역까지 가도 된다는 자격을 의미하는 것은 아니에요. 강간범뿐만 아니라 부모, 정책 입안자들까지 많은 사람들이 이것을 이해하지 못하는 것 같습니다. 2017년 캘리포니아주 판사는 동급생을 강간한 혐의로 기소된 스무 살 대학생에게 무죄 판결을 내렸습니다.[11] 판사는 여학생이 클럽에서 뒤따라 나온 남성을 자기 방으로 데리고 들어가는 모습이 찍힌 CCTV를 근거로 들었습니다. 판사의 말에 따르면 피해 여학생이 사건을 촉발시킨 장본인이라는 것입니다.

그게 뭐가 어쨌다는 것일까요? 방으로 초대한 게 어떻다는 거죠? 취했을 수도 있고, 막상 같이 있다 보니 생각이 바뀌었을 수도 있습니다. 옷을 벗고 콘돔까지 끼운 상태라도 마찬가지입니다. 어느 때가되었든 그녀의 마음이 바뀌었다면 거기가 끝입니다. 그녀가 더 이상은 허락하지 않았다는 점이 중요합니다. 동의 없이 종착역까지 갈 수있는 티켓 따위는 없습니다.

때로는 여성이 "예스"라고 말을 했더라도 불합리성이 없어지지는 않습니다. 산자나는 어렸을 때 친하게 지낸 10대 후반의 남자에게 성폭행을 당했습니다. 산자나는 그 남자를 좋아했기에 그가 보이는 태도가 싫지 않았습니다. 게다가 성적 호기심이 싹트던 때였습니다. 그러나 막상 그가 삽입을 시도하자 산자나는 겁이 나서 그만두고 싶었지만 결국 강간을 당했습니다.

"내가 좋아하는 사람인데 어떻게 안 된다고 말하겠어요. 상냥한 소녀로 남고 싶었어요!"

산자나는 "노"라고 말하지 않았습니다. "예스"라고도 말하지 않았습니다. 그녀는 당시 어린아이였습니다.

"예스"라고 말할 때까지 압박을 해서 받아낸 것을 동의라고 생

어느 때가 되었든 그녀의 마음이 바뀌었다면 거기가 끝입니다. 그녀가 더 이상은 허락하지 않았다는 점이 중요합니다. 동의 없이 종착역까지 갈 수 있는 티켓 따위는 없습니다.

각하는 사람들이 있습니다. 근본적인 한계가 있겠지만 '제도적 동의 institutional consent'도 무시할 수 없습니다. 제도적 동의는 교묘한 학대를 야기합니다. 예를 들면 인도에서는 시어머니가 종종 막대한 권력을 행사합니다. 배우자 살해의 경우도 파고들어가 보면 지참금을 요구하는 사람은 시어머니고, 괴로워하는 아내에게 기름을 붓고 불타오르게 한 사람도 시어머니입니다. 복잡하지만 이 또한 학대의 관점에서 보아야 합니다.

인도의 지참금 제도, 아프리카와 카리브해의 동성애 혐오법, 구루, 랍비, 이맘(이슬람교 교단 지도자.—옮긴이), 성직자를 비롯한 영적 지도자들의 권력. 모두 마찬가지입니다. 개별적인 여성의 이야기는 귀담아 듣지 않습니다. #미투 운동 기간에 드러난 할리우드의 부조리한 공모와 결탁 네트워크도 제도적 동의의 한 예라고 볼 수 있습니다. 화려한 할리우드 스타들이 피해자라기엔 왠지 화려해 보이지만 섬뜩한 현실임에는 틀림없습니다. 배우들이기에 특수한 상황으로 느껴지지만 그들 역시 성희롱을 지지하고 묵인하는 시스템의 희생자입니다. 한 친구는 나에게 유명 여배우들의 폭로가 그다지 달갑지 않다고 말했습니다.

"선택은 자기들이 한 거잖아. 그동안 말하지 않는 대신 원하는 걸 얻었으면서 왜 이제 와서 그러는지."

나는 이렇게 물었습니다.

"넌 왜 **피해자의** 선택만 생각하는 거야? 가해자들이 내린 선택은 어때?"

우리는 피해자들에게 초점을 맞추고 그들이 동의한 방식, 그로 인해 취한 이익, 수상쩍은 침묵, 강간에 대해서만 이야기하는 경향이 있습니다. 벌떡 일어나 남자를 밀치고, 드러난 가슴을 가리기 위해 옷을 여미고 도망치지 않았으니 그들이 동의한 것이라고 합니다.

'여자가 동의한 것'이라고 말하는 것은 피해자를 성급하게 비난하기 위한 수많은 방법 중 하나에 불과합니다. 우리 여성에게는 선택지가 있습니다. 지금의 굴욕과 나중의 굴욕 중 하나를 선택할 수 있고, 짧은 치마와 긴 치마를 선택할 수 있고, 떠날 때와 머무를 때를 선택할 수 있습니다. 우리가 '예스'를 선택하는 것은 적어도 그 순간에는 '노'라고 말하기보다 더 쉽기 때문입니다. 이런 선택은 동의와는 거리가 멉니다.

무엇보다도 상대방을 탓하는 것은 쉬운 선택입니다. 우리는 여성혐오를 벗어나기 위해 아니면 단순히 두려움을 이겨내기 위해 서로 비난하는 동안 다른 한 사람, 그림 속에 등장하는 다른 인물도 선택할 수 있었다는 사실을 잊고 맙니다. 그 남자가 먼저 인간적인 예의와 동물적 본능 사이에서 제대로 된 선택을 했어야 했다는 사실 말이죠.

6
뭘 기대한 거야?

내가 뭘 어떻게 했기에 나에게 이런 짓을 한 거죠?
— 오드리, 2017년 뉴욕 센트럴파크

오드리는 서른 살의 영국인으로 어린 아들을 키우며 행복한 결혼 생활을 하고 있습니다. 이 당연한 행복을 누리기 위해 처절할 만큼 열심히 살아야 했습니다. 6년 전 그녀는 이탈리아에서 네 명의 남자에게 강간을 당했습니다.

"당시에 나는 스물네 살이었어요. 로마에서 1년 동안 살았어요. 젊었고 처음으로 다닌 직장도 있었어요. 매일이 흥미진진했어요. 새로운 사람들도 많이 만났어요. 외출도 잦았죠. 어느 날 밤 친구들과 시끌벅적하고 분위기 좋은 나이트클럽에 갔어요. 너무 많이 마셔서 자세한 건 기억이 나지 않아요. 술집 분위기며 사람이며 모두 흐릿해요.

다음 날 아침 속이 너무 메스꺼워 잠에서 깼는데 낯선 곳이었어요.

옷이 벗겨져 있었어요. 누군가가 나를 혐오스럽게 쳐다보고 있더라고요. 당장 그 자리에서 벗어나고 싶었어요. 어딘지 물어보니까 그 남자가 거리 이름을 알려주었어요. 나는 빨리 그곳에서 나가고 싶었어요.

환한 거리를 걷는데 혼란스럽고 불안했어요. 지나가는 사람들이 모두 이상하게 느껴졌어요. 집으로 곧바로 갔어요. 일요일 아침이었죠. 집에 도착하자마자 일단 샤워를 하고 몇 시간 동안 내리 잤어요.

불쾌한 감정들이 올라왔는데 그게 뭔지 제대로 파악하기가 어려웠어요. 휴대폰을 살펴보니 나이트클럽에 같이 갔던 친구가 문자 메시지를 보냈고 내가 답장을 했더라고요. '이 남자들 정말 개자식이야.' 하지만 내가 왜 그런 말을 했는지 기억이 나지 않았어요.

월요일에 지인을 만났는데 자기 친구들이 어떤 여자를 만나서 잔 얘기를 떠벌렸다고 하더라고요. 이야기를 듣자마자 그 여자가 바로 나라는 걸 알았어요. 나는 분노해 그 녀석들이 그렇게 해선 안 된다고 소리쳤어요. 그러자 지인이 말하더군요. '너 그날 엄청 취했잖아. 뭘 기대한 거야?' 너무 끔찍하더라고요. 술을 많이 마신 게 엄청 후회스러웠어요. 그런 형편없는 남자들하고 시시덕거렸을지도 모른다고 생각하니 당황스럽더라고요. 굴욕적이었죠. 내가 뭘 어떻게 했기에 나에게 이런 짓을 한 거죠?"

오드리는 너무 취해서 나이트클럽을 나온 것도, 누구와 함께 있었는지도 기억나지 않았습니다. 이탈리아 법에 따르면, 그런 상태에서는 동의를 했다고 볼 수 없습니다. 하지만 자책감을 떨쳐낼 수 없었습니다. 왜 나였을까? 술집에 있던 그 많은 여자들 중에 왜 하필 나였을까?

오드리는 죄책감에 괴로워하면서도, 경찰에 신고하고 지인을 통해 가해자들의 신분을 확보해 법정에 세웠습니다. 최종 판결이 나기까지 1년이 걸렸습니다. 친구와 가족들로부터 따뜻한 지지를 받았지만 고통을 이겨내기란 쉽지 않았습니다.

"1년 내내 참담한 심정이었습니다. 지하철을 탈 때마다 사람들이 왜 철로에 뛰어드는지 이해가 갈 정도로요."

그녀는 법정에서 가해자들을 만났습니다.

"그들의 표정에서 경멸과 조소를 느꼈습니다."

이 사건이 법정으로 가게 된 계기가 강간범들이 지인들에게 그 일을 떠벌렸기 때문이라는 것은 의미심장합니다. 그들은 취약한 상대를 대상으로 저지른 짓을 의기양양하게 자랑했고, 그렇게 떠벌리고 다녀도 별일 없을 거라고 생각했던 것입니다(오드리는 그들이 술에 약을 탔을 것이라고 확신합니다). 강간범들이 스스로 도취되어 기꺼이 영광을 나누는 것은 특별한 일이 아닙니다.

그러나 결국 사건은 기각되었습니다. 가해자들은 평범한 남성들로 범죄를 저질렀다고 판단하기 어려운 반면, 오드리는 평소에 개방적인 성생활을 하고 있었기에 그날의 관계는 강간이 아니라는 판결이었습니다. 오드리가 사건이 기각된 이유를 이야기하자 그녀의 친구는 깜짝 놀랐습니다. 이 책을 읽고 있는 독자 여러분도 놀랐을 것이라 생각됩니다. 친구는 이렇게 말했습니다.

"말도 안 돼. 성경험이 있다면 오히려 동의하는 법을 안다는 말이잖아! 성경험은 있어도 강간당한 적은 한 번도 없었잖아."

오드리는 재판 상황을 이렇게 회고합니다.

"판사는 '동의하지 않았다는 증거가 불충분'하다며 사건을 기각했어요. 판사는 가해자 변호사의 의견을 채택했는데 그것은 처음에 검사가 표명한 것이기도 했습니다. 즉 그들은 모두 내가 평소에 나이트클럽을 자주 다녔고, 성경험도 많기 때문에, 그날 밤도 동의했으리라고 추정하는 것이 타당하다고 했습니다. 나는 상황 판단이 불가능할 정도로 취해 있었던 반면 남자들은 전혀 취하지 않은 상태였는데도 말이죠.

게다가 '남자라면 그럴 만도 하지'라는 통념이 있었어요. 가해자들은 전과도 없었습니다. 그들이 나쁜 짓을 한 것은 맞지만, 그렇다고 감옥에 갈 만한 일은 아니라고 생각하는 거예요. 부끄러운 일이죠. 판사는 많은 부분의 사실 확인이 어렵지만 상황 설명은 명확하다고 강조했습니다. 애초에 왜 그 남자들과 클럽에서 나왔는가? 낯선 아파트에서 눈을 떴을 때 왜 즉시 경찰서로 가지 않았는가? 강간을 당했다면 박쥐처럼 날아서 바로 신고했어야 하지 않았는가?

사실 시간이 많이 지난 것도 아니었습니다. 나는 무슨 일이 있었는지 깨닫자마자 병원으로 갔습니다. 그리고 다음 날 경찰관이 찾아왔습니다. 혈중 알코올 농도나 데이트 강간 약물 등을 측정하기에는 너무 늦었지만, 무언가 끔찍하게 잘못되었음을 알아내고 생각을 가다듬는 데 그 정도 시간은 걸릴 수밖에 없었습니다. 나는 늘 부당한 범죄를 발견하면 바로 신고해야겠다고 생각했는데 막상 나에게 닥치자 어찌할 바를 모르겠더군요. 고통스러운 시간을 보내면서 눈물로 밤잠을 설쳐야 했어요."

오드리는 오랜 시간 동안 치유의 과정을 보낸 뒤에야 비로소 마음의 평화를 되찾았습니다. 더 이상 강간을 자초했다고 자책하지 않으며 자신을 위한 삶을 살기로 했습니다.

"그 사건을 지운 건 아니에요. 재구성했을 뿐이죠. 그놈들이 더 이상 내 삶을 좌지우지하는 것을 원치 않았어요."

어둡고 인적이 드문 거리에서 지갑을 도둑맞았다면, 돈을 많이 지니고 밤늦게 돌아다니며 조심하지 못한 자신을 책망할 수는 있겠지만, 그렇다고 강도나 폭행을 당해 마땅하다고 생각하는 사람은 없을 것입니다. 자신을 피해자로, 돈을 훔쳐간 사람을 가해자로 생각할 것입니다. 하지만 성폭행에는 그런 공식이 통하지 않습니다.

몬태나주 변호사 리사 카우프만은 10대중독회복센터에서 열세 살 환자를 강간한 혐의를 받는 의뢰인을 변호하면서 피해자가 '꽃뱀'이라고 주장했습니다.[1] 히잡을 쓰지 않고 짧은 치마에 화장을 하고 운전을 했다는 이유입니다. 여성으로 태어났다는 이유만으로 어느 하나만이라도 완벽하지 않으면 비난을 받습니다. 그리고 우리는 그것을 내면화합니다.

대부분 혼란은 성차별주의적 태도와 문화 규범에서 비롯됩니다. 하지만 나는 우리가 끔찍한 사건을 당하면 으레 자신을 비난하는 것에는 다른 이유도 있다고 생각합니다. 그것은 우리에게 친숙한 단어인 '통제'와 관련이 있습니다. 그래서 우리 자신을 비난하는 것이 완전히 병적인 것이라 할 수는 없습니다. 어쩌면 방어기제일지도 모릅니다.

〈스트롱 아일랜드〉는 아프리카계 미국 청년 윌리엄 포드 주니어의 살인 사건을 그린 다큐멘터리 영화입니다. 영화 제작자 얀스 포드는 피해자의 여동생입니다. 얀스는 2018년 오스카상 후보에 오른 최초의 트랜스젠더 감독으로 역사에 이름을 남겼습니다. 그는 영화 속 한 장면에서 자기 자신을 스스로 비난하면서 자신을 짓누르는 죄책감에 대해 흥미로운 관점에서 이야기합니다.[2]

그래서 오빠의 죽음이라는 믿을 수 없는 일의 진실을 내가 조금이라도 밝혀내지 않는다면 나는 미쳐버리고 말 거예요. 자초지종을 밝혀낸다면 어떻게든 정리가 되어 이 일이 미해결 상태로 대기에 떠돌거나 미궁 속으로 빠지는 대신 지상에 안착하고 종결될 거예요. 그렇게라도 마음을 정리하지 못하면 이 일은 내가 어딜 가든 뇌리를 떠나지 않을 겁니다. 도망칠 수 없죠. 그러면 그건 훨씬 더 아프고 더 감당하기 힘든 일이 될 거예요. 오빠가 전화해서 쓸데없는 자랑을 늘어놨을

때 열아홉 살이면 좀 더 현명하게 대처했어야 했다고 자신을 책망하
는 일보다요. 내 말 이해하시겠어요?

영화에서 이 장면을 보는 순간 내 머릿속을 밝히던 거대한 전구가
꺼지는 것 같았습니다. 자신을 비난하는 것은 자기혐오나 내면화된
가부장제 때문이 아닐지도 모릅니다. 때로는 상황을 조금이나마 덜
끔찍하게 받아들이려는 복잡한 시도일 수도 있습니다. 이것이 비록
망상이라 해도 문제가 되지 않습니다. 그냥 열일곱 살 때 그 옷을 입
지 않았다면 그런 일은 벌어지지 않았을 거라고 생각하는 게 더 마음
이 편합니다. 그 남자들이 아무 이유 없이 나를 공격했고 내가 할 수
있는 일은 아무것도 없었다고 생각하는 것보다 말이죠.

그렇다고 이것이 **다른 사람들이** 피해자를 비난하는 것을 정당화
할 수는 없습니다. 피해자를 비난하는 사람들은 변명의 여지가 없으
며 정신이 번쩍 들게 머리를 한 대씩 맞아야 합니다. 어쨌든 그 영화
를 통해서 나는 지난 몇 년 동안 "오, 그런 일이 절대로 나에게 일어
나지 않도록 해야겠죠." 같은 말을 한 여성들을 조금이나마 더 이해
하게 되었습니다. 좀 더 누그러지면 그런 말들이 무심코 내뱉은 어리
석은 말이 아니라 자기 보호라고 이해하게 되지요.

한 여성이 화장실 변기를 파는 철물점에 들어갑니다. 이것은 강간
에 대한 우리의 정당화가 얼마나 망가졌는지 보여주는 'It's On Us' 캠
페인(2014년 버락 오바마와 백악관의 주도로 시작된 대학가 성폭력 근절 캠페인.

피해자를 비난하는 사람들은 변명의 여지가 없으며
정신이 번쩍 들게 머리를 한 대씩 맞아야 합니다.

—옮긴이) 영상의 시작 부분입니다.[3]

상점에 들어간 그녀는 진열된 변기들을 보고 한숨을 쉬더니 그중 하나에 앉아서 오줌을 싸기 시작합니다. 당황한 판매원이 달려와서 제지합니다. "멈출 수가 없어요." 그녀가 말합니다. 판매원이 경찰을 부르겠다고 위협합니다. "왜 그래요, 뭐가 문제죠?" 그녀가 계속 오줌을 싸면서 말합니다. "생물학적 반응을 어떻게 참을 수 있나요? 보란 듯이 변기를 진열해놓은 사람은 그쪽 아닌가요? 그래놓고는 자연적인 행동에 뭘 그렇게 야단인가요? 이 정도 행동을 예측하지 못했다는 거예요?" 그녀는 볼일을 다 본 뒤 한마디 말을 남기고 상점 밖으로 나갑니다. "다음부터는 처신을 똑바로 하세요."

전시용 변기에 오줌을 누는 여자라니 정말 우스운 이야기입니다. 하지만 수백만 명의 남자들이 강간을 정당화하는 논리가 바로 이와 같습니다. 우리 사회가 강간 피해자를 비난하고 피해자가 자신을 자책하는 현실을 떠올리면 전혀 우스운 이야기가 아닙니다.

알렉사는 남자친구가 기숙사에 쳐들어와서 자신을 침대로 밀치고 성폭행했다고 털어놓았을 때 어머니에게서 이런 말을 들었습니다.

"그럼 무슨 일이 벌어질 거라고 생각했니?"

오드리는 나이트클럽에서 만난 남자들에게 성폭행을 당한 사람이 자신이라고 말했을 때 지인에게서 이런 말을 들었습니다.

"거기서 뭘 기대한 거야?"

세릴은 고등학교 2학년 때 축구팀 학생에게 강간을 당했습니다.

함께 공부를 하려고 남자아이의 집으로 갔다가 성폭행을 당했습니다. 요로감염에 걸린 셰릴은 병원에 갔습니다. 의사는 곧바로 셰릴이 겪은 일을 알아챘지만 축구팀 전담 의사였던 그는 사실을 은폐했습니다. 셰릴은 이렇게 말합니다.

"시골 마을의 음모 같은 거였어요. 엄마에게 내가 당한 일을 말했죠. 하지만 당시 엄마는 아무것도 감당할 수 없었습니다. 이혼 소송 중이었거든요. 온 동네 사람들이 나와 그 나쁜 놈을 알고 있지만 그들에게는 말하고 싶지 않았어요. 난 당시에 약간 괴짜 취급을 받고 있었는데 누가 내 말을 믿겠어요? 그 일로 조울증과 저혈당증을 앓았지만 아무도 몰랐죠. 무엇보다도 우리는 중서부의 작은 마을에 살고 있었어요."

몇 년 후, 셰릴은 그 남자를 캘리포니아에서 다시 만나게 되었습니다.

"책상 위에 신입 사원 파일이 하나 놓여 있었는데 그의 이름이 적혀 있더군요. 상사에게 과거 이야기를 해주었습니다. 상사는 어떻게 하고 싶은지 물었어요. 많이 고민했죠. 내게는 든든한 동료와 멋진 남자친구가 있었어요. 내가 얼마나 잘 살고 있는지 보여주고 싶었어요. 다음 날 멋지게 옷을 차려입고 출근했지요. 엘리베이터에서 그 남자애를 맞닥뜨렸어요. '안녕!' 아는 체를 하자, 남자애가 놀란 얼굴로 '아니, 너는…?'이라며 말을 더듬더군요. 맞다고 얘기했죠. 간단히 인사를 나누고 나는 먼저 엘리베이터에서 내렸어요. 그리고 점심을 먹으러 가서는 블러디 메리(칵테일의 한 종류로 숙취 해소를 위해 마시는 술이다.—

옮긴이)를 한 잔, 아니 세 잔 마셨어요. 정말 통쾌했어요!"

시간이 지나자 강간 사건으로 드리워진 그늘은 점점 엷어졌습니다. 셰릴은 시간의 힘을 믿었고 주변에는 그녀를 비난하지 않고 지지해 주는 사람들이 있었습니다.

"나는 회복되어가고 있어요. 더 이상 매몰되고 싶지 않아요. 그 사건이 내게 영향을 주게 하고 싶지 않아요. 얼마 동안은 스스로를 원망했지만 더 이상은 아니에요. 그렇게 두지 않을 거예요."

앞에서 이야기한 부시시위는 아홉 살에 강간을 당했습니다. 어느 날 친구랑 남아프리카 남동쪽에 있는 교회에 가기로 했는데 엄마가 가지 말라고 했습니다. 마침내 엄마를 설득해 집을 나섰지만 친구와 교회에 도착했을 때는 이미 예배 시간이 끝난 뒤였습니다. 하는 수 없이 부시시위는 친구 집으로 가서 잠깐 TV를 보고 나서 혼자 집으로 돌아가고 있었습니다. 그때 갑자기 어떤 남자가 나타나 근처에 문을 연 가게가 있는지 물었습니다. 그녀가 없다고 대답하자, 남자는 문연 상점을 찾게 도와달라고 했습니다.

"나는 '문을 연 가게는 없어요. 집에 빨리 가지 않으면 엄마한테 혼나요'라고 말했어요. 그러자 그 남자가 가까이 다가오더니 내 몸을 만지며 입을 막았어요. 비명도 지르지 못하고 남자의 손을 뿌리칠 수도 없었어요. 남자는 나를 공사장으로 끌고 가서 강간했어요."

그녀는 사람들의 도움을 받아 겨우 집으로 돌아왔습니다. "엄마는 내게 소리를 지르며 욕을 퍼부어댔어요." 아버지는 차량을 마련해 그녀를 병원으로 데려갔습니다. 하지만 어머니는 딸을 쳐다보지도 않았고 에이즈에 감염되었다는 이야기를 듣고도 오지 않았습니다.

이집트의 입법부 슈라의회는 '아랍의 봄' 동안에 카이로에서 일어난 성폭행 사건에 대한 질문을 받았습니다. 의장인 아델 아퓌퓌는 이렇게 말했습니다.

"강간의 책임은 100퍼센트 여성에게 있다. 여성 스스로 그런 상황에 처하도록 행동했기 때문이다."[4]

우리는 인류가 이루어낸 기적 속에 21세기를 살고 있습니다. 주머니 속에 들어가는 작은 화면으로 멀리 떨어진 친구의 얼굴도 볼 수 있습니다. 예순 살 가슴에 열일곱 살의 심장이 뛰게 할 수도 있습니다. 캐나다 매니토바에서 멕시코 미초아칸까지 비행하는 왕나비를 추적하기도 합니다. 눈에 보이지 않는 우주 저편을 날아가는 항로도 압니다. 우리는 지구상 생명체로서 꽤 그럴싸합니다. 그런데 페니스를 어디에 두어야 하는지, 어디에 두면 안 되는지를 구별하기가 왜 그렇게 힘들까요? 누구도 강간당하길 원하지 않는다는 것을 왜 모를까요?

7
침묵의 카르텔

나는 쓸모없는 사람이 된 듯했어요. 더러운 부랑자가 된 것 같았
어요.

— 둘시, 어렸을 때 강간당한 여성

나는 이 책을 쓰기 시작할 때 #미투 운동의 쓰나미가 코앞에 왔다
는 사실을 전혀 알지 못했습니다. 전 세계의 여성들이 경험을 나누고
평화와 정의를 찾으려 노력하는 것을 보고 읽고 들으며 경이로움과
자부심을 느끼게 됩니다.

래리 나사르는 오랜 기간에 걸쳐 수백 명의 어린 소녀와 젊은 여성
들을 성추행하고 성폭행했습니다. 그는 미시간 주립대 체조팀과 미국
체조대표팀의 주치의로 활동하며 올림픽에서 전 세계인의 주목과 갈
채를 받은 많은 선수들을 관리했습니다. 미시간 주립대와 미국 체조
대표팀은 모두 성폭력 피해 사례를 보고받았지만 아무런 조치도 취하

지 않았습니다.[1] 실제로 나사르에 대한 최초의 고소는 20여 년 전인 1997년 미시간에서 제기되었습니다.[2] 그런데도 그는 계속 성공 가도를 달렸고, 성범죄를 저지를 수 있는 무수한 기회를 누렸습니다.

그는 자신이 돌봐야 할 환자를 추행한 것입니다. 친구의 여섯 살 딸도 추행했습니다. 누구든 손에 닿기만 하면 추행했습니다. 수백 명의 소녀와 여성들, 젊은 남성까지 대상을 넓혀갔습니다. 범죄가 늘어날수록 자신이 잡히지 않을 거라는 확신이 굳어졌습니다. 하지만 소녀들과 여성들은 어느 순간 침묵을 깨기 시작했습니다. 결국 2016년 아동성범죄 혐의로 기소되었고, 2017년 1월 미국 미시간주 잉햄카운티 제30회 순회재판소에서 로즈마리 아킬리나 판사는 나사르에게 최하 40년에서 최고 175년 형을 선고했습니다.

아킬리나 판사는 또한 나사르의 피해자들이 선고 공판에서 발언할 수 있도록 격려했습니다. 처음에는 증인이 몇 명에서 몇십 명으로 늘어나더니, 결국 150명이 넘는 피해자들이 증언했습니다. 전 세계인이 귀를 기울였습니다. 젊은 여성이 하나 둘 나와서 자신을 괴롭힌 범죄자의 얼굴을 쳐다보며 무슨 일이 있었는지 자세히 설명했습니다. 그것은 놀라움, 슬픔, 괴로움, 고통을 불러일으키는 이야기였지만 가슴 깊은 울림을 주었습니다. 아킬리나 판사는 생존자들을 '슈퍼히어로superhero'라고 불렀습니다.[3]

하지만 모든 여성이 슈퍼히어로는 아닙니다. 괴상한 자기혐오를 드러내며 말도 안 되는 소리를 지껄인 여자들을 냉정하게 기억해야 합니다. 프랑스의 대배우 까뜨린느 드뇌브를 비롯한 문화예술계 여성들은 공개편지로 가해 남성을 옹호했으며,[4] 저널리스트 아녜스 푸아리에는 미국 페미니스트들은 '남성 혐오주의자'라고 매도하면서 이들로부터 프랑스 여성을 구해야 한다고 호소했습니다. 자신들이 원하는 것은 남성들과 '조화롭게' 사는 것이라고 주장했습니다.[5] 그렇다면 프랑스 여성의 53퍼센트가 성희롱과 성폭행을 당한 경험이 있다는 보고서는 어떻게 해석해야 할까요?[6]

또한 《워싱턴포스트》에 남자는 결국 남자일 뿐이라면서 여성들이 이성적으로 판단하고 자제해야 한다는 칼럼을 실은 여성도 있습니다.[7] 그녀는 가부장제에서 자신은 아무런 불편도 느끼지 않는다고 확신합니다(운도 좋네요). 그러니 더 이상 소중한 남자들의 경력을 망치지 말고 일상의 업무로 복귀하라고 여자들에게 호소합니다.

위대한 남자들의 소중한 경력을 망가뜨리면 우리는 무엇을 잃게 될까요? 한쪽 눈을 가린 상태에서는, 여성들이 두려움 없이 자유롭게 손을 뻗어 얼마나 많은 것들을 얻을 수 있는지 볼 수 없습니다.

여성들이 성폭력 사실을 밝히고 목소리를 내는 현장에 나타나 아무 말도 못 하게 막아버리는 여자들도 있습니다. 그런 목소리는 너무나 오랫동안 우리를 질식시켜왔습니다. 내가 '모두 패자가 되는 강간 난제Lose-Lose Rape Conundrum'라고 이름 붙인 것은 이런 식으로 전개됩니다. 즉 누군가 성폭력 사실을 폭로하면 동정을 호소하는 무기력한 피해자처럼 취급합니다. 무기력한 피해자가 아니라면, 그렇게 큰일도 아닌데 왜 이야기를 꺼내느냐는 투로 몰아갑니다. 당신은 어쨌든 멀쩡히 살아 있으며, 또 자기 인생을 잘 꾸려가고 있는데, 왜 불쌍한 한 남자의 인생을 망치려 하느냐는 것입니다. 성폭행을 당한 게 큰일이었다면 이렇게 살아남지도 못했을 것이고, 큰일이 아니었다면 조용히 입 다물고 있으라고 말합니다.

나사르의 피해자들이 증언하는 영상을 보면 어느 누가 무기력한 피해자로 보이던가요? 우리가 입을 여는 순간, "나에게 이런 일이 일어났습니다. 나는 이렇게 살아서 당신 앞에 서 있습니다"라고 말하는 순간, 우리는 더 이상 피해자가 아닙니다. 그래서 나는 '모두 패자가 되는 강간 난제'를 읊조리는 여성이나 남성을 보면 머리가 갸우뚱해집니다.

여성이 성폭력을 폭로하는 것이 남성의 경력을 망친다고 주장하는 사람들은 현실을 직시해야 합니다. (여자뿐만 아니라 동성애자, 이성애자, 게이는 물론 남자들도 젊은 사람이든 나이 든 사람이든 누구든 희생자일 수 있고 그들은 여전히 침묵하며 혼자서 끔찍한 비밀을 감당하고 있다는 사실을 기억하길 바랍니다.) 성범죄자도 정당한 법적 절차를 밟을 자격은 있지만, 다른 범죄자들보다 비난받지 않을 면책 특권을 누릴 자격은 없습니다. 성범죄자들을 지금껏 보호해온 침묵의 카르텔은 **여성의** 삶과 가족과 경력을 이미 오래전에 망가뜨렸습니다. 여성뿐만 아니라, 수백만의 남성 강간 피해자들도 똑같은 처지에서 수치심과 두려움에 파묻혀 비밀을 끌어안고 고통스럽게 살아가고 있습니다. 가톨릭교단에 우리가 입을 여는 순간, "나에게 이런 일이 일어났습니다. 나는 이렇게 살아서 당신 앞에 서 있습니다"라고 말하는 순간, 우리는 더 이상 피해자가 아닙니다.

서 벌어지고 있는 사제들의 성범죄는 무수한 사례 중 일부에 불과합니다.

이런 상황에서도 여전히 여성 해방보다 남성 우월과 복종을 외치는 사람들이 있다면 해줄 조언이 있습니다. 남자답게 용감해지세요. 이미 추락할 대로 추락한 남자가 또 떨어질까 봐 걱정할 필요는 없습니다. 이제는 더 떨어질 곳도 없습니다.

8
목숨을 부지하는 법

벌거벗은 남자가 낯선 백인 소녀를 구하기 위해 울부짖고 할퀴어
대는 식인종을 창밖으로 던져버린 것은 실로 영웅적인 행동의 결
정판이었다.

— 에드거 라이스 버로스, 《유인원 타잔》

로마에서 오드리가 친구들에게 전화를 걸어 자신이 당한 일을 이
야기하자, 여기저기 떨어져 살고 있던 친구들이 조금도 주저하지 않
고 곧장 달려왔습니다.

(트위터 해시태그 #LionMama로만 알려져 있는) 남아프리카에 사는 익명
의 여성은 딸이 강간을 당하자 강간범을 찾아가 죽였습니다.[1]

인도 펀자브·하리아나 고등법원 판사는 피해자 진술서를 읽고
피해 여성이 평소에 난잡했다면서 가해자의 형량을 취소했습니다.[2]

파키스탄에서는 열두 살짜리 딸아이가 성폭행을 당하자 엄마가

마을의 원로들에게 탄원을 했고 원로들은 강간범의 여자 형제 한 명을 강간하라고 판결했습니다.[3]

나의 아버지는 나를 두 팔로 감싸 안고는 옥상으로 데리고 가면서 물었습니다.

"어떻게 하고 싶니? 네가 원하는 건 무엇이든 하자."

그로부터 4년 후, 나는 강간 생존자를 상담하고 전문가를 훈련시키고 학교에서 강의할 때마다 아버지에게 들었던 말을 생존자 행동 요령의 기본 지침으로 사용했습니다. 아버지는 심리학이니 사회학이니 젠더니 하는 교육은 전혀 받지 않은 평범한 중년의 무슬림이었습니다.

전혀 복잡하지 않습니다. 생존자에게 아무것도 통제하지 말고 무한으로 수용하고 지원하는 것입니다. 그것이 전부입니다.

강간을 당하고 며칠 후, 나는 버스를 타고 어딘가에 가려고 외출 준비를 하고 있었습니다. 아버지가 내 방으로 들어와 밝은 핑크와 푸른빛이 뒤섞인 실크 블라우스를 보더니 말씀하셨습니다.

"버스 탈 때 그런 옷은 입지 마라!"

"맙소사! 안 될 게 뭐가 있어요?"

"글쎄다… 사람들이 쳐다보잖니!"

말을 한 아버지도 말을 들은 나도 둘 다 충격을 받아 서로를 바라보았습니다. 아버지가 나를 수치스럽게 생각하지 않는다는 것은 잘 알고 있었습니다. 아버지는 나를 지키고 싶었기에 사람들에게 주목

받는 것을 원하지 않으신 것이지만 나는 상처를 받았습니다.

"볼 테면 보라죠!"

"그래, 네 말이 맞다."

삼촌은 내 강간 사실을 듣고는 경찰에 신고하지 말고, 엄마에게도 말하지 말고, 누구에게도 절대 비밀을 지키라고 당부했습니다. 매사에 결단력이 확실했던 아버지는 삼촌과 달리 나의 의견을 물었습니다. 나는 분노로 씩씩거리며 말했습니다.

"이건 비밀이 아니에요. 내가 왜 숨어야 하죠, 왜요?"

아버지는 많은 사람들이 당황해할 정도로 내 생각을 받아들이고 존중해주었습니다. 아버지가 바란 것은 오직 딸의 행복이었습니다. 상처를 극복하기 위해 내가 원하는 대로 모든 것을 하게 해주었습니다. 며칠 후 나의 사건을 전혀 모르는 아버지의 지인들이 집에 놀러 왔습니다. 차와 비스킷을 먹으며 담소를 나누던 가운데 아버지가 뜬금없이 말했습니다.

"내 딸이 강간을 당했어!"

순간 대화가 뚝 끊겼죠. 그때를 생각하면 지금도 웃음이 나옵니다.

간단한 공식인데도 현실에 적용하는 게 늘 쉽지는 않습니다. 사람들은 항상 성폭행을 폄하하고 무시할 이유를 찾습니다. 가장 찾기 쉬운 이유 중 하나는 진실을 드러내는 순간 불화를 초래하기 때문입니다. 한 여성은 이모부에게 성추행을 당했는데도 그가 죽기 전까지 내색하지 않고 지냈습니다. 그를 아예 피해버리면 사랑하는 이모가 상처를 받을 테니까요. 가족 내에 커다란 분열을 야기하는 것보다 이모부와 거리를 두고 아무 일도 없었다는 표정으로 대하는 편이 더 쉽겠지요. 하지만 그 방법이 언제나 통하는 해결책은 아닙니다. 그녀가 가족모임을 참을 수 없었다면 어땠을까요? 그녀에게는 소름 끼치는 늙은 남자와 마주하는 것이 대수롭지 않은 일일 수도 있었겠지만, 또 다른 누군가에게는 그렇지 않았을지도 모릅니다.

모르데하이 융라이는 유대인으로 뉴욕의 정통유대교회의 신실한 신도였습니다. 뉴욕의 정통유대교회는 규율이 엄격하기로 유명합니다. 그는 학습 장애가 있는 10대 아들이 예배당에서 성추행을 당했다고 신고했습니다. 혐의자는 곧 체포되었지만 융라이는 교회에서 차가운 외면을 받아야만 했습니다. 사람들은 그와 가족에게 한마디 말도 걸지 않았습니다. 살던 집에서도 쫓겨났습니다.[4] 오스트레일리아에 사는 매니 와크스도 비슷한 곤란에 처했습니다. 이스라엘에서 태어난 그는 어릴 적 오스트레일리아로 이민을 왔습니다. 차바드에는 성폭력이 만연해 있었는데 와크스는 자신이 당한 일을 폭로했습니다. 이후 그는 심한 따돌림을 받고, 정신적 충격으로 오스트레일리아를 떠날 수밖에 없었습니다. 하지만 결국 어린 시절 다녔던 예시바Yeshivah(유대교의 전통 교육 기관.—옮긴이)로부터 공식적인 사과를 받아냈고, 암암리에 벌어지는 공동체 내 성범죄를 밝혀내기 위해 계속 노력하고 있습니다.[5]

융라이는 인터뷰에서 이렇게 호소합니다.

"내가 겪은 고통을 단 하루만이라도 겪어보십시오. 그전에는 그토록 친절했던 유대교 신도들이 버로우 파크나 플랫부시에서 마주쳐도 아는 척은커녕 눈도 마주치지 않았습니다. 그렇게 2년을 시달렸습니다. 누구도 나에게 자비를 베푼 사람은 없었습니다."[6]

성폭력을 당한 아들을 지지한 사람은 오직 그의 아버지뿐이었습니다. 유대교든 이슬람교나 가톨릭교 등 수많은 종교 단체들이 놀라울 정도로 성폭력 폭로에 모순적인 입장을 취합니다. 하지만 변화는 한 사람, 한 부모로부터 시작될 수 있습니다.

마나사 브래들리는 어린 소년이었을 때 강간을 당하고 20대에 자살 충동을 느꼈습니다. 아무런 희망도 없이 절망에 가득 찬 그는 병원 응급실에 달려가 자신이 강간 피해자이고 도움이 필요하다고 말하기로 결심했습니다.

"나는 다짐했어요. 그들이 도와주면 자살하지 말자. 도와주지 않으면 그때 죽자. 응급실 안쪽 어두컴컴한 곳으로 가서 간호사에게 말했어요. 간호사가 '당신의 말을 믿어요'라고 하더군요. 이 세 마디 말 때문에 나는 자살하지 않을 수 있었습니다."

너무 많은 사람들이 강간에 대해 침묵하고 등을 돌립니다. 하지만 그렇지 않은 사람도 많습니다. 어떤 사람들은 고통을 직시하고, 목격하고, 바꾸려고 노력합니다. 그런 사람들은 나의 마음을 사로잡습니다. 지금까지 그런 사람들을 꽤 많이 만났습니다.

미탈리 아이양가르는 뉴욕의 꽃이 만발한 발코니에서 차를 마시며

1만 킬로미터 떨어져 있는 남수단 벤티우 난민 캠프에서 했던 봉사 활동을 회상했습니다. 난민 캠프의 공식 이름은 유엔 남수단 난민보호소로, 1.5제곱킬로미터 정도 되는 땅에서 12만 명이 임시로 살아가고 있습니다. 미탈리는 국경없는의사회의 일원으로 6개월 동안 활동했습니다. 이들 의료진은 80명 정도 되었고 그중 4분의 1이 여자였습니다.

국경없는의사회는 난민 캠프 안에 2차 진료병원을 운영하며 다양한 의료 활동을 펼쳤는데, 그중에는 강간 피해자를 위한 의료 지원도 있었습니다. 미탈리가 맡은 주요 임무는 강간으로 고통받는 사람들을 살피고, 난민들 사이에 강간에 대한 경각심을 높이는 것이었습니다.

병원에는 여성만 들어갈 수 있는 '노란꽃방Yellow Flower Gate'이라는 곳이 있었습니다. 성폭력 상담은 물론 여성이 겪는 모든 문제를 상담하는 방이었습니다.

"생리, 요로감염, 임신 등 여성들만이 겪는 문제를 상담했습니다. 하지만 강간이 가장 큰 문제였죠. 강간은 난민들이 캠프 밖으로 일하러 나갔다가 돌아오는 중에 자주 발생했습니다."

노란꽃방에서는 네 명의 여성이 돌아가면서 상담을 했습니다. 한때 전통적인 산파로 일했던 여성들로 그들 역시 마을의 집단 폭력을 피해 캠프로 피난 온 이들이었습니다.

"상담 도우미들은 난민들과 잘 어울렸으며 직관이 뛰어났습니다. 그들은 아침에 캠프를 돌아보며 사람들을 잘 살펴봅니다. 그리고 일을 마치고 돌아올 때 모습을 유심히 관찰하지요. 신발이 없어졌다거나 뭔가 표정이 미심쩍으면 그들을 무리에서 떼어내 무슨 일이 있었는지 다정하게 물어봅니다. 강간을 당한 여성에게는 PEP(사후 에이즈 예방)를 실시하고 사후 피임약을 줍니다. 피해자가 병원에 가는 것에 동의하면 병원에 데려다줍니다. 진료 내역은 비밀에 부칩니다. 이들 상담 도우미들은 매우 창의적이고 강인했습니다. 노란꽃방으로 인도하여 편하게 이야기할 수 있도록 도와줍니다. 피해 여성들은 대개 처음에는 사실을 털어놓지 않습니다. '돈만 빼앗겼을 뿐 강간을 당하지는 않았어요.' 하지만 시간이 조금 지나면 남자들에게 맞았다고 이야기합니다. 그리고 시간이 조금 더 지난 후에 강간당했다고 털어놓습니다. 강간 사실을 털어놓기까지는 시간이 걸립니다."

상담 도우미 여성들은 강간 치료 프로그램에서 가장 핵심적인 역할을 했습니다. 난민 여성들은 총으로 목숨을 위협당한 경우에만 강간이라고 여깁니다. 그래서 그렇지 않은 상황에서도 다양한 형태로 강간이 발생할 수 있다는 것을 교육해야 합니다. 가족 안에서도 발생할 수 있으며, 성기 삽입이 아닌 다른 형태로도 이뤄진다는 것을 가르쳐줘야 합니다. 캠프에 거주하는 난민들에게 모두 성교육을 하지만, 국경없는의사회에서 실시하는 교육 내용과 그들의 관념 사이에는 괴리가 매우 큽니다.

미탈리는 강간에 대한 노래를 누에르족의 언어로 가르쳤습니다. 원치 않은 성관계를 했을 경우 도움을 요청하라는 내용입니다.

Mi ce tuok wer ke peth, rey nini dok ka em-thep thwok

Rek man in dixk dien min te ke ken mi yian en no mo mi thok

Mace din yen e kiim, thile ram bi je mjac.

그런 일을 당했다면 지체하지 말고 재빨리, 사흘 안에

분만실 3번 게이트에 있는 노란꽃방을 찾아오세요.

아무도 모를 거예요. 당신과 의사, 산파 말고는 아무도 모를 거예요.

물론 난민 캠프에 남성 피해자를 돕는 시설은 없습니다. 안타깝지만 세계 어느 곳에서나 마찬가지 상황입니다. 남성과 소년을 위한 성폭행 의료 서비스는 너무나 부족합니다. 여성을 위한 시설도 충분하지 않지만, 남성을 위한 시설은 그보다 더 부족합니다.

나는 타인의 고통을 인지하고 도와주기 위해 기꺼이 헌신하는 사람들을 존경합니다. 인도의 바기라스 이어도 그런 사람입니다. 금융 전문가인 바기라스는 2012년 12월 발생한 강간 살인 사건에 큰 충격을 받고 친구들과 함께 '상처 주지 말고 사랑하자Make Love Not Scars'라는 단체를 설립해 젠더 폭력, 특히 황산 테러를 당한 피해자들을 돕는 일을 시작했습니다. 그는 강간을 비롯해 온갖 폭력을 당한 여성들이 존엄성을 되찾도록 돕고 싶다고 말합니다.

뉴욕에서는 숀 그로버가 그런 운동을 하고 있습니다. 숀이 운영하는 치료 단체에서는 강간 피해자들이 자신이 당한 일을 처음으로 인정하는 경우가 많습니다.

"피해자들이 심하게 방어를 해도 재촉하지 않습니다. 누구든 안전하다는 느낌을 받으면 서서히 마음을 엽니다. 처음부터 진실을 이야기하는 사람은 없습니다. 자신을 보호하기 위해 방어하는 것이죠."

나는 손의 관점이 옳다고 생각합니다. '부정'하고 싶은 감정을 받아들이는 것이 훨씬 긍정적입니다. '부정'이란 뭘까요? 부정은 아주 효과 좋은 방어기제입니다. 내가 만난 10대 강간 피해자는 배 속의 아이가 자연 유산될 때까지 임신 사실을 몰랐습니다. 상황을 받아들일 준비가 되었을 때 직시하면 됩니다. 기차가 돌진하기 전까지는 선로에 서 있다는 사실을 부인하는 것도 그렇게 나쁜 것만은 아닙니다.

팔레스타인 라말라의 사회복지사 라일라 앳산 역시 성범죄 피해자들을 돕는 일을 합니다. 그녀는 자신이 만난 이라크 소녀에 대한 이야기를 해주었습니다.

"앞을 보지 못하는 그 아이는 이라크에서 납치되어 7개월 동안 감금되어 있었어요. 우리가 상상할 수 있는 온갖 방법으로 학대를 당했더군요. 모두들 당연히 강간당했을 거라고 생각했죠. 그 아이는 거의 죽어가고 있었어요. 스스로 살 가치가 없는 존재라고 생각했어요. 수많은 사람들이 죽으라고 저주를 퍼부었다고 해요. 그럼에도 나는 포기하지 않았죠. 소녀에게 너는 가치 있는 사람이라고 끊임없이 말해주었죠. 결국 아이의 마음을 돌리는 데 성공했어요. 소녀는 살고 싶은 욕망을 되찾았어요!”

라일라는 교사와 부모들을 도와 절망에 빠진 아이들을 보살피는 일을 계속하고 있습니다.

“우리가 국경 검문소를 통제할 수는 없습니다. 하지만 아이들과 함께하는 우리의 삶은 통제할 수 있습니다.”

미탈리와 라일라는 고통의 목격자를 자처합니다. 우리가 고통을 극복하기 위해서는 곁에서 손을 잡아줄 목격자가 있어야 합니다. 우리는 강간 문화의 목격자입니다. 실제로 강간을 목격한 사람은 심한 충격을 받습니다. 강간이라는 흉기를 한번 휘두르면 여러 명의 생명이 위험에 빠집니다.

강간은 남성들에게, 즉 강간을 목격하면서도 막지 못했던 남성들에게 어떻게 작용할까요? 내가 겪었던 강간 사건을 떠올리게 만드는 비슷한 사건을 수도 없이 들었습니다. 남자친구가 무기력하게 지켜보는 가운데 여성을 강간하는 행위. 과시욕과 잔혹함이 뒤섞여 있는 이 시나리오는 남성성과 여성성을 모두 처절하게 짓밟습니다.

문화마다 남성성과 여성성에 대한 기대가 있으며 우리는 그런 기대에 지나치게 집착합니다. 트랜스젠더를 위협으로 받아들이는 것은 그들이 바로 이런 집착을 허물어뜨리기 때문입니다. 하지만 그런 집착은 남성에게도 여성에게도 전혀 도움이 되지 않습니다.

강간은 권력과 통제를 거머쥐는 행위입니다. 여성을 강간하면서 동시에 남자를 무릎 꿇게 만든다면 권력을 쟁취하면서 통제도 과시하는 이중의 승리가 됩니다. 반대로 강간당하는 연인을 무기력하게 지켜볼 수밖에 없는 남자는 이중의 재앙에 처합니다. 누군가가, 어쩌면 당신이 사랑하는 여성이 고통을 받고 있는데 당신은 아무것도 할수 없으니까요. '명예'를 중시한다면 그것은 이중적인 불명예가 되겠지요. 과거에 강간당하는 내 모습을 곁에서 목격한 남자친구는 나를 사랑한 사람이었습니다. 그는 나를 위해 싸우다 죽을 뻔한 상황에서, 결국 굴복과 죽음 중 하나를 선택해야 했습니다. 선택은 분명했고 우리 둘 다 조금도 망설이지 않았습니다. 그렇습니다. 그는 강간을 막지 못했기 때문에 괴로워했지, 자신이 남자이기 때문에 괴로웠던 것은 아닙니다. 나도 마찬가지였습니다. 우리는 둘 다 상처를 입었고 둘 다 이겨냈습니다. 이런 일이 벌어지면 두 사람 모두 심각한 정신적 충격을 받습니다.

하지만 모두가 우리와 같은 것은 아닙니다.

아사드는 약혼녀와 둘만의 시간을 보내려고 숲속을 찾았습니다. 그들은 두 달 후 결혼할 예정이었지만, 밀회를 즐길 장소가 필요했습니다. 하지만 안타깝게도 숲속에서 세 명의 강간범들을 만나고 말았습니다. 그들은 아사드를 위협한 뒤 약혼녀를 윤간했습니다.

아사드와 약혼녀는 그 일을 비밀로 하려고 했지만 둘 다 몸에 상처가 나 있어서 부모님의 추궁을 빠져나갈 수 없었습니다. 진실을 알게 된 아사드의 아버지가 던진 첫 질문은 몸은 무사하냐는 것이 아니었습니다. 아버지는 이렇게 말했습니다.

"너는 도대체 뭘 했느냐?"

삼촌들도 한목소리로 다그쳤습니다.

"왜 약혼녀를 지켜주지 못했느냐?"

이것은 그나마 다행스러운 이야기입니다. 약혼을 파기하고 결혼을 취소하는 가족도 많습니다. 어쨌든 사람들은 이런 사건을 여전히 명예와 연관 짓습니다. 여성을 다른 남성으로부터 보호해주는 것이 남성의 의무라고 이야기합니다. 이런 논리는 기본적으로 강한 남자가 여자를 차지하는 것이라고 간주하는 것입니다. 아사드는 가장 강한 남성이 아니었기에 남자답지 못한 사람이 되고 말았습니다. 강간범들은 효과적으로 그의 약혼녀에게 오명을 씌우고 동시에 아사드를 무기력하게 만들었습니다.

대다수 사람들은 영웅도 강간범도 아닙니다. 물론 때로는 목격자 수준을 넘어서는 사람들도 있습니다. 위험을 무릅쓰고 적극적으로 사건에 개입하죠. 이런 사람들은 영웅입니다.

야스민 엘리패는 반 성희롱 작전OpAntiSH, Operation Anti Sexual Harassment이라는 단체를 설립했습니다. 2012년 카이로 타흐리르 광장에서 벌어진 집단 성폭행 사건은 그녀뿐 아니라 모든 이집트 시민을 경악하게 만들었습니다. '아랍의 봄' 시위에 참가한 여성을 남성들이 에워쌌습니다. 그들은 여성을 끌고 가 집단 폭행을 하고 몸을 더듬고 칼로 위협하며 강간했습니다. 반 성희롱 작전은 이런 여성들을 돕기 위해 세워진 단체입니다.

길거리에서 봉사 활동을 하고, 핫라인을 설치하고, 소셜 미디어를
통해 뜻이 있는 시민들을 모으고, 피해자들을 위해 옷가지를 마련했
습니다. 그들은 회원들에게 비폭력적인 개입 요령, 피해자들과 공감
하는 훈련을 시켰습니다. 무엇보다도 선이 악을 종식시킬 수 있다는
신념을 전파했습니다.

나는 당시 발생한 집단 성폭행 사건을 온라인으로 목격했습니다.
무리를 지은 남성들이 소리를 지르고 욕을 하며 사람들을 거칠게 밀
어붙였습니다. 음흉한 목적을 가진 무질서한 조직. 침묵의 시대에 발
언하는 나에게 용감하다고 칭송했던 수많은 이메일을 떠올리자 나
자신이 부끄러워졌습니다. 그저 보는 것만으로 숨이 막힐 듯한 두려
움이 몰려왔습니다.

나는 맨해튼 웨스트빌리지에 있는 워싱턴스퀘어 공원에서 야스민
을 만났습니다. 한여름 땅거미가 지는 모습을 보면서 그녀는 다른 여
성을 돕기 위해 스스로 위험에 뛰어들어야 했던 전략과 실행 방법을
차분히 설명했습니다. 얼마나 영웅적입니까. 세상의 악이 압도할 때
마다(나는 악의 얼굴을 보았고 그 숨결을 느꼈기에 이는 결코 가볍게 사용하는
말이 아닙니다) 나는 야스민 같은 사람이 존재한다는 사실을 기억합니
다. 거리로 나가서 목숨을 걸고 폭도들 속으로 뛰어들어 낯선 사람을
돕는 모습을 상상해보세요.

야스민은 반 성희롱 작전에 대한 이야기를 해주었습니다. 사람들
과 함께 단체를 설립한 이야기, 강간당한 경험이 있는 여자들이 찾아

와 함께 활동하겠다고 나선 이야기, 으르렁거리는 무질서한 폭도들을 뚫고 위험에 빠진 여성을 구하기 위해 회원들과 훈련하는 이야기…. 정말 흥미진진했습니다.

야스민은 이집트 혁명 중 일어난 집단 성폭행에 맞선 페미니스트에 대한 원고를 책으로 출간할 예정인데, 내용 중에 한 여성이 방금 성폭행을 당한 여성과 함께 앉아 있는 장면이 나옵니다.

그녀는 결코 이 여성을 떠나지 않을 것이라고 마음속 깊이 다짐했다. 그녀는 이제 더 이상 도와주러 온 사람이 아니었다. 이 여성과 하나가 된 것이다. 그들은 함께 극복해나가지 못하면 함께 전사할 것이다.

어릴 때 성폭행을 당한 부시시위는 자신이 어떻게 강간을 당한 건물에서 빠져나올 수 있었는지 이야기합니다.

"어떤 여자가 다가와서 강간범에게 물었어요. '이 밤에 여기서 뭐 하고 있는 거예요?' 강간범은 대꾸했죠. '무슨 상관이야. 그냥 가서 밥이나 해.' 그녀는 가버렸습니다. 나는 소리를 질렀습니다. 그가 나를 강간을 한 뒤에, 술에 취한 어떤 할머니가 나를 발견하고는 사람들을 데리고 왔습니다. 그들은 피투성이가 된 나를 집으로 데려다주었습니다."

인도 마하라슈트라주 상글리의 성노동자들은 성구매자나 이웃들의 학대와 폭력에 노출되어 있습니다. 30년 전 여성 권익 단체 상그람

SANGRAM, Sampada Gramin Mahila Sanstha의 미나 세슈는 상글리의 성노동자들에게 서로가 서로에게 최고의 지지자가 되어줄 수 있다고 설파했습니다. 생계를 위해 성을 파는 사람들이 불합리한 대우를 받을 수 있음을 인정하지 않는 문화에서 그들은 서로 의지하기 시작했습니다. 성구매자가 폭력적으로 나오면 벽을 두드려 옆방의 동료에게 도움을 청했습니다. 나는 그곳에서 친구와 동료가 없었다면 자살했을 거라고 말하는 사람을 두 명이나 만났습니다. 그들에게 성노동은 살아남기 위해, 아이들을 키우기 위해 하는 '노동'입니다.

도움의 형태와 크기는 다양할 수 있습니다. 말로 설명할 수 없는 좌절에 빠져 있을 때 누군가 내 이야기를 귀담아들어 준다면 큰 도움이 됩니다. 선생님이 될 수도 있고, 부모님이 될 수도 있고, 같은 고통을 겪었던 사람일 수도 있습니다. 그리고 때로는 술에 취한 할머니일 수도 있지요.

9
강간 생존자를 돕기 위한 지침
(소하일라 압둘알리 제공)

'그녀'라고 썼지만, 이 지침은 성별에 관계없이 누구에게나 적용됩니다.

* 당신도 힘들겠지만 그렇다고 의자를 집어 던지는 행동을 해서 그녀가 오히려 당신을 돌보게 만들지 마세요.
* 그녀를 믿으세요. 무조건. 아무것도 의심하지 마세요. 그냥 믿으세요.
* 그녀가 하고 싶은 대로 하게 하세요. 말하고 싶다면 말하게 하고, 조용히 있고 싶다면 홀로 두고, 울고 싶다면 울게 하고, 농담을 하고 싶다면 하게 하세요. 물건을 집어 던지고 싶다면 던지게 하세요.
* 그녀에게 원하는 것이 무엇인지 물어보세요. 미리 추측해서는 안 됩니다.
* 의료적, 법률적, 신체적, 정신적 도움을 받으라고 권하세요. 하지만 강요하지는 마세요.

* 자세한 내용을 묻지 말고, 그녀가 자세히 설명하고 싶어 할 때가 되면 언제든 들어주겠다고 하세요.

* 그녀의 판단에 이의를 제기하지 마세요.

* 그녀가 원하는 방식으로, 선택한 단어 그대로 말하게 하세요.

* 이해하고 분석하려고 하지 마세요. 그냥 거기 있어주면 됩니다.

* 그녀가 강간을 당하기 전과 같은 사람이라는 것을 명심하세요. 전과 똑같이 대하세요. 끔찍한 일을 당하긴 했지만 동일한 사람입니다. 그녀도 이 점을 잊지 않도록 도와주세요.

* 마지막으로 명심해야 할 것은, 절대 그녀의 잘못이라고 탓하면 안됩니다.

10
공식적인 언어로 말하기

재료의 양을 정확하게 하고 조리법을 충실히 따르는 것이 중요합
니다. 그렇지 않고는 완벽한 요리는 불가능합니다.
— 디그비자야 싱, 《마하라자스의 요리의 기쁨》

나는 같은 남자로서 그 흉악무도한 사람들이 저지른 짓을 사과합
니다. 존중받아야 할 여성들에게 행한 잔학 행위와 범죄에 대해 남
자들은 어떤 면에서 모두 유죄입니다. 당신의 행복하고 밝은 미래
를 위해 기도합니다.
— 2013년 이메일

내가 뉴욕에서 처음으로 배심원이 된 것은 강간 사건 재판이었습
니다. 판사는 법정을 가득 채운 200명가량의 사람들에게 성폭행을
당한 적이 있거나 그런 경험을 한 사람을 알고 있다면 손을 들라고

했습니다. 그때는 2009년으로 강간 사건에 대한 재판이 지금보다는 훨씬 적었고 논란거리도 되지 못할 때였습니다. 그럼에도 손을 든 사람은 많았습니다.

손을 든 사람은 한 명씩 작은 방으로 불려갔습니다. 방에는 판사(남자), 피의자(남자), 피고측 변호사(남자), 검사(남자)가 테이블을 둘러싸고 앉아 있었습니다. 피의자가 나를 멍하니 쳐다보았습니다. 나는 그의 눈을 피했습니다. 방이 갑자기 작게 느껴졌습니다.

그들은 이 사건과 관련이 있는 나의 경험에 대해 말해달라고 했습니다. 나는 기억할 수 있는 모든 것을 이야기했습니다. 강간을 당했고, 강간피해자센터에서 일했고, 인도의 강간 문화를 주제로 학사 논문을 썼고, 강간 관련 언론 보도를 주제로 석사 논문을 썼고, 짐바브웨에서 강간 보고서를 작성하는 일을 돕고 있다고 얘기했습니다.

피고측 변호사는 화를 억누르느라 힘겨운 듯 보였습니다. 나를 방에서 끌어내고 싶은 마음을 진정시키느라 두 손을 꽉 붙잡고 있는 듯 보였지요. 검사는 미소를 지으며 내가 배심원단에 들어가면 객관적으로 판단할 수 있겠느냐고 물었습니다.

"그렇고말고요!"

진심이었습니다. 그들은 나에게 더 이상 묻지 않았는데, 시간이 없었기 때문이었습니다. 피고측 변호사가 입을 열었는데, 거부권을 이용해 내 배심원 자격을 박탈하고 싶은 듯 보였습니다. 그리고 실제로 나는 배심원 자리에 앉지 못하게 되었습니다.

피고측 변호사는 잘못 판단했습니다. 나만큼 객관적으로 판단할 수 있는 사람은 아마 없었을 겁니다. 나는 거짓말과 추측으로 인한 끔찍한 피해를 수없이 목도했기에 상황을 공정하게 바라보고, 죄가 없는 사람이 유죄 판결을 받지 않도록 최선을 다할 수 있었습니다. 나는 이런 재판이 어떻게 진행되는지 알고 있었습니다. 나는 사법 제도가 유색 인종에게 얼마나 불리하게 작동하는지 알고 있었습니다(피의자는 유색인이었습니다). 나는 미국에서 유색 인종들이 형을 피하거나 형량을 줄이기 위해 거짓 고백을 할 수밖에 없는 경우가 많다는 것을 알고 있었습니다. 나는 피해자든 강간범이든 증언의 신뢰나 향후 발생할 일들이 모두 카스트나 계급에 따라 달라질 수 있다는 것을 알고 있었습니다. 나는 개인의 문제가 더 이상 개인의 문제가 아니라는 것을 알고 있었습니다. 부당한 역사에서 기인한 편견, 추측, 정당화는 거부할 수 없는 힘으로 우리를 짓누릅니다. 미국에서 백인 여성을 강간한 혐의로 기소된 흑인 남성의 문제는 단순한 성폭력 문제가 아닙니다. 인도에서 상위 카스트 여성을 강간한 혐의로 기소된 달리트(천민)나 무슬림들 역시 마찬가지 상황에 처합니다. 내가 겪었던 강간 사건을 당시 경찰들이 어떻게 처리하려고 했는지 지금도 선명하게 기억납니다. 그들은 내게 빈민굴에 사는 가난한 청년을 아무나 지목하면 경찰서로 끌고 와 흠씬 두들겨 패도록 해주겠다고 말했습니다.

하지만 미국의 법률 시스템은, 사건에 관심이 많고 정보를 많이 아는 사람은 오히려 상황을 객관적으로 판단하기에 적합하지 않다고 여깁니다. 강간을 당한 경험이 있는 사람은 편파적이고 감정적이고 사건에 너무 밀착되어 있어서 의견을 제시하기에 적절하지 않다는 것입니다.

그래요. 나는 알고 있습니다. 말도 안 되지만 사실이에요.

그렇다면 누가 제대로 판단할 수 있을까요? 객관성이란 무엇이며, 기준을 어떻게 정해야 할까요? 성폭행을 당해본 적이 없는 사람만 배심원석에 앉을 수 있다면, 미국 강간 재판은 형편없는 판결이 나올 것이 분명합니다. 실제로 미국에서는 강간 사건 1000건당,

* 310건만 경찰에 신고됩니다.
* 57명만 체포됩니다.
* 11명만 재판에 회부됩니다.
* 6명만 감옥에 갑니다.[1]

그날 배심원석에 있던 사람이 법원을 나서면서 나에게 이런 말을 했습니다.

"바로 포기하고 죄를 인정한 걸 보면 유죄가 분명해요."

하지만 피고가 자백하지 않았다면 강간을 둘러싼 미묘한 분위기를 전혀 알지 못하는 사람들로 꾸려진 배심원단이 공정한 판결을 내릴 수 있을까요? 배심원단에게 강간을 **저질러본** 적이 있는지 물어본 사람은 아무도 없었습니다. 모르긴 해도 그들은 나를 내쫓고 가해자

들로 배심원을 꾸린 셈입니다.

사람들은 이런 일을 겪고 나면 다른 일이 똑같은 방식으로 일어났을 때 절대 믿지 못하게 됩니다. 다른 재판에서도 마찬가지입니다. 만일 당신이 강도를 당했다면 강도 사건의 배심원이 되지 못할 것입니다. 아마도 피고측 변호사는 당장이라도 손을 뻗어 자기 의뢰인의 목을 조를 것처럼 앉아 있는 당신의 모습을 보지 못하겠지요.

나뿐만 아니라 많은 사람들이 법률의 한계를 지적하며 변화를 요구하고 있습니다. 법에는 암울할 만큼 허점이 많습니다. 2016년 소말리아 푼틀란드에서 성폭력종합법이 입법되어 국제적으로 갈채를 받았습니다. 성폭력을 해결하는 데 큰 도움이 될 것은 분명해 보입니다. 하지만 안타까운 사실은 법을 시행해야 하는 사람들이 법을 어기고 있다는 것입니다. 군인과 경찰에 의한 강간은 여전히 줄어들 기미가 보이지 않고 있습니다.[2]

변화는 집에서, 우리의 일상생활에서, 태도에서 시작됩니다. 강간범이 유죄 판결을 받고 감옥에 들어간다고 해도, 법은 생존자를 위해 많은 것을 해줄 수 없습니다. 법은 여러분이 밤에 외출할 때 손을 잡아주지 않습니다. 법이 바뀐다고 한들 죽자고 달려드는 사람의 마음이 바뀌지는 않습니다.

그러나 법이 우리의 마음을 바꿀 수는 없다고 해도 행동은 바로잡아 줄 수 있습니다. 이슬람 법률인 '샤리아'에 따르면 강간 혐의를 입증하려면 네 명의 남성 목격자가 필요합니다. 성폭행을 신고하는 데 변화는 집에서, 우리의 일상생활에서, 태도에서 시작됩니다. 강간범이 유죄 판결을 받고 감옥에 들어간다고 해도, 법은 생존자를 위해 많은 것을 해 줄 수 없습니다. 법은 여러분이 밤에 외출할 때 손을 잡아주지 않습니다. 그러나 법이 우리의 마음을 바꿀 수는 없다고 해도 행동은 바로잡아 줄 수 있습니다.

기한이 있습니다. 미국의 강간보호법은 피고측 변호사가 법정에서 피해자의 성경험에 대해 발언하지 못하게 합니다. 법의 정의 체계는 불완전하긴 해도 중요합니다. 우리의 행동에 영향을 미치기 때문입니다.

백신 접종을 생각해보세요. 많은 사람들이 백신에 대한 부정적인 생각을 가지고 있습니다. 최근 몇 년 동안, 캘리포니아에서 여러 종류의 위험한 홍역이 발생했습니다. 정부가 규제를 강화하자 부모들은 아이들의 백신 접종을 피하기 어렵게 되었습니다. 덕분에 백신 접종률이 늘어나면서 홍역 발생률이 현저하게 줄었습니다. 여전히 백신이 해롭다고 생각하더라도 아이들에게 백신을 맞히지 않으면 치러야 할 비용이 증가하기에 부모들이 행동을 바꾼 것입니다.

강간은 홍역이 아니므로 예방 접종도 없습니다. 하지만 규칙은 중요합니다. 강간을 어떻게 정의할까요? 강간을 어떻게 입증할까요? 의사와 경찰은 강간 사건을 어떻게 다루도록 훈련받고 있을까요? 판결은 어떤 식으로 이뤄질까요? 소셜 미디어는 어떻게 영향을 미칠까요? 법은 강간을 종식시키지는 못하지만 많은 영향력을 행사하고 사회 분위기를 형성합니다.

우리가 말하는 방식도 마찬가지입니다. 말은 법률처럼 무게를 지니고 있습니다. "몽둥이와 돌멩이가 내 뼈를 부술 수 있어도, 말은 나를 해치지 못한다"라는 속담이 있지만, 몽둥이와 돌멩이는 물론 말도 우리의 몸을 부수고 영혼을 해칠 수 있습니다.

우리가 사용하는 언어는 객관성에 영향을 미칩니다. 다음은 유엔개발계획UNDP의 HIV 바이러스 관련 지침서 내용을 발췌한 것입니다.[3] 이 글은 오명을 안고 있는 모든 주제에 적용할 수 있습니다.

말과 이미지는 사람들의 행동과 태도에 영향을 미친다. 어떤 말을 사용하느냐에 따라 청자를 배제하거나 포함할 수 있으며, 우월한 입장이나 동등한 입장에 둘 수 있고, 특정한 방식으로 작용해 권한을 주거나 빼앗을 수 있으며, 거리감을 느끼게 하거나 감화시킬 수 있다.

"검사는 나에게 울지 말고 제대로 말하라고 다그쳤어요."

오드리는 자신이 증언을 제대로 하지 못해서 강간범들이 무죄 판결을 받은 게 아닌지 여전히 의문을 품고 있습니다.

강간범들이 '범죄를 저지르고도' '형편없는 시스템' 때문에 처벌받지 않고 빠져나가는 것이 생존자들의 책임이라는 사실은 매우 놀랍습니다. 재판은 시간이 오래 걸립니다. 법정은 잔혹합니다. 증거는 애매합니다. 성폭행 재판은 우선순위에 밀려납니다. 미국에서는 피해자들이 제출한 정액, 섬유 조직 등이 담긴 수천 개의 강간 증거 상자가 실험 대기실에서 먼지를 뒤집어쓰고 있습니다. 그동안 강간범들은 모두 법망을 빠져나가고 있습니다.

법은 너무 쉽게 왜곡되고 혼란스러우며 잘못 해석됩니다. 공식적인 버전은 해석의 여지가 많습니다. 나의 예를 보세요. 공식 기록상으로는 그날 그 산에서 아무 일도 일어나지 않은 걸로 되어 있습니다. 나는 진실을 알고 있기 때문에 나에게는 공식적인 기록이 중요하지 않다고 생각했습니다. 하지만 진실을 담은 공식적인 기록은 사실 중요합니다. 지금 나는 기록되지 않은 사건을 다시 쓰기 위해 노력하고 있는 것입니다.

공식적인 기록은 중요합니다. 몽둥이와 돌멩이가 내 뼈를 부수듯 말은 내 영혼에 상처를 줍니다.

11
너의 사랑이 나를 죽여

모든 게 뒤죽박죽이네요.
— 지나 스카라멜라, 보스턴강간피해자센터 이사

섹스 교육과 강간 교육은 같은 것입니다.
— 재클린 프리드먼

제 딸은 3학년 때, 교실을 이동할 때마다 힘들어했습니다. 점심을 먹기 위해 계단을 내려와 학교 식당으로 갈 때나, 쉬는 시간에 톰킨스 스퀘어 공원으로 가려고 횡단보도를 건널 때처럼 줄 서서 기다려야 하는 모든 일에 불만을 품고 있었습니다. 왜 그러는지 이유를 물었더니, 한 남자아이가 항상 딸의 뒤에서 머리를 잡아당겼기 때문이었습니다.

"게다가 뒤에서 입김도 불어!"

딸은 분통을 터뜨렸습니다. 하지 말라고 분명하게 말해도 남자아이가 멈추지 않았기에 딸은 당연히 화가 날 수밖에 없었습니다. 선생님에게 그 일을 말했더니 웃으면서 이렇게 말씀하시더군요.

"아, 테드 말이군요! 테드가 따님을 엄청 좋아하거든요. 좋아해서 그런 거예요."

아, 테드가 딸을 좋아해서 그런 거니 괜찮구나.

아닙니다. 괜찮지 않습니다. 테드에게 좋아하는 여자아이를 힘들게 해서는 안 된다고 말해줘야 합니다. 테드가 대학에 들어가 누군가를 짝사랑하면, 상대방에게 어떻게 대해야 할까요? 같이 영화 보자고 데이트를 신청할까요? 아니면 그녀의 기숙사에 들어가 강간해야 할까요?

강간과 성욕, 폭력과 섹스. 이들은 모두 뒤죽박죽입니다. 그래서는 안 되지만 그렇습니다. 애매하게 중첩되어 있습니다.

강간과 성욕의 연관성은 무엇일까요? 서구 페미니스트들은 강간과 성욕을 분리하고 강간을 폭력 행위로 규정합니다. 나는 보스턴강간피해자센터에서 아이린 메터와 함께 다양한 워크숍을 진행했습니다. 아이린의 커다란 파란색 보트를 타고 학교, 클리닉, 기업 등을 방문해 성폭력을 주제로 강의했습니다. 학교에서 10대들과 열띤 토론을 벌이곤 했습니다.

"강간은 섹스가 아닙니다. 밀방망이로 누군가의 머리를 친다고 요리가 되는 것이 아니듯 말입니다."

아이린이 한 이야기 중 내가 좋아하는 말입니다. 강간이 때로는 합의된 성관계와 비슷해 보일 수 있지만, 그렇지 않다는 것을 정말 잘 설명하기 때문입니다.

강간은 **성적** 폭력입니다.

물론 힘없는 소녀를 상대로 억압된 성적 충동을 쏟아내는 소년이나 전쟁터에서 여성을 공격하는 군인이나 모두 강간이고 폭력인 것은 맞지만 시작 지점이 다릅니다. 데이트 강간과 폭력을 동반한 강간이 어떻게 다른지 미묘한 차이를 자세히 설명하는 것은 어려울 수 있습니다. 사실, 피해자에게는 아무 상관이 없는 것이지요. 나도 분명하게 정답을 아는 것은 아니지만 차이를 이해하는 것은 중요합니다.

1984년 보스턴강간피해자센터의 이사 지나 스카라멜라는 나를 첫 번째 정규직 사원으로 채용했습니다. 위험에 처하거나 겁에 질려 떨고 있는 여성을 구하기 위해 우리는 한밤중이라도 현장으로 달려갔습니다. 한번은 커튼에 불이 붙은 적이 있었는데, 불을 끄는 도중에 핫라인으로 전화가 걸려와 불을 끄면서 상담을 한 적도 있습니다. 지금은 정규 직원만 40명이나 되는 전문 기관으로 발전했습니다. 피해자의 집을 방문할 때 지켜야 하는 원칙도 체계적으로 만들어졌습니다. 내가 일하던 때와 지금은 많이 달라졌지만 여전히 달라지지 않은 것들이 있습니다. 강간은 여전히 단순하면서(동의가 없으면 강간이다) 여전히 복잡합니다(동의란 무엇을 말하는가? 강제성을 어떻게 정의할 것인가? 권력이란 무엇인가?).

"진실은 거의 존재하지 않아요." 지나는 이렇게 말했습니다. 물론 그래도 조금은 있겠죠. 섹스를 원하지 않는 상대방과 섹스하는 것에 문제가 있다는 것은 진실입니다. 하지만 책임의 정도를 부여하는 건 복잡합니다. 지나의 주장은 이렇습니다.

"우리는 그 점을 분명히 해야 합니다. 피해자와 가해자의 나이, 그들의 관계 같은 것들이 다 중요합니다. 이 모든 것들이 다음에 일어날 일에 영향을 미칩니다. 모든 것이 거기서부터 떨어져 나옵니다. 모든 사람들이 매 순간 단순화하려고 하지만 우리는 그럴 수 없어요. 그것들에 꼬리표를 붙이려고 하면 우리는 상황에 개입할 기회를 놓치게 됩니다."

이 일은 정말로 까다롭습니다. 상담가나 활동가로서 피해자센터 직원들은 무엇보다도 자신의 의뢰인들을 돕고 싶어 합니다. 하지만 그러기 위해서 먼저 납득할 수 있는 것과 납득할 수 없는 것, 범죄와 범죄가 아닌 것을 정확하게 구분할 수 있어야 합니다. 그런 기준이 있어야 폭력과 욕망 사이에 대리인이 개입할 수 있습니다.

오스트레일리아의 한 젊은 여성은 친구인 남자가 경계를 넘어서자 아래와 같은 편지를 보냈습니다.

네가 일부러 나에게 상처 주려고 한 행동이 아니란 걸 알지만, 그때 내가 어떤 기분이었는지 알려야 할 것 같아서 글을 쓰게 됐어.

내가 이 글을 쓰는 것은 두 가지 이유 때문이야.

첫째, 네가 한 행동이 나에게 어떤 영향을 미쳤는지(지금도 마찬가지고) 깨닫고 진심으로 내 마음을 이해해주었으면 좋겠어.

둘째, 다른 여성에게도 이런 일을 저지르지 않기를 바라는 마음으로 내가 지금 할 수 있는 일을 하는 거야.

그날 밤 우리가 잘 곳은 분명했어. 너희 남자 세 명은 2층 침대가 있는 방에서 자고 나는 혼자 더블침대가 있는 방에서 자기로 했지. 그런데 네가 더블침대에서 자겠다고 고집 부렸을 때("너무 좁다"는 이유였지) 어색하고 불편했지만 너를 믿었기에 알겠다고 했어. 직감적으로 뭔가 의심스럽고 걱정스러워 너에게 분명히 "만지기는 없다"라고 선을 그었고 너도 동의했잖아.

침대에 누웠을 때 네가 내 쪽으로 몸을 밀착했고, 나는 네 친구로서나 침대의 주인으로서나 존중받지 못한다는 느낌이 들었어. 불편하고 불안했어.

네 손이 내 옷을 비집고 들어왔을 때, 나는 또다시 네 친구로서도 여성으로서도 존중받지 못하고 무시당하는 것 같았어. 속이 메스껍고 불편하고 걱정이 차올랐어.

나는 네 손을 치우고 슬며시 침대 끝으로 돌아누웠어. 우리 둘 사이에 여유 공간이 생기고 네가 움직이지 않자 안심했어. 하지만 그것도 잠시였지.

네가 다시 다가와 네 손이 내 몸을 덮치자, 나는 견디기 힘들 정도로 두려웠어. 뼛속까지 얼어붙었던 기억이 아직까지 생생해. 내가 왜 그때 움직이지 않았는지 설명이 될 거야. 네 바지가 반쯤 내려간 것을 알아차렸지. 나도 좀 취하긴 했지만 정신을 바짝 차리고 무슨 일이 벌어질지 경계를 했어. 너는 내 위로 올라타 내 속옷을 벗기려고 했어. 모든 일이 순식간에 벌어졌지. 머리와 심장이 쿵쾅거렸어.

얼마나 무섭고 공포가 밀려오고 빌어먹을 만큼 끔찍했는지 알아주었으면 해! 내가 "안 돼"라고 말했는데도 너는 듣지 못하는 듯했어. 내 말이 들리지 않는다면 너는 무슨 짓까지 할까? "안 돼"라는 말이 의미가 없다면 내가 할 수 있는 일이 더 이상 뭐가 있을까? 이런 거 정말 싫어… 나는 성적으로 학대받는 것 같았어.

나는 온몸으로 거부와 반감을 표시했어. 내 몸은 너에게 닫혀 있다고 이야기하고 있었어. 그런데도 너는 내 의사를 무시하고 몇 번이고 다시 시도했지. 정말 끔찍하게 무서웠어. 성폭행을 당하는 기분이었어. 네가 반복적으로 시도하자 내 머릿속에는 최악의 생각까지 스치고 지나갔지. '차라리 빨리 끝내버리고 이 상황에서 벗어날까.'

여행에서 돌아온 뒤에 너는 용기를 내서 나에게 문자를 보냈지. "술 취해서 한 실수를 웃으며 넘어가줘서 고맙고, 어쨌든 용서를 구해야 하는데 내 편이 되어줘서 고마워"라고.

나는 '너의 편'이기 때문에 네 문자를 무시하지 않았지만, 한편으로 나는 '내 편'이기 때문에 네 문자를 무시했어. 나는 네가 스스로의 행동에 책임감을 느꼈으면 좋겠어. 다른 사람에게는 이런 상처를 주지 않기를….

이 일이 나에게 얼마나 큰 충격이었는지 너도 이해하길 진심으로 바랄게.

그는 이렇게 답장했습니다.

네가 보내준 편지 보고 눈물이 났어. 네가 그렇게까지 힘들었다니 너무 미안해. 너의 신뢰를 저버려서 미안하고, 시간을 되돌려 과거의 나로부터 너를 지켜줄 수 없어서 미안해. 내가 술에 취하면 엉망이 되는 건 알았지만 이 정도일지는 몰랐어. 다른 모든 친구들처럼 너도 사랑하는데 이런 큰 상처를 주다니 마음이 너무 아프다.

한발 늦긴 했지만, 그는 말을 알아들었습니다. 단지 피해자가 교육자 역할**까지** 떠안아야 하는 현실이 안타까울 뿐입니다. 이런 이야기는 비일비재합니다. 우리가 원하지 않는다고 하는데도 무시하는 남자들이 많습니다. 아니면 그저 술에 취했다거나, 너무 무례하기 때문에 신경 쓰지 않습니다. 그것도 아니면 '페니스가 모든 것을 평정한다'는 교육을 받았기 때문이겠지요.

한 여성이 유명한 코미디언 아지즈 안사리와의 불편했던 성적 만남을 공개해 논란이 되었습니다.[1] 그녀는 논의의 본질을 흐려놓았다는 이유로 즉각 맹비난을 받았습니다. 사람들은 연예인을 쫓아다니는 젊은 여성이 술에 취해 벌인 일탈을 왜 **진짜** 괴롭힘과 학대를 논의하는 장에 끼워 넣었는지 궁금해했습니다. 여성들이 섹스로부터 모든 신비와 재미를 앗아가고 있었나요? (나는 이미 섹스에 공포와 트라우마가 덜 스며 있을 때 더 매력적이라는 의견을 밝힌 바 있습니다.)

이 모든 것이 어떻게 함께 어울릴까요? 아지즈의 에피소드는 모든 일이 얼마나 복잡해질 수 있는지 정확히 보여줍니다. 그 여성은 그것을 강간이라고 부르지 않았습니다. 그녀는 자신이 거부했는데 아지즈가 손가락을 그녀의 몸 안에 집어넣었다고 말했습니다. 그것은 법적으로 강간입니다. 물론 아지즈가 그녀의 집에 쳐들어와 침대에 밀쳐 눕히고 성기를 삽입한 것은 아닙니다. 전혀 **다른** 이야기입니다. 하지만 나에게 더욱 흥미로운 점은 사람들이 그가 아니라 그녀의 행동에 대해서 말하는 방식이었습니다. 그녀가 자신에게 벌어진 일을 폭로해야 했을까? 아니면 그러지 말아야 했을까? 그녀가 익명으로 남아 있어야 했을까, 아니면 자신을 밝혀야 했을까? 그녀가 아지즈와 함께 집에 가야 했을까, 아니면 안 가야 했을까?

세상에! 그게 무슨 상관인가요? 남자가 여자에게 강요했고 여자는 거부를 말로 표현했습니다. 그게 이 이야기의 요점 아닌가요? 피해자의 행동에 따라 이미 벌어진 범죄가 줄어드나요? 원인이 있는 곳에 책임을 물어야 합니다.

아마도 이 이야기에서 가장 중요한 부분은 그것이 일어난 **이야기**라는 점일 것입니다. 나는 #미투 운동이 낯선 사람에게 당하는 강간이나 전쟁터에서 일어나는 강간을 단 한 건이라도 막을 수 있을지 잘 모르겠습니다. 하지만 매일 얼굴을 부딪치며 사는 사람들 사이에서 이런 어려운 대화는 아주 중요합니다. 내가 아는 한 남성은 이런 일들을 계기로 자신의 삶과 주변을 돌아보고 자신이 얼마나 여성에 대해 잘못된 생각을 가졌는지 알게 되었다고 고백했습니다. 이 남자는 강간을 저지른 적이 없었습니다. 하지만 여자가 확실하게 "노"라고 말하지 않는 한 지퍼를 내리고 덤벼도 된다고 생각했으며, 이에 대해 의문을 품어본 적이 없었습니다. 또 다른 사람은, 성인지 감수성이 전무했음에도 부끄러운 행동을 저지른 적이 없던 것은 순전히 운이 좋았기 때문이라고 고백했습니다.

나쁜 섹스는 끔찍합니다. 나쁜 섹스는 강간은 아니지만 때로는 강간과 같은 방식으로 끝나기도 합니다. 나쁜 섹스와 강간은 관련이 있을까요? 그렇습니다! 아니요, 가끔은요! 물론 구분하기에 미묘한 상황도 존재합니다. 아지즈 안사리의 이야기를 접하고 나는 그것을 단순히 '나쁜 섹스'라고 분류할 수 있을까 고민이 되었습니다. 그것은 비인간적이고 모욕적이고 우울한 이야기이며(남자는 상대 여성의 기분을 전혀 고려하지 않습니다) 비참하지만 친숙한 현실입니다. 그것은 정녕 대화로 다루어야 할 주제입니다. 대화는 복잡합니다.

나쁜 성적 경험은 남성에게 실패한 의사소통, 성적 열패감, 찜찜한 뒷맛으로 이어지는 반면 여성에게는 통계가 말해주듯이 굴욕, 임신, 강간, 죽음으로 이어질 확률이 높습니다. 나는 왜 사람들이 나쁜 섹스에 대해서 말하는 걸 부끄러워하는지 모르겠습니다. 우리에게는 제약 없이 떠들고 소란을 피울 수 있는 무한한 인터넷이라는 공간이 있습니다. 어떤 이야기를 한다고 해서 다른 이야기의 자리를 빼앗는 것은 아닙니다. 오히려 '뒤죽박죽' 혼란스러운 세상을 살아가는 데 도움을 줄 것입니다.

재클린 프리드먼은 팟캐스트 〈언스크루드Unscrewed〉를 진행합니다.[2] 나는 그녀의 팟캐스트에 출연하여 미국의 성교육에 대해서 이야기를 나눴습니다. 재클린은 현실을 신랄하게 비판했습니다.

"학교에서 하는 성교육은 섹스를 하지 말라고 가르쳐요. 그래도 굳이 하고 싶다면 자신을 보호하기 위해 무엇 무엇을 하라고 합니다. 나는 이런 성교육을 '재난 방지 성교육'이라고 불러요. 학생들에게 금욕을 가르치기만 할 뿐이죠. 재난 방지 성교육은 섹스는 무조건 여성을 만족시켜야 한다는 이야기를 하지 않습니다. 이건 남학생이건 여학생이건 **모두** 알아야 하는데 말이죠."

재클린은 자신이 학교 성교육 시간에 배운 해부학 그림에 음핵이 없었다며 이렇게 말합니다.

"섹스를 쾌락과 관련시키면 안 된다고 생각하기에 음핵을 배제한 거죠."

요즘은 세계 곳곳에 음핵 신봉자가 있습니다. 인도의 상글리에서는 청소년들에게 음핵을 '카마수트라 켄드라(방)'라고 가르칩니다. 재클린은 이렇게 주장합니다.

"섹스에 대해 말할 때 쾌락을 언급하지 않는 것은 곧 성폭행을 정당화하는 바탕이 됩니다."

재클린은 매우 중요한 점을 지적합니다. 여자아이들과 남자아이들은 섹스에 대해 완전히 다른 메시지를 받습니다. 남자아이들은 섹스는 기분 좋은 것이라고 배우지만 여자아이들은 처녀성을 잃는 것이 고통을 주는 것이라고 일찍부터 배웁니다. 우리는 여자아이들에게 섹스가 불편한 것이라는 생각을 심어주고, 스스로 쾌락을 누릴 자격이 없다고 생각하는 사람으로 키웁니다. 반면에 남자아이들은 기껏해야 상대방의 쾌락 같은 건 신경 쓰지 않는 사람, 최악의 경우 적극적으로 학대를 저지르는 사람으로 키우는 셈입니다.

젠더 유동성 시대를 맞아 성 소수자들이 증가하고 대체 성행위가 생겨나면서 이성애 중심의 사회가 위협받을 듯 여겨졌지만 전혀 그렇지 않습니다. 강간도 오히려 심해지고 있습니다. 강간을 목격해도 그것이 강간인지 구별할 수 없을 정도로 불명확한 기준으로 아이들을 가르치고 있습니다. 섹스와 강간을 구별할 수 없다면 이는 매우 심각한 문제입니다. 재클린은 이런 상황을 명쾌한 예로 설명해주었습니다.[3]

나는 스탠퍼드에서 브록 터너가 의식을 잃은 여성을 성폭행했을 때 이를 가로막은 두 남자를 가끔 떠올립니다. 그들은 피해 여성이 아무런 반응도 없는 것을 보고 직감적으로 뭔가 잘못되었다고 생각했습니다. 이에 반해 에번 웨스트레이크는 고등학교 때 오하이오 스튜벤빌의 한 파티에서 두 친구가 의식이 불분명한 소녀를 강간하는 것을 목격했음에도 전혀 개입하지 않았습니다. 판사가 왜 가만있었냐고 묻자 그는 이렇게 대답했습니다. "글쎄요, 폭력적이지 않았으니까요. 폭력은 없었거든요. 강간이 정확히 무엇인지 몰랐습니다. 강간은 힘으로 상대방을 제압하는 것이라고 생각했거든요."

나는 이 두 사건이 많이 다르다는 것을 알지만 가장 눈에 띈 것은, 웨스트레이크는 미국에서 나고 자란 반면, 스탠퍼드에서 자전거를 타던 두 남자는 스웨덴에서 나고 자랐다는 것이었습니다. 스웨덴에서는 유치원 때부터 성과 젠더에 대해 건강한 태도를 가르치며, 생물학은 물론 건강한 인간관계, 섹스의 금기 사항, 사전 동의 등에 관해 체계적으로 교육을 받으며 자랍니다. 스웨덴 사람들은 섹스를 하는데 여성이 아무 행동도 없이 가만히 누워만 있다면 동의한 것이 아니라고 명확하게 알고 있습니다. 그래서 범죄 현장에서 즉각적으로 대처할 수 있었던 것입니다.

"여성과 소녀를 성적 대상이 아니라 주체로 바라본다면 세상이 얼마나 달라질까요?"

재클린은 말했습니다. 나는 재클린의 말을 듣고 문득 해답이 떠올랐습니다. 그동안 강간과 섹스를 어떻게 분리하고 관계를 정의할까 늘 고민하던 중이었습니다. 강간과 섹스를 같은 관점에서 봐야 둘을 분리할 수 있습니다.

"성적 폭력에 대한 이야기를 배제한 채 성 해방을 말한다는 것은 완전할 수 없습니다."

재클린의 말이 무슨 의미인지 완벽하게 이해되었습니다. 강간과 섹스를 함께 이야기하는 것은 성적 쾌락을 느끼면 안 된다고 생각하는 강간 생존자에게 큰 도움이 될 것입니다. 강간 도중에 오르가슴을 느낀 소수의 생존자들은 트라우마와 수치심뿐만 아니라 치명적인 죄책감까지 안고 살아가고 있습니다. 누군가 당신의 몸을 침해했을 때, 몸이 신체적인 반응을 일으켜 당신을 배신하면 상황을 차단하며 부정하고 싶어 합니다. 자신이 출연하는 호러 쇼를 지켜보면서 스스로 섹스를 즐길 **자격이** 있다고 믿는다면, 더 이상 죄책감을 갖지 않고 건강한 성생활을 할 자신감을 얻게 될 것입니다.

남성 대 남성 강간도 마찬가지입니다. 나는 강간피해자센터에서 남성 생존자들도 만났습니다. 그들이 느끼는 수치심, 죄책감, 굴욕감은 여성들과 정확히 같습니다. 어떤 맥락에서든 강간은 당신을 덮친 것일 뿐, 스스로 동의하고 서로 즐기고자 하는 섹스와는 분명히 다릅니다.

인도의 여성 권익 단체 상그람에서 운영하는 성교육 워크숍은 매우 인기가 좋습니다. 1000명 이상의 사람들이 먼 거리를 여행하여 찾아올 정도라고 합니다.

상그람의 미나 세슈는 재클린이 말하듯이 여성이 즐기지 못하는 섹스는 좋은 섹스가 아니라는 진보적인 개념을 주장합니다.

"우리는 쾌락을 가르칩니다. 여성을 만족시킬 줄 안다면 강간할 필요가 전혀 없다고 남자들에게 가르칩니다."

물론 남자들이 여성과 합의된 관계를 즐길 줄 안다고 해서 강간이 사라지지는 않을 것입니다. 내가 하고 싶은 말은, 폭력과 성욕이 불편한 정도로 긴밀하게 연관되어 있다는 것입니다.

12
아주 잠깐 동안의 공포

잠시 호흡을 고르고 가겠습니다.

여러분에게 부탁드릴 말씀이 있습니다. 강간에 대해 많은 이야기를 하고 있지만 무언가를 잊어버릴 정도로 너무 편안하거나 지극히 일상적인 대화가 되지 않도록 하는 것이 중요합니다. 즉 강간은 엄청난 공포라는 사실입니다. 우리는 대부분 살아남았고 운이 좋다면 여름날 아침 나무에서 지저귀는 새들의 노랫소리를 감상할 수도 있을 것입니다. 하지만 아무리 강간에 대해 허심탄회하게 이야기해도, 강간은 믿기 어려울 정도로 끔찍합니다. 전쟁이나 출산처럼 겪어보지 않은 사람에게 설명하기란 거의 불가능합니다.

그러니 잠시 시간을 가지면 좋겠습니다. 객관적으로 논리를 펴기 전에 잠시라도 그 참상을 이해하기 위해 노력해주시기 바랍니다. 이는 매우 중요한 일입니다.

이 책을 쓰면서 나에게는 한 가지 두려움이 있었습니다. 강간에 대해 비웃음이나 부정적인 평가, 또는 **"아직도** 그 애기를 하는 거야?" 등의 말을 듣는 것보다 훨씬 큰 두려움입니다. 즉 강간에 대한 이야기를 진지하고 침착하게 나눠보려는 나의 진심이, 오히려 강간이 그다지 큰 문제나 중요한 문제가 아니라는 식으로 전해질까 하는 두려움입니다. 강간이 희망이나 빛의 종말이 아니라고 말하는 것이, 오히려 강간 피해자들의 끔찍한 고통이나 트라우마를 고려하지 않는 건방진 말처럼 들릴까 하는 두려움입니다. 그래서 이번 장을 따로 마련했습니다.

남성이 여성을 성적으로 착취할 수 있다는 사실을 머릿속으로는 이해해도 피해 여성의 고통과 분노를 그대로 받아들이지 못하는 사람들이 있습니다. 그것은 강간 피해자들이 아무리 고통스러운 비명을 내지르더라도, 결국 강간은 섹스와 관련이 있기 때문입니다.

강간은 섹스의 사악한 쌍둥이와 같습니다. 섹스를 아름답게 만들어주는 모든 것, 즉 친밀감, 교감, 감각, 선택이 바로 강간을 너무나 끔찍하고 견디기 어렵게 만드는 요인입니다. 우리를 혼란에 빠뜨립니다. 강간은 초월적인 경험이 **전혀** 아닙니다. 인간의 성스러운 교감, 아니 단순히 즐거운 상호작용 같은 것도 **전혀** 아닙니다. 강간은 무해한 판타지나 침해, 지배가 아닙니다. 강간은 규칙과 한계가 분명한 역할극이나 자극적인 페티시가 아닙니다. 강간은 현실이고, 안전을 위협하는 것입니다.

여러분은 누군가에게 자신의 몸을 침범당한 적 있나요? 그런 일이 없기를 바랍니다. 하지만 잠깐만 상상해보세요. 누군가가, 어쩌면 당신이 좋아하는 사람이, 또는 한 번도 만난 적 없는 사람이 당신을 순간적으로 제압하여 억지로 다리를 벌리고 입을 벌려, 당신의 가장 친밀하고도 부드러운 부분, 연약하고도 신뢰하는 부분에 자신의 몸을 쑤셔 넣습니다. 당신은 움직일 수 없습니다. 숨도 쉴 수 없습니다. 당신의 몸은 더 이상 당신 것이 아닙니다. 죽을지도 모른다는 생각에 공포가 밀려옵니다. 당신은 무참히 짓밟혀 있고 누군가가 당신의 안에 있습니다. 이제 다시는 행복한 삶을 살지 못할 것이라는 좌절에 휩싸입니다. 그런 걱정은 너무나 당연합니다. 강간은 절대 은유가 아닙니다. 그것은 실체적이고 육체적인 고통입니다. 찢긴 피부에서 피와 고름이 흐릅니다. 생생한 아픔입니다.

나는 《뉴욕타임스》에서 내 이름과 발음이 같은 이름을 가진 한 소녀에 대한 기사를 읽었습니다.[1] 소하일라는 열여섯 살 소녀로 IS 테러 단체에 납치되었다가 납치범이 죽자 3년 만에 모술에서 탈출했습니다. 소수 민족 야지디Yazidi인인 그녀는, 열세 살에 납치되어 3년 동안 목숨을 위협당하며 끊임없이 강간을 당했습니다. 소하일라는 겨우 가족 품으로 돌아왔지만, 곧 입을 닫고 말았습니다. 거의 모든 시간을 잠만 자며, 앉아 있는 것조차 힘들어합니다. 그녀처럼 납치되었다가 탈출한 여성들을 진료하는 의사들은 그녀가 "심리적 상해에 의한 특수한 징후"를 보인다고 했습니다. 그녀를 비롯한 탈출자들은 하루 종일 침대에 누워만 있을 뿐 몸을 제대로 가누지 못합니다.

소하일라는 첫 2년 동안, 감금된 상태에서 일곱 명의 남자들에게 돌아가며 강간을 당했습니다. 모술이 함락당하자 그들은 티그리스 강변으로 조금씩 밀려났습니다. 그 작은 땅덩어리에 매일 폭격이 쏟아졌습니다. IS가 밀리기 시작하자, 소하일라를 감금한 남자가 그녀의 머리를 남자처럼 잘랐습니다. 난민으로 위장해 도망가려고 한 것입니다.

소하일라는 현재 삼촌과 함께 살고 있습니다. 삼촌은 소하일라가 회복되기만을 바라며 간호에 전념하고 있습니다. 《뉴욕타임스》에 따르면 그녀는 남의 도움 없이는 앉지도 못한다고 합니다. 탈출 후 거의 2주가 지나서야 겨우 몇 분 정도 서 있게 되었는데 여전히 다리는 불안정해 보였습니다.

기사에는 소하일라의 사진이 첨부되어 있었습니다. 그녀는 얼굴과 머리를 가린 물방울무늬 스카프를 꽉 움켜잡고 머리를 약간 기울인 채 의자에 앉아 있었습니다. 왼쪽을 바라보는 눈만 겨우 보였습니다. 체구는 왜소했지만 시선을 장악하는 힘이 있었습니다. 그녀는 내 딸과 같은 열여섯 살입니다. 그녀는 비밀스러운 힘을 지닌 여린 씨앗이었습니다.

그동안 수천 건의 강간 이야기를 읽었고 수백 명의 피해자들과 이야기를 나눴지만, 소하일라의 사진을 본 순간 나의 자제심은 와르르 무너졌습니다. 사진을 볼 때마다 복부를 세게 얻어맞은 것 같았습니다.

바로 그런 느낌을 여러분이 느끼고 기억해주길 바랍니다. 우리가 강간에 대해 계속 이야기하는 동안 주먹으로 복부를 가격당한 듯한 느낌을 잊지 않기를 바랍니다. 낭자한 선혈과 공포, 그 공포를 기억 해주세요.

13
틀니로 가득 찬 가방

그녀는 바지 호주머니에 손을 넣더니 인형을 꺼냈어요.
— 샤론 잭스, 오스트레일리아 멜버른의 치과 의사

미국 국립정신건강연구소는 외상후스트레스장애PTSD를 "충격적이거나 무섭거나 위험한 사건을 경험한 사람들에게 발생하는 장애"라고 정의합니다.[1] 증상으로는 플래시백(과거의 충격적인 사건이 머릿속에 생생하게 되살아나는 현상.—옮긴이)을 포함해 특정 대상에 대한 공포부터 완전한 기능 불능까지 다양합니다. 전쟁, 고문, 질병, 상실, 불안증 등 수많은 트라우마를 생각하면 거리에 지나다니는 사람들 중 상당수가 PTSD가 아닌가 하는 생각이 듭니다. 또는 고개를 푹 파묻고 집에만 틀어박혀 있는 사람들도 있겠죠.

강간 생존자는 PTSD와 친숙합니다.

분쟁 지역이든 자기만의 침실이든 간에 강압과 저항이라는 상황

속에서 강간을 당했다면, 강간은 당신이 입은 상처에 모욕감을 더합니다. 만약 '그냥' 강간을 당했더라도 PTSD는 여전히 당신을 무릎 꿇게 할 수 있습니다.

첫 번째 직장에서 나는 강간을 당한 수백 명의 여성들을 상담했습니다. 강간을 당하고 몇 분 또는 몇 시간 내에 연락을 한 사람도 있지만, 몇 년 심지어 수십 년이 지난 뒤에 전화를 한 사람도 있었습니다. 하지만 그들은 하나같이 위기에 처해 있었고, PTSD 증상을 보인다는 것을 우리 센터 사람들은 금방 알 수 있었습니다. 물론 의사가 아니기 때문에 그들이 어떤 트라우마를 겪는지, PTSD가 어느 정도 심각한지 정확하게 진단하지는 못합니다.

인간이란 존재는 복잡하기에, 영혼을 갉아먹는 범죄를 당하고도 쉽게 회복되는 사람도 있습니다. 군인들의 트라우마를 오랜 시간 상담했던 숀 그로버는 눈앞에서 폭탄이 터지고 동료들이 살해당하는 것을 보고도 멀쩡한 병사가 있는 반면, 상대적으로 덜 폭력적이었던 전투에 참전했음에도 기능 장애를 겪는 병사가 있다고 말합니다.

미국 재향군인회는 성폭력에 대한 PTSD 증상을 아래와 같이 열거합니다.[2]

* 심각한 우울증 장애
* 분노
* 수치심과 죄책감

* 사회관계 문제
* 성적 문제
* 알코올 및 약물 남용

모두 맞습니다. 나는 이 중에서 '사회관계 문제'가 모든 증상을 포괄한다고 생각합니다. 강간을 당한 사람, 또는 심한 고문을 받았거나 전쟁에 참전했거나 절대로 경험해선 안 되는 일을 겪은 사람들은 그것이 얼마나 사람을 잡아먹는 괴물인지 알 것입니다. 치과 공포증처럼 말입니다.

치과를 좋아하는 사람은 별로 없겠지만, 강간 생존자에게는 특히나 더한 공포감을 안겨줄 수 있습니다. 나는 강간 일을 겪은 후 처음 치과에 갔을 때 마스크를 쓴 의사가 날카로운 기구를 들고 무기력하게 의자에 누워 있는 나에게 다가오자 진료실을 뛰쳐나오고 싶었습니다. '사회관계 문제'에는 패턴이 없습니다. 어떤 여성은 취업 인터뷰를 하는데 면접관이 강간범과 똑같은 넥타이를 맨 것을 보고 얼어붙어 아무 대답도 못 하기도 합니다. 어떤 여성은 임신을 하면 의사가 수치스러운 역사를 지닌 자신의 성기 속을 유심히 들여다볼 것이라는 생각에 임신 공포증을 갖기도 합니다.

이처럼 생존자들은 이중의 고통을 겪습니다. 예측할 수 없는 공포와 두려움, 반응을 견뎌야 합니다. 보통 사람들은 이런 공포를 느끼지 않기 때문에 강간 생존자들은 자신이 미친 게 아닐까 하는 걱정이

엄습합니다.

트라우마와 회복에 대해 이야기할 때, 우리는 대개 정해진 패턴을 떠올립니다. 강간을 당하면 섹스를 기피하게 될 것이라고 생각합니다. 하지만 강간 트라우마는 너무나 다양한 형태로 나타나기 때문에 증상을 예측할 수 없습니다. 어떤 증상도 미친 것은 아닙니다.

나는 아버지가 돌아가셨을 때 장례식장에서 거의 울지 않았습니다. 하지만 몇 주 뒤 마트에서 오레오 과자를 본 순간 주저앉고 말았습니다. 아버지는 오레오 과자를 좋아했습니다. 나는 강간에 관한 기사를 읽거나, 강간을 주제로 글을 쓰거나, 강간에 대한 이야기를 나눌 때도 아무렇지 않았는데, 몇 년 동안이나 줄무늬 파자마만 보면 구역질이 났고, 치과에 갈 때마다 엄청난 불안에 떨어야 했습니다.

말이 안 되는 상황 같지만 강간에 대해 이야기할 때에는 여지를 두어야 합니다. 상식적으로 이해가 되지 않지만, 강간 트라우마는 그렇게 나타납니다.

샤론 잭스는 오스트레일리아 멜버른의 치과 의사입니다. 가족이 함께 운영하는 치과에는 그녀의 아버지와 삼촌도 의사로 있습니다. 샤론은 삼촌과 함께 치과 진료를 하면서 동시에 자신만의 클리닉을 운영하고 있습니다. 직접 개발한 트라우마 기반 치료Trauma-informed care 프로그램을 자신의 진료에 적용하고 있지요. 샤론은 전쟁, 고문, 성폭력과 같은 모든 종류의 트라우마를 지니고 살아가는 생존자들이 치과 진료를 받도록 도와주는 것에 대해 "거대한 열정적 사명"이라고 말했습니다. 나 역시 이처럼 트라우마 생존자를 돕는 일을 하는 사람들을 열렬하게 응원합니다.

샤론에게 트라우마 기반 치료는 자연스러운 것이었습니다. 그녀의 어린 시절은 트라우마에 초점이 맞춰져 있었습니다. 조부모 네 명 모두 홀로코스트 생존자였기에, 그녀는 어릴 적부터 '스트레스를 많이 주는' 다큐멘터리를 보며 자랐습니다. 그러다 여섯 살 때 병원에서 트라우마가 생길 만한 경험을 합니다. 주삿바늘을 보고 무서워 도망치려는 그녀를 어른들이 완력으로 제압한 뒤 주사를 놓았습니다. "너무도 끔찍한" 경험이었습니다. 의사 집안에서 태어났음에도 의사 공포증을 갖게 된 것입니다.

"내가 하는 일 중에서 가장 보람 있는 일은 환자들과 함께 치과 공포증을 극복해나가는 여정이에요. 사람들의 삶이 정말로 180도 바뀔 수 있습니다. 20년 동안 치료한 환자들 대부분이 트라우마 생존자였습니다."

입소문을 들은 사람들이 그녀를 찾아왔고, 먼 거리를 마다하지 않고 오는 단골 고객도 있었습니다.

샤론은 트라우마 생존자들이 치과 치료에 반감을 갖는 것도 문제지만 치과 의료 자체에도 문제점이 있다고 말합니다. "치과 의사들은 트라우마를 다루는 방법을 배우지 않습니다. 또한 치과 공포증이 성폭력과 연관되어 있다는 것은 상상조차 하지 못합니다."[3] 샤론은 치과 의사와 잠재적 환자 모두를 위한 영상을 만들었습니다. 영상에는 치과 치료를 긍정적으로 받아들이고 잘 견딜 수 있는 실용적인 조언이 담겨 있습니다.

샤론은 환자들에게 구강 건강이 왜 중요한지 이야기해줍니다. 그녀를 찾는 환자들은 대부분 오랫동안 치과를 방문하지 않은 사람들입니다. 게다가 트라우마 생존자들 사이에서 행해지는 여러 가지 대처법이나 자가 치료법은 구강에 영향을 줍니다. 과음, 흡연, 단 음식, 과식, 이갈이 등 모두 치아와 잇몸에 직접적인 영향을 미칩니다. 그래서 트라우마와 치위생은 위험한 방식으로 서로 결속되어 있습니다. 트라우마 생존자는 구강 건강을 직접적으로 망가뜨리기도 하지만, 트라우마 생존자라는 바로 **그 이유 때문에** 구강 건강에 도움을 받을 기회를 놓치기도 합니다. 또 다른 비극적인 부작용입니다.

"진료 의자에 앉는 환자들은 모두 불안해합니다. 그중에서 성적 학대의 징후는 어떻게 알아낼 수 있을까요? 대개의 불안은 의사와 환자의 관계에서 나옵니다. 환자만의 문제가 **아니에요.**"

나는 샤론의 말에 전적으로 공감합니다. 강간 생존자들은 자기만의 통제력을 갖고 싶어 합니다. 나에게 통제력은 언어입니다. 나의 환경을 통제하기 위해 언어를 이용합니다. 나는 강간범들에게 나를 죽이지 말아달라고 설득하기 위해 언어를 사용했습니다. 그런 경험을 한 나이기에 치과에서 나를 꼼짝할 수 없게 의자에 묶어놓고, 아무 말도 못 하게 입안을 온갖 기구로 쑤셔대는 것은 너무 끔찍한 느낌이었습니다.

때로는 누군가 내 아픔을 알아주는 것만으로도 큰 위안이 됩니다. 터프츠 대학교의 치대생들이 자메이카에 가서 찍은 사진 에세이에는 발치하기 위해 진료 의자에 앉아 있는 소녀가 눈물을 흘리는 장면이 있습니다.[4] 치대생 마이클 골럽이 소녀에게 학대를 당한 경험이 있는지 묻자, 소녀는 고개를 끄덕이며 담뱃불로 지진 자국이 난 팔을 보여주었습니다. 소녀는 마음속 이야기를 다 털어놓은 뒤 더 이상 눈물을 흘리지 않고 치아를 뽑았습니다.

샤론은 이렇게 이야기합니다.

"사람들의 마음을 열 수 있도록 도와주는 것은 경청입니다. 그냥 앉아서 이야기를 들어주는 것입니다. 나는 어떤 상황에서도 환자들을 재촉하지 않습니다. 처음 환자와 만나면 먼저 치료를 어떻게 진행할지 논의합니다. 하고 싶은 이야기가 있다면 뭐든 이야기하게 하고 나는 그들의 말을 믿어줍니다. 환자가 무엇을 원하고 알고 싶어 하는지 파악하기 위해 노력합니다. 환자가 신뢰하는 사람이 있다면 곁에 있게 해줍니다. 안정감을 주는 물건은 들고 있게 합니다. 치료를 미루고 싶으면 미뤄도 된다고 이야기합니다. 환자가 기다리지 않도록 노력합니다. 심지어는 진료실 문을 열어둘지 닫아둘지도 물어봅니다. 듣고 싶은 음악이 있는지도 묻습니다. 진료 환경은 중요합니다. 모든 과정이 트라우마의 촉발제가 될 수 있기 때문입니다. 양치질이나 치실질조차 사소한 것이 아닙니다. 환자들은 자신의 입속에 뭔가를 집어넣는 것을 좋아하지 않습니다. 모든 과정은 천천히 진행됩니다. 인내심을 가져야 하죠. 나는 최대한 공감해주고 개입은 최소로 하고 모든 주도권을 환자에게 줍니다. 이것은 정말 기본적인 배려에 불과합니다. 치과 의사는 사람들의 인생에 큰 영향을 미칠 수 있습니다. 환자들에게 유용한 기술을 일깨워줄 수 있죠."

샤론은 누구나 마땅히 따라야 할 방식으로 일을 합니다. 마음을 열어라. 귀를 기울여라. 추측하지 마라. 통제권을 빼앗지 마라.

안나는 샤론에게 7년째 치료를 받고 있는 환자입니다. 싱글 맘으로, 어릴 때 학대를 당했습니다. 그녀가 샤론에게 최근 이런 말을 했습니다.

"선생님의 영향력을 과소평가하지 마세요. 선생님을 만나고 나서 내가 가치 있는 사람이라고 느끼게 되었어요."

세심한 배려가 도움이 되었다는 이야기를 듣고 샤론의 신념은 더욱 굳건해졌습니다.

"우리는 자신이 얼마나 큰 영향력을 가지고 있는지 잘 느끼지 못합니다. 사람들은 치과 치료가 미용과 건강에만 도움이 된다고 생각합니다. 음식을 제대로 씹도록 도와준다고 여기지요. 치과 치료가 심리적·사회적으로도 영향을 미친다는 사실을 모르고 있습니다."

샤론의 업무가 늘 힘들고 심각한 것만은 아닙니다. 어떤 환자는 전혀 긴장하지 않은 듯 진료실 문을 열고 들어와 "그냥 치료나 해주세요!"라고 외치기도 합니다. 긴장을 풀기 위해 계속해서 노래를 부르는 환자도 있습니다. 입안에 물이 차오르고 기구가 들어가도 노래를 멈추지 않습니다. 오페라를 공부한 덕분에 성량이 커서 병원에 있는 사람들이 노래를 들으러 몰려들기도 합니다. 음악의 위대한 힘을 증명하는 또 다른 환자의 이야기는 따로 책 한 권을 써야 할 만큼 엄청납니다. 그 환자는 자신이 마돈나를 좋아한다는 사실을 샤론이 알아맞힐 때까지 입을 벌리지 않았습니다. 결국 함께 온 간병인의 귀띔으로 해답을 찾았습니다. 이제 샤론의 진료실에는 마돈나의 앨범이 하나도 빠짐없이 구비되어 있습니다. 샤론은 그 환자가 오면 목청껏 노래를 부르고 춤을 추면서 진료합니다. 이것이 바로 헌신입니다.

심각한 성적 트라우마를 가진 어떤 환자는 35년 동안 치과를 한 번도 찾지 않았습니다. 그녀는 주머니가 여러 개 달린 커다란 노란색 외투를 입고 진료실에 들어섰습니다.

"우리는 모두 집중해서 진료를 하고 있었어요. 충치를 메우고 있었지요. 그런데 갑자기 그녀의 외투 안쪽에서 무슨 소리가 들렸어요. 간호사와 나는 당황했지만 계속 진료를 했지요. 그때 다시 소리가 들려왔어요. '나는 너의 수호천사야!' 그제야 환자는 바지 호주머니에 손을 넣더니 인형을 꺼냈어요. 그녀에게 안정감을 주는 물건이었던 거예요."

치과 치료는 하나의 예입니다. 연구에 따르면 어떤 치료 상황이든 의료진이 환자의 이야기를 들어주고 질문에 대답하고 진료 과정을 세심하게 이야기해주면, 환자들의 불안감이 감소하고 상처도 빨리 낫고, 그로 인해 퇴원도 빨라지고 증세가 호전된다고 합니다.[5]

2017년 〈성폭력 트라우마 생존자의 암 치료〉[6]라는 글에서, 한 종양·심리학 박사는 메리라는 유방암 환자의 치료 과정에 대해 썼습니다. 메리는 성적 학대를 당했던 어린 시절의 무기력한 경험을 그대로 재현한 생체 검사와 치료 때문에 충격과 트라우마에 빠졌습니다. 글은 다음과 같습니다.

메리의 말을 듣고 우리는 너무나 놀랐습니다. 심리학자로서 가슴 아픈 실수를 저질렀음을 깨달았습니다. 우리는 그동안 성폭력 환자들을 많이 치료해왔기에, 항상 심리 치료 초기에 성적 학대의 유무를 중요하게 짚고 넘어갔습니다. 하지만 메리 같은 암 환자들에겐 진단과 처치, 합병증 등의 치료에만 집중했습니다.

다시는 일어나지 말아야 할 일이었습니다. 우리는 메리의 일을 통해 의학적으로 필요하고 외견상으로 무해한 일련의 임상 절차가 성폭력 생존자들에게 기존의 트라우마를 떠올리게 하는 정서적 계기가 될 수 있다는 것을 알게 되었습니다. 예를 들어 부인과 치료나 암·종양 치료를 위해서는 방사선 검사를 해야 하는데 어두운 방 안에서 유방, 항문, 전립선 등을 노출해야 하며, 검사 도중 말을 하거나 몸을 움직이면 안 됩니다. 환자는 의료진이 통제하는 대로 무엇이든 따라야 합니다. 마취된 상태나 속박된 상태로 누워 검사가 끝날 때까지 움직이지 말라는 말을 반복적으로 들어야 합니다. 기구, 바늘, 손, 손가락 등 무언가 몸속으로 삽입되며 고통이 가해집니다. 이 모든 과정은 성폭력과 매우 유사합니다.

이제 의료 전문가들은 성폭력 트라우마 생존자들이 편안하게 진료 받을 수 있는 방법을 지속적으로 연구하고 있습니다.

트라우마를 유발하는 데는 일정한 패턴이 있습니다. 의사는 환자의 신체를 직접 접촉하기에 더욱 주의해야 하지만 그들만 성폭력 생존자를 도울 수 있는 것은 아닙니다. 교사든 배관공이든 네일케어 아티스트든 택시 운전사든 회계사든 옆집의 이웃이든 모두 도움이 될 수 있습니다. 누구든 저마다의 이야기와 상처가 있다는 것을 아는 것이 중요합니다. 트라우마 생존자의 고통을 악화시키는 것과 완화시키는 것이 무엇인지 헤아린다면 그것만으로도 큰 도움을 줄 수 있습니다.

상대방이 쉽게 상처 받을 수 있다는 신호에 눈 뜨고, 언제 의심을 갖는지 물어보고, 그들이 우리를 만나기 전에 그들 자신의 삶을 살았음을 기억하는 것이 중요합니다. 좋든 나쁘든 말이지요. 때로는 더 최악일 때도 있습니다. 간밤에 지하철 안에서 바지를 입지 않은 남자가 나를 향해 "꺼져버려, 이 망할 년아!"라고 소리 질렀던 것처럼요. 가장 좋은 방법은 등 뒤에서 문이 닫히기 전에 왔던 길로 되돌아가는 것입니다.

자신의 한계를 인정하는 것도 위로와 도움을 주는 한 가지 방편입니다. 샤론은 가족과의 인연을 통해 수많은 홀로코스트 생존자들을 상대방이 쉽게 상처 받을 수 있다는 신호에 눈 뜨고, 언제 의심을 갖는지 물어보고, 그들이 우리를 만나기 전에 그들 자신의 삶을 살았음을 기억하는 것이 중요합니다. 좋든 나쁘든 말이지요.

치료해왔습니다.

"한번은 틀니를 한 보따리 들고 찾아온 사람이 있었습니다. 제각 각 다른 치과 의사가 만들어준 틀니가 족히 열다섯 개는 되어 보였습 니다. 그 환자는 이렇게 말했어요. '여기저기 치과를 다녀봤는데 아무 소용이 없었어요. 듣자 하니 선생님의 실력이 정말 훌륭해서 내 문제 를 다 해결해줄 거라고 하더군요. 이 틀니들은 전부 쓸모가 없거든요!' 사실 그 말은 치과 의사에 대해 이야기하는 것이 아닙니다. 배려에 대해 이야기하는 것입니다. 사람들이 진정으로 원하는 것은 '애정'입니다. 치 과 치료는 그저 핑계에 불과합니다. 그들이 원하는 건 이해받는 거예요."

우리 모두 그렇지 않습니까?

14
지독하게 뻔뻔한 남자

요컨대 나는 행실이 부도덕한 사람이 되고 말았습니다. 내가 폭로한 뒤, 경영진은 대안을 찾겠다는 허울 좋은 말로 시간만 끌면서 아무런 조치도 취하지 않았어요. 나는 고통 속에서 업무를 이어나갈 수밖에 없었습니다. 이 모든 일을 초래한 장본인은 모든 혐의를 부인하고 새 차를 사고 새 코트와 정장을 차려입고 세상에서 제일 잘난 듯 활보하고 다니더군요.
— 2013년 이메일

힐러리 굿리지는 아이비 리그 대학이 여학생 입학을 허용했을 때 입학한 최초의 여학생들 중 한 명이었습니다. 그녀는 입학하고 1년 동안 행복한 대학 생활을 즐겼습니다. 다정한 남자친구도 사귀었고, 학업도 잘 따라가고 있었으며 전반적으로 만족스러운 나날이었습니다.

힐러리는 대학에 몇 안 되는 여자 교수 중에 정말 좋아하는 교수의 인간관계론 수업을 들었습니다. 강의실에는 6~7명의 여학생이 있었습니다. 같은 반 친구 중에는 해병대 출신의 아메리카 원주민도 있었습니다. 힐러리는 그의 데이트 신청에 남자친구가 있다며 정중하게 거절했습니다.

"그 아이는 '그냥 가볍게 한잔하자'고 하더라고요. 나는 고맙지만 사양하겠다고 했지요."

남자는 실망한 표정이 역력했습니다. 힐러리는 상냥해서 남의 제안을 잘 거절하지 못하지만 이 남자와는 만나고 싶지 않았습니다. 하지만 남자는 포기하지 않았습니다.

"제발 딱 한잔만 하자. 여자애들하고 어떻게 대화해야 할지 모르겠어. 넌 착하잖아. 방법 좀 알려주면 안 될까? 밖에서 딱 한잔만 하자."

그는 베트남전에 참전했다가 학교로 돌아온 지 얼마 안 되었습니다. 그가 베트남으로 떠나기 전에는 학교에 여학생이 한 명도 없었습니다.

힐러리는 친절한 사람이었기에 결국 부탁을 뿌리치지 못했습니다. 그 남자가 돈이 없다고 하자 술값도 그녀가 냈습니다. 그가 돈을 갚겠다고 했으나 괜찮다고 사양했습니다. 그는 자기 집에 잠깐 들렀다 가자고 우겼고 힐러리는 싫다고 했습니다.

하지만 남자는 포기하지 않았습니다.

"왜 그래? 설마 날 못 믿는 거야?"

서운해하는 그를 보고 결국 힐러리는 그의 집에 들어갔습니다. 남자는 방에 들어서자마자 음악을 엄청나게 크게 틀고(그 이후 그녀는 지금까지 그 음악이 나올 때마다 괴로워합니다) 그녀를 구석으로 밀쳐 쓰러뜨린 후 강간했습니다. 힐러리는 소리를 질렀지만 아무도 듣지 못했고, 입을 틀어막는 통에 숨조차 쉬기 힘들었습니다.

"목을 어찌나 졸랐는지 타박상이 심했어요. 숨 막혀 죽을 것 같은 공포 때문에 강간 과정은 거의 기억조차 나지 않아요."

다음 날, 그는 힐러리에게 장미 한 송이를 보냈습니다. 힐러리는 친구에게 사실을 털어놓고, 다음 날 학과장과 면담을 한 뒤 병원에 다녀왔습니다. 학과장은 자신이 도와줄 수 있는 일은 없지만 원한다면 경찰에 신고해도 좋다면서 한마디 덧붙였습니다.

"하지만 그 친구는 해병대 출신이고 인디언이야. 행운을 비네!"

좌절과 충격으로 힐러리는 지도 교수를 찾아갔습니다. 교수는 자신이 지도하는 여학생들을 모두 집으로 초대했습니다. 힐러리는 자신이 당한 일을 모조리 털어놓았습니다. 다른 여학생들도 같은 일을 겪을까 봐 걱정되었기 때문입니다.

그중 한 친구가 힐러리에게 들은 이야기를 강간범에게 전달했습니다. 강간범은 즉시 힐러리와 지도 교수를 명예 훼손으로 고소하겠다고 위협했습니다. 결국 그녀는 강간 트라우마를 겪으며 강간범과 같이 공부하는 것도 모자라, 고소당할까 봐 걱정해야 하는 처지가 되고 말았습니다.

한참 뒤 힐러리는 학과장으로부터 딸의 소식을 전해 들은 아버지가 자신에게 경호원을 붙였다는 사실을 알게 되었습니다. 학과장 역시 힐러리의 이성 친구 한 명을 통해 그녀의 신변에 대해 보고받고 있었습니다. 힐러리는 스토커와 스파이가 늘 자신을 따라다니고 있다는 사실을 한참 뒤에야 알았습니다. 좋은 의도로 그런 것이지만, 두 남자가 힐러리와 상의도 하지 않고 조치를 취한 것입니다. 힐러리의 인생을 남성들이 감시한 것은 정말 어쩔 수 없는 일이었을까요?

수십 년이 지난 지금 힐러리는 차분하게 이야기하지만, 아직도 그 사건이 자신을 옭아매고 있음을 느낍니다. 강간범은 기억이나 할지 모르지만 힐러리는 그때를 굳이 떠올리지 않을 때조차 그 일에서 자유롭지 못합니다. 누구에게 언제 어떻게 말해야 할지 결정하는 것은 쉽지 않은 일입니다.

그 강간범은 소수자라는 명목으로 보호를 받고 있었고 군 복무를 했습니다. 힐러리의 상사는 아니었지만 그녀를 위협하고 침묵시킬 수 있는 힘을 가지고 있었습니다. 권력은 강간으로 이어질 수 있는 기회와 동기를 만들어냅니다. 권력은 이미 타락한 강간을 더 타락하게 만듭니다.[1] 강간에 대해 누가 믿고 누가 책임지고 누가 어떤 명목으로 처벌을 받을까요?

1997년, 제니퍼 프리드는 트라우마가 아동 학대 기억을 오히려 억누르는 역할을 한다고 주장하는 글을 발표했습니다.[2] 그녀는 이러한 트라우마의 배신이 부부간의 강간에도 작동한다고 이야기합니다.

권력은 강간으로 이어질 수 있는 기회와 동기를 만들어냅니다. 권력은 이미 타락한 강간을 더 타락하게 만듭니다.

명백한 학대이거나 학대가 의심되는 상황에서 여성이 상대 남성에게 의존하고 있는 상태라면, 의존과 애착 시스템이 작동해 학대를 인지하는 기능이 억압된다.

프리드는 피해자나 제삼자가 목격자와 공개적으로 대면했을 때 발생하는 일을 이해하기 위해 연구를 지속했습니다. 프리드는 혐의가 있는 가해자들이 흔히 'DARVO(Deny, Attack and Reverse Victim and Offender: 부정, 공격, 가해자·피해자 뒤바꾸기)'라는 반응을 보인다고 설명합니다.

고발 내용이 사실과 일치하고 성적 학대가 분명한 경우, 피의자는 다른 범죄보다 더욱 범죄 사실을 극구 부인하며 교활하게 발뺌한다. 실제로 학대를 하지 말라고 요구하거나 학대 이유를 묻는 사람들에게 피의자들이 위협과 협박을 가하는 상황을 무수히 목격할 수 있었다. 상대방에게 겁을 주고 꼼짝 못하게 하려는 의도로 소송하겠다고 위협하며, 내부고발자의 신용을 떨어뜨리기 위해 약점을 잡아 협박을 하는 식이다. (…) 가해자는 자신이 부당한 취급을 받고 있으며 피해자와 주변 목격자가 오히려 가해자라는 인상을 심어주려고 교활하게 행동했다.

프리드의 설명은 20여 년이 지난 지금의 상황에서도 하나도 틀리지 않습니다. DARVO는 너무나 자주 악랄하게 진행되기 때문에 피의자가 이런 반응을 보이지 않기만 해도 다행일 지경입니다. 권력에 대한 이야기가 나온 김에 가수 테일러 스위프트의 성희롱 사건을 짚어보겠습니다.

스위프트는 수백만 젊은 여성들의 우상입니다. 사람들은 그녀의 이야기에 주목합니다. 그래서 그녀의 공갈 폭행 소송에 대한 이야기가 많은 이목을 끌었습니다.

스위프트는 라디오 진행자인 데이비드 뮬러가 2013년 화보 촬영 중 치마를 들어 올려 엉덩이를 만졌다고 폭로했습니다. 그 순간을 찍은 사진까지 있었습니다. 스위프트의 폭로 후 뮬러는 라디오 방송국에서 쫓겨났습니다. 뮬러는 스위프트에게(그리고 그녀의 어머니에게) 자신을 실직하게 만들었다며 300만 달러를 배상하라고 소송을 제기했습니다. 스위프트는 뮬러에게 공갈 폭행 혐의로 1달러를 배상하라고 맞섰습니다.[3] 뮬러는 돈을 원했지만 스위프트는 진실을 원한 것입니다.

스위프트가 법정에서 한 증언의 녹취록을 보면 완벽합니다. 뮬러의 변호사 가브리엘 맥팔랜드는 전형적인 DARVO 전략을 펼치면서 자신의 의뢰인을 제외한 나머지 모든 사람들에게 책임을 떠넘기려는 반면 스위프트는 아무것도 하지 않았습니다. 콜로라도 지방법원에서 있었던 그녀의 증언[4]은 젠더 권한gender empowerment에 대한 논문들 사이에 들어가도 손색이 없을 정도입니다.

맥팔랜드: 당신은 뮬러 씨가 당신의 치마 아래로 손을 넣어서 엉덩이를 움켜잡았다고 말씀하고 계십니다.

스위프트: 그렇습니다. 내가 놀라서 몸을 휘청거릴 정도로 눈에 띄게 불편해하는데도 그는 그대로 내 엉덩이를 잡고 있었습니다.

맥팔랜드: 어떻게 뮬러 씨에게서 벗어났는지 이야기해주시겠습니까?

스위프트: 저희 셋은 사진을 찍기 위해 포즈를 취하며 일렬로 서 있었습니다. 그의 손이 내 치마 밑으로 들어와 엉덩이를 잡는 것이 느껴졌습니다. 처음 몇 초 동안은 실수였을 거라고 생각해서 그가 손을 치우게 재빨리 옆쪽으로 이동했는데 그는 여전히 내 엉덩이에서 손을 떼지 않았습니다.

맥팔랜드: 최대한 뮬러 씨한테서 떨어지려고 했다는 말씀인가요?

스위프트: 최대한 멀리 떨어지려고 몸을 뺐습니다. 나는 당시에 가운데에 서 있었고 두 손을 양옆 사람들 어깨 위로 두른 상태였습니다.

맥팔랜드: 뮬러 씨가 옷 위로 엉덩이를 잡은 것은 아닙니까?

스위프트: 치마 밑으로 손을 넣어 엉덩이를 잡았습니다.

맥팔랜드: 뮬러 씨가 옷 위로 엉덩이를 잡지 않았다고 확신합니까?

스위프트: 그는 내 옷 위로 엉덩이를 잡은 게 아니라 치마 밑으로 손을 넣어 엉덩이를 잡았습니다.

맥팔랜드: 뮬러 씨가 당신의 옷 위로 엉덩이를 만지지 않았다고 확신하는군요.

스위프트: 그는 치마 밑으로 손을 넣어 내 엉덩이를 잡았기 때문에 치마 위로 엉덩이를 잡지 못했겠지요.

맥팔랜드: 치마 밑으로 손을 넣은 것 빼고는 뮬러 씨가 당신에게 부적절하게 손을 대지는 않았다는 말씀이군요?

스위프트: 내 의지에 반해 치마 밑으로 엉덩이를 움켜잡고 놓지 않은 것 외에는 부적절하게 나를 만지지는 않았습니다.

맥팔랜드: 뮬러 씨가 멜처 양과 함께 포토존에서 나가고 난 뒤에도 당신은 사람들과 인사를 나누고 일정을 이어갔습니다.

스위프트: 그렇습니다.

맥팔랜드: 아무 일도 없었다는 듯이 행동한 게 맞나요?

스위프트: 뮬러 씨와 멜처 양이 행사장을 나가자 팬들이 사진을 찍기 위해 포토존으로 몰려왔습니다. 내가 뮬러 씨에게 이의를 제기하려면 팬들에게 자리를 비켜달라고 말해야 했지요.

맥팔랜드: 당신은 팬들이 단지 몇 초도 이해해주지 못했을 거라고 생각하나요? 잠깐 나갔다가 다시 돌아오면 되는데요? 그렇게 하면 그들의 기분을 망칠 거라고 생각했나요?

스위프트: 팬들은 콘서트를 보려고 일찍부터 와서 몇 시간 동안 줄을 서 있었고, 기대에 들떠 있었어요. 나는 그런 팬들을 어색하거나 불편하게 하고 싶지 않았어요. 또 팬들이 안전하지 못하다고 느끼게 하고 싶지도 않았습니다. 나는 사람들이 내 콘서트를 즐기기를 바랍니다. 하지만 사람들이

내 치마를 들추고 엉덩이를 만지는 것은 원하지 않습니다.

맥팔랜드: 팬들에게 "만나서 너무 반갑습니다. 하지만 딱 2초만 기다려주세요"라고 말하는 건 어렵지 않을 것 같은데요.

스위프트: 맞습니다. 그리고 당신의 의뢰인은 나를 추행하지 않고 평범하게 사진을 촬영했을 수도 있었지요.

맥팔랜드: 전문 훈련을 받은 당신의 경호원은 덩치 큰 남자가 당신 옆에서 치마 속으로 손을 집어넣어 엉덩이를 움켜쥐고는 당신이 뿌리치는데도 손을 거두지 않는 것을 보고 아무런 제지도 하지 않았습니다. 이상하다고 생각하지 않으십니까?

스위프트: 뮬러 씨가 한 일은 매우 의도적이었습니다. 서 있었던 자리도 계획적이었고 이 일은 눈 깜짝할 사이에 벌어졌습니다. 나는 뮬러 씨가 한 일에 대해 내 경호원 그레그 덴트 씨를 비난하고 싶지는 않습니다. 누구도 이런 일이 일어나리라고는 예상하지 못했습니다.

맥팔랜드: 하지만 경호원 덴트 씨가 주의를 기울이고 맡은바 임무를 다하고 있었다면 당신이 뮬러 씨한테서 벗어나려는 것을 알아챘어야 한다는 것에 동의하십니까?

스위프트: 이 질문은 덴트 씨에게 하시는 게 맞는 것 같은데요.

맥팔랜드: 그러면 뮬러 씨가 당신을 더듬고 포토존에서 당당하게 빠져나간 것에 대해 당신의 경호원을 비난하지 않는다는 말

씀이십니까?

스위프트: 네. 나는 당신의 의뢰인이 내 치마 밑으로 손을 집어넣어 엉덩이를 움켜잡은 것을 비난할 뿐입니다.

맥팔랜드: 뮬러 씨가 해고되었다는 사실을 알고 어떤 반응을 보이셨습니까?

스위프트: 나는 반응을 보이지 않았습니다.

맥팔랜드: 뮬러 씨의 해고 소식에 놀라지 않으셨습니까?

스위프트: 나는 그를 다시 만나고 싶지 않았습니다. 그런데 수년이 지난 지금 당신과 당신의 의뢰인 덕분에 여기 이 자리에 앉게 되었습니다. 그리고 내가 아닌 그의 잘못된 판단으로 인해 그 자신이 겪게 된 불행한 사건에 대해 내가 비난을 받고 있습니다.

맥팔랜드: 당신은 뮬러 씨의 해고가 당연하다고 생각하십니까?

스위프트: 나는 뮬러 씨에 대해 아무런 감정도 느끼지 않습니다.

맥팔랜드: 뮬러 씨가 어떻게 될지 신경 쓰이지 않습니까?

스위프트: 나는 내가 모르는 사람에 대해 아무런 감정이 없습니다.

맥팔랜드: 사진 이야기를 잠깐 해보시죠. 당신은 이 사진이 뮬러 씨가 당신의 치마 아래로 손을 집어넣었을 때 당신이 벗어나려고 하는 찰나에 찍혔다고 주장합니다.

스위프트: 그렇습니다.

맥팔랜드: 어제 당신의 어머니는 이 치마가 램프 갓처럼 빳빳하다고

증언했습니다.

스위프트: 그렇습니다.

맥팔랜드: 치마가 그렇게 빳빳한데 뮬러 씨의 손이 당신의 엉덩이를
잡고 있는 순간에도 치마의 앞부분은 전혀 구김이 없네요.
어떻게 설명해주실 수 있겠습니까?

스위프트: 그야 엉덩이가 내 몸 뒤에 있기 때문이죠.

맥팔랜드: 치마가 빳빳한 재질이면 한쪽을 들어 올리면 다른 쪽도
램프 갓처럼 말려 올라옵니다.

스위프트: 그는 앞쪽에 손을 넣은 것이 아닙니다. 치마 뒤쪽으로 손
을 넣었고 엉덩이를 잡고는 놓지 않았습니다.

맥팔랜드: 이 사진을 보면 당신은 뮬러 씨보다 멜처 양과 더 가까이
있군요.

스위프트: 맞습니다. 그녀는 내 엉덩이에 손을 대지 않았습니다.

맥팔랜드: 스위프트 씨, 형사 드라마를 본 적이 있습니까?

스위프트: 네. 드라마 〈법과 질서: SVU〉에 나오는 올리비아 벤슨 형
사의 이름을 따서 제 고양이 이름도 지었습니다.

맥팔랜드: 형사 드라마에서 라인업을 보여줄 때 왜 한 명만 넣지 않
고 대여섯 명을 넣는지 이유를 생각해본 적이 있나요?

스위프트: 라인업을 제대로 보여주기 위해 사진을 찍을 때마다 옆에
서 내 엉덩이를 만지는 남자가 있을 것이라는 말씀이신가
요? 하지만 당신 의뢰인과 같은 사람은 이제까지 없었습

니다. 가수로 살아온 지금까지 그런 사람은 단 한 사람밖에 없었습니다.

스위프트는 소송에서 이겼습니다. 그리고 사람들에게 우리 여성이 책임을 떠안을 필요가 없다는 것을 보여주었습니다. 남자들에게 책임을 묻는다고 해서 당신이 약하다는 뜻은 아닙니다. 사실은 그 반대이지요. 스위프트가 부자이고 유명한 것은 맞습니다. 그러나 스위프트는 자신의 몸을 더듬은 유명세 없는 남자가 그 일에서 빠져나갈 수 있다고 자신만만해하는 것을 묵과하지 않았습니다.

깊이 있는 어떤 학문보다 영화배우나 패션모델들의 인스타그램이 여론을 더 이끌어간다는 사실을 한심하게 여기면서 연예인 문화를 폄하하는 것은 쉽습니다. 하지만 그래서 어떻다는 거죠? 영화배우와 패션모델들이 그 밖의 사람들이나 정치 지도자들보다 더 얄팍하고 어리석다고 어느 누가 말할 수 있습니까? 세상에는 저급한 '전문가'들도 있고 지적인 연예인도 있습니다. 좋든 나쁘든 연예인들은 헤드라인을 장식할 힘을 가지고 있습니다. 그들은 분명히 대화의 한 부분입니다. 그들은 분위기를 형성하는 데 도움을 줍니다. 그래서 나는 이렇게 말하고 싶습니다. 테일러 스위프트와 메리 비어드 두 사람 모두 테이블에 앉을 자격을 얻어낸 것이라고 말이죠.

명백한 성적 공격이 아닐지라도, 권력을 가진 사람이 자신의 정해진 역할에서 벗어난 행동을 하면 매우 당황스럽습니다. 처음 내가 기자 생활을 할 때 한 편집자는 너무 세게 오랫동안 포옹하는 습관이 있었습니다. 나는 슬슬 그와 단둘이 있는 것을 피하게 되었습니다. 그 정도 더듬는 행동에 트라우마가 생길 정도는 아니었지만 나쁜 영향을 받게 되었습니다. 사람들과 만나는 데 자신감을 잃게 된 것입니다. 그 사람은 나에게 일자리를 주었고 명망이 있는 사람이었기에 나 자신이 정말 잘하고 있는지 의구심이 들었습니다. 내가 고용된 이유가 정말 적격자여서인지, 그저 쉽게 대할 수 있는 사람이어서인지 혼란스러웠습니다. 자신의 힘을 과시하기 위해 일부러 그런 걸까, 아니면 재미로 그런 걸까? 힘 있는 남자들은 우리의 마음을 어지럽힐 수 있는 모든 방법을 알고 있는지도 모릅니다.

15
역겨운 권력자들에게 맞서며

그래서 그는 매일 걸으면서 인간을 만나기 위해 온갖 힘을 다했지만 그래도 마음속으로는 자신이 신이라고 인지하고 있었다.
— 앤서니 트롤럽, 《구빈원장 The Warden》

2016년 미국 대통령선거 직후, 숀 그로버의 치료실에는 가족에게 성폭력을 당한 경험이 있는 한 여성이 말을 제대로 잇지 못할 정도로 심하게 울며 찾아왔습니다. 그의 치료실을 찾는 많은 환자들이 그와 비슷한 반응을 보였습니다.

"통제 능력이 없거나 학대를 일삼는 부모 밑에서 자란 많은 여성들이 선거 후 우울증에 빠졌습니다. 안전하지 않다고 느끼는 사람이 대통령으로 선출되자 그들의 트라우마가 되살아났습니다. 자신을 보호해주지 않을 것 같은 지도자를 통해 어릴 적 기억이 떠오른 것이지요."

"여성의 성기를 움켜쥐어라"[1]고 말한 남자가 대통령이 될 것이라는 예측에 대해 여성들이 지극히 본능적으로 반응한 현상 역시 언론에 보도되었습니다. 정치적인 견해는 그렇다 치더라도, 왜 그렇게 많은 사람들이 대통령의 사생활을 개인적으로 받아들였을까요? 이것은 리더십에 대해 무엇을 의미하는 걸까요?

리더는 이끄는 사람입니다. 대통령, 총리, 왕과 여왕, 할리우드 스튜디오의 대표, CEO, 공동체의 수장, 학교의 교장, 법원의 판사…. 우리는 그들에게 다수를 위한 기준을 세워줄 것을 기대합니다. 물론 경외심을 불러일으키는 훌륭한 리더들도 있지만(미셸 오바마여 돌아오라!) 찾아보기 힘듭니다.

실비오 베를루스코니는 여가 시간에 미성년 여성들과 성관계를 맺느라 너무 바빠서 고작 이탈리아 총리밖에 되지 못했다며 떠벌렸습니다.[2] 열다섯 살 소녀와 결혼한 스와질란드의 국왕은 어린 소녀들을 발가벗겨놓고 줄을 세운 뒤 한 명을 골랐습니다.[3] 사회의 최고 지도자들이 여성을 상품으로 취급하고 있습니다. 할리우드의 거물들이 침대에서 배역을 나눠준다는 말은 결코 헛소문이 아니었습니다. 세계 어디서나, 국가 지도자부터 마을 원로까지 권력을 가진 남성은 여성을 마음대로 주무를 수 있는 공짜 티켓이라도 지닌 듯합니다.

역사적으로 권력자들이 휘두르는 도구에는 여성 강간뿐만 아니라 남성 강간도 포함됩니다. 짐바브웨, 방글라데시, 우간다, 캄보디아, 보스니아…. 민족을 말살시키고 테러를 일으키기 위해 성폭력을 암암리에 또는 대놓고 부추기는 나라들이 많습니다.

　정치적 도구로 강간을 이용하는 것은 말도 안 되는 강간의 이유 중 하나입니다. 기괴하지만 현실에서 벌어지고 있는 상황을 살펴봅시다. 많은 문화권에서 여자아이보다 남자아이를 더 중요하게 여깁니다. 하지만 만약 어떤 문화권의 남성들에게 굴욕을 주고 싶다면, 최고의 선택은 그들의 여성을 강간하는 것입니다. 이것이 강간이 가진 아이러니 중 가장 핵심입니다. 여성은 가치가 있으면서 동시에 가치가 없습니다. 가치가 없는 여성이 가치가 있는 모든 것을 대표하는 것입니다.

　강간은 어느 정당에서도 관심을 두지 않습니다. 민주당/공화당, 국민회의/인민당, 국민당/공산당, 자유당/개혁당, 노동당/보수당. 그 어느 쪽도 강간 범죄나 피해자에게 신경을 쓰지 않습니다.

　현재 미국 지도자는 권력자의 위치에서 자랑스럽게 성적 약탈을 떠벌리고 있습니다.[4] 그가 하는 말이 너무나도 성차별적이고 역겨워서 내가 읽고 있는 것이 신문이 아니라 형편없는 삼류 소설이 아닌가 생각될 때도 많습니다. 선거 기간에 그에 대한 추악한 폭로가 줄줄이 이어지고 말도 안 되는 발언이 트위터를 통해 만천하에 퍼지면서 후보에서 물러날 것이라고 예상했지만 그는 끝내 물러나지 않았습니다. 많은 남성과 여성이 그를 유일한 희망이라고 생각했나 봅니다. 결국 러시아의 도움과 미국의 부조리한 선거인단 제도로 인해 그는 백악관에 입성했고 입을 열 때마다 독을 내뿜고 있습니다. 그는 성폭행

피해자들, 특히 권력층에게 피해를 당한 사람들에게 재앙입니다. 무서운 적이 리더의 자리에 올랐으니 돌아설 곳이 없습니다.

크든 작든 모든 공동체의 리더는 전체적인 균형을 맞춰야 합니다. 우리는 지도자가 가족 문화, 학교 문화, 국민 문화를 비롯해 모든 문화 속에서 어디에 우선순위를 두고 어떤 생각을 할지 관심을 기울입니다. 한 나라의 대통령이 여성을 성희롱하고 자랑스럽게 떠벌린다면, 남성들에게는 이러한 행동이 용인된다는 면허를 발급하는 것과 같고, 여성들에게는 추행당하고 비인간적인 취급을 받는 것이 당연하다는 것을 암시하게 됩니다.

손의 환자가 슬픔에 눈물을 흘린 것은 놀라운 일이 아닙니다.

인도를 포함해 세계 38개 나라에서는 부부 강간이 범죄로 간주되지 않는데, 배려의 경제학 연구기관The Research Institute of Compassionate Economics에서 조사한 바에 따르면 강간범 대다수가 피해자의 남편이었습니다.[5] 2017년 9월, 인도 정부는 부부간의 강간을 불법화하는 법안에 **반대**했습니다. 정부의 법률가들은 부부 강간이 불법이 되면 결혼 제도를 불안정하게 만들 것이기에, 맹목적으로 서구를 따라서는 안 된다고 주장했습니다. 남편의 폭력이야말로 결혼 생활을 파탄내는 중대한 문제가 될 수도 있는데 말입니다. 그들은 그보다는 빈곤과 같은 문제에 집중해야 한다고 주장합니다. 인도 정부는 자신들의 결정에 대해 이렇게 설명했습니다.

"부부간의 강간은 다른 사람들 눈에는 전혀 강간으로 보이지 않을 수 있다. 부부 사이에 무엇이 강간인지, 무엇이 강간이 아닌지 구별할 수 있는 면밀한 기준이 먼저 세워진 다음에 법을 적용해야 한다."[6]

상황은 끝나지 않았습니다. 인도에서는 윗자리에 앉아 있는 남성과 여성들이 성폭력에 관해 극악무도한 말을 해대고 있습니다. 그와 동시에 수십만 명의 사람들이 더 나은 법을 요구하며 거리를 행진하고 있습니다. 필리핀의 대통령 두테르테는 오스트레일리아의 강간 피해자가 너무 아름답다고 농담하면서 시장이 그녀와 제일 먼저 관계를 가졌어야 했다고 발언했습니다.[7] 짐바브웨 전 대통령의 부인 그레이스 무가베는 미니스커트가 강간을 부른다고 말했습니다.[8]

2009년 에이즈없는세계 보고서AIDS-Free World Report 〈강간을 선출하다: 짐바브웨의 무가베 정권에서 일어난 성폭력 테러〉[9]에 실린 글들을 보면, 분쟁 시기에 국가 지도자들이 연설이나 행동을 통해 강간을 적극적으로 조장한다는 내용이 나옵니다.

트로이에서 난징까지, 시에라리온에서 키프로스까지, 동파키스탄에서 콩고민주공화국까지, 고대부터 병적인 성욕을 가진 폭군들이 강간 문화를 조장해왔다. 그럼에도 집단 강간으로 유죄 판결을 받은 범죄자는 유치장 하나도 채우지 못할 정도에 불과하다. (…) 그들은 성차별주의 사회에서 자란 가난한 남녀를 '착취'하는 것은 돈 몇 푼만으로 충분하다고 생각한다. 강간 집단만 파견하면 된다. 값비싼 무기나 군사 훈련을 시킬 필요도 없다. 공동체의 핵심을 찔러 사기를 꺾고 사회

가치를 파괴하고 흩어지게 만드는 데 여성을 공격하는 것만큼 효과적인 방법이 없다는 사실을 알고 있는 것이다. 세상은 여성의 비명에 아랑곳하지 않는다는 것을 그들은 아주 잘 알고 있다.

아직도 실망스러운 행동을 하는 지도자들이 많지만 그래도 한 가지는 분명히 변했습니다. 그 어느 때보다도 우리는 정치적·문화적 지도자들이 강간에 대해 어떻게 말하는지 더 많이 **이야기하고** 있습니다. 이런 변화는 나쁘지 않습니다. 실제로 약 30년 전(이것은 내 개인적 관점입니다)만 해도 미국에는 여성 건강에 관한 국가 정책이 없었고, 강간 피해자나 임신한 10대를 위한 대책은 아주 초보적인 수준에 머물러 있었습니다. 게다가 결정권자들은 모두 백인 남성이었습니다.

이른바 '자유의 나라'라고 일컬어지는 미국에서 도널드 트럼프가 지도자가 된 것은 남성이 저지를 수 있는 가장 추악한 면이 전면에 드러난 것입니다. 이것은 좋은 일일까요, 나쁜 일일까요?

꽃은 거름을 먹고 자랍니다. 도널드 트럼프는 #미투 운동이 확산되도록 기름을 끼얹었습니다. 도널드 트럼프의 당선, 여성들의 시위, 자신들을 제외한 모든 사람을 경멸하는 행정부의 태도, 이 모든 것들이 #미투 운동의 원동력이 되었습니다. 하비 와인스틴 사건은 마지막 결정타였습니다. 여성들은 폭발하기 일보 직전이었고 마침내 말할 준비가 되었습니다. 이제는 행동할 수 있다고 느꼈습니다.

어쩌면 우리가 일상에서 겪는 온갖 역겨움에 맞설 의지가 생기는 계기가 될 수도 있습니다. 지하철에서 성추행을 당하고 커튼 뒤에서 강간을 당한 뒤 살해당한다고 해도 목격자라고는 무심하게 다른 나무로 날아가버리는 한 마리 새밖에 없는 이 세계에서 말입니다.

16
아주 잠깐 동안의 분노

나는 매사추세츠 케임브리지에 있는 조용한 사원에서 열리는 바트 미츠바Bat Mitzvah(유대교에서 소녀를 대상으로 하는 성인식.—옮긴이)에 참석했습니다. 창밖으로 이른 가을 햇살이 쏟아질 듯 눈부시게 빛나고 있었고 방은 어린 소녀들을 축복해주기 위해 참석한 사람들로 가득 찼습니다. 긴 백발에 지혜로운 얼굴을 가진 여성 랍비는 한 사람 한 사람 눈을 맞추며 미소를 띠었습니다.

랍비는 기쁨으로 우리를 환영했습니다. 더 나은 세상을 위해 우리가 할 수 있는 일들에 대해서 이야기했습니다. "할렐루야"를 몇 번이나 외치게 했습니다. 그녀의 말은 희망적이었고 온화한 외모여서 분명 내가 좋아하는 스타일이었는데, 이상하게도 불편하고 짜증이 밀려와 이해가 안 되었습니다. 창틈으로 들어오는 햇빛 속에 내 기분을 망치는 무언가가 있나 의심하기도 했습니다. 나는 급기야 분노가 일었습니다.

"그가 다음 날 장미 한 송이를 보냈다고!"

내 친구 힐러리의 목을 조르고 강간을 저질렀던 남자가 그다음 날 장미 한 송이를 보냈다는 말이 떠올랐습니다. 그 남자는 노스캐롤라이나로 이사했는데 여전히 거기에 살고 있을지도 모릅니다. 그래서 나는 화가 났습니다. 랍비는 사랑과 구원에 대한 이야기를 하고 있는데 나는 증오심과 분노로 헉헉대고 있었습니다. **장미 한 송이를 보냈다고.** 나는 사랑이니 기쁨이니 라일락 위에 앉아 노래하는 파랑새니 하는 이야기는 듣고 싶지 않았습니다. 내가 듣고 싶었던 것은 이 말이었습니다.

* 자리를 박차고 나가라.
* 차에 타라.
* 서쪽 방향 90번 고속도로를 타라.
* 9번 출구로 빠져나가 I-84로 진입하라.
* 57번 출구로 나가 CT-15S로 진입하라.
* 86번 출구로 나가 I-91로 합류하라.
* 계속해서 87, 95, 80, 40, I-495⋯로 진입하라.
* (중간에 차를 세우고 오줌을 싸라. 공포 속에서도 방광은 열심히 제 할 일을 하고 있으니.)
* NC-540으로 진입하라.
* 구글을 뒤져 그가 정확히 어디에 사는지 찾아내라.

* 그리고 사원을 빠져나간 뒤 12시간 후에…
* 그를 찾아라.
* 그를 죽여라.

그것도 안 되면 나는 벌떡 일어나서 "강간이야!"라고 외치고 싶었습니다. "불이야!"라고 외치듯이 말입니다. 상상해보세요. 사원에 있는 여성 중 몇 명이 본능적으로 다리를 꼴까요?

이 숨 막히는 분노는 랍비의 잘못이 아닙니다. 그녀는 자신의 임무를 아주 잘 수행하고 있습니다. 나는 화를 잘 내는 사람이 아닙니다. 단지 내 안에 식지 않은 분노가 있을 뿐입니다. 이 분노는 평소에는 인간에 대한 신뢰와 충만한 감정 속에 묻혀 잘 숨어 있다가 이따금씩 폭발합니다. 나는 모든 생존자들이 그렇지 않을까 생각합니다. 강간범의 냉담함과 태평함에 분노를 참지 못하는 것이죠. 다른 사람의 감정에 대한 냉담함. 다른 사람의 순결에 대한 태평함. 너무 경솔한 나머지 다음 날 장미 한 송이를 보낼 수도 있고, 심지어 자신이 무슨 잘못을 저질렀는지도 모르거나 지금 또 다른 사람의 인생을 더더욱 힘들게 만들었는지도 모릅니다. 어째서죠? 그는 자신이 강간한 사실을 나중에 기억이나 할까요?

강간범들은 아무 일도 일어나지 않았다는 듯 속 편히 잘 살고 있는데 나는 노스캐롤라이나로 가서 그놈을 죽여버리고 싶은 마음이 굴뚝같습니다.

17
처방전: 예의 바른 대화

세상은 여자를 둘로 나눈다. 순결한 여자와 섹스할 여자.
— 칼키 코이클린

나는 꽤 개방적인 가정에서 자랐습니다. 우리는 저녁 식탁에서 별별 이야기를 다 나눴습니다. 하지만 강간에 대한 이야기는 없었습니다. 어찌 된 일인지 강간을 주제로 한 대화는 한 번도 없었습니다.

2012년 12월 16일 인도에서 조티 싱 집단 강간 및 살인 사건이 일어난 후, 내가 오래전 쓴 글이 인터넷에 유포되기 시작했을 때, 나는 열한 살 된 딸아이와 내 과거의 한 부분에 대해 이야기해본 적이 없다는 사실을 문득 깨달았습니다. 스스로 개방적이라고 생각했지만 한 번도 강간 이야기를 한 적이 없었습니다. 어쩐 일인지 그랬습니다.

물론 열한 살 딸아이는 강간이 무엇인지 알고 있었습니다. 아이가 모르는 것은 자신의 엄마가 강간당한 적이 있다는 사실이었습니다.

적당한 때가 오지 않아 말을 꺼내지 못했습니다. 하지만 이제 적절한 순간이 왔고 다른 사람을 통해 듣기 전에 내가 말을 해주어야 했습니다.

무슨 말을 해야 할까? 어떻게 말할까? 아이가 충격을 받진 않을까? 너무나 귀엽고 소중한 딸이고, 나는 강한 엄마인데. 어떻게 이 끔찍한 일을 설명할까? 나는 잠을 설쳤습니다. 사람들에게 물으며 고민을 거듭했습니다. 다행히 현명한 내 파트너이자 딸아이의 또 다른 부모이기도 한 남편이 균형감을 깨워주어 답을 찾았습니다.

"내 생각에 당신은 정말 중요한 부분을 잊고 있는 것 같아. 강간 때문에 겪은 말도 안 되는 상황과 고통, 분노는 우리만의 것이야. 아이가 짊어질 것은 전혀 없어. 아이는 강간이 당신에게 수치스럽고 당신을 파괴시켰다는 건 몰라. 그냥 당신이라는 존재만 알 뿐이지. 당신이 강하고 행복한 엄마라는 것만 알 뿐이야. 중요한 건 그거야."

내 삶에서 현명한 행동 중 하나는 이 남자와 결혼한 것이었습니다.

마침내 그날이 왔습니다. 저녁도 아닌 아침 식사 자리였습니다. 나는 그냥 말했습니다. 아이는 이미 성폭행이 무엇인지 알고 있었기 때문에 모든 이야기를 자세히 할 필요는 없었습니다. 그저 엄마가 열일곱 살 때 몇 명의 남자에게 강간을 당했고 다쳤는데 가족들이 잘 돌봐주어서 지금은 괜찮다고 말했습니다. 나는 입을 다문 채 기겁을 하고 울며 소리 지르고 세상에 대한 믿음을 저버린 딸아이의 반응을 기다렸습니다.

아이는 내 말을 가만히 듣더니 이렇게 말했습니다.

"알겠어요. 옆에 있는 치즈 좀 줄래요?"

그게 다였습니다. 이제 내 강간 이야기는 그냥 우리 가족 이야기의 한 부분이 되었습니다.

나는 딸아이의 인생에서 강간 사건에 휘말리는 일이 절대 없기를 바랍니다. 하지만 장담할 수는 없겠지요. 아이가 즐거운 삶을 살다가도 어느 순간 누군가에게 강간을 당할 수도 있으니까요. 하지만 설령 그런 일이 일어나더라도 살아남을 수 있고, 잘 지낼 수 있다는 걸 알겠지요. 자신만 처음 겪은 게 아니라는 사실을 알기 때문입니다. 이런 일은 사소하고 단순하게 보이지만 인생을 좌우할 수 있습니다. 외로움과 절망을 느끼는 사람에게 물어보세요.

《뉴욕타임스》에 내가 나온 날 새벽 6시에 동생이 전화를 했습니다. 나는 침대에서 이불을 뒤집어쓴 채 인터뷰를 괜히 했다고 후회하고 있었습니다. 동생은 매일 학교에서 신문을 읽는 열두 살짜리 아들이 신문에서 고모를 발견하기 전에 미리 설명을 해주고 싶다고 말했습니다. 조카의 반응 역시 우리 딸이 보인 것과 같았습니다. 조카는 내 이야기를 별일 아니라는 듯 시큰둥하게 듣고 넘겼습니다. 그래서 나의 강간 사건은 또다시 그렇게 우리 가족을 스쳐갔습니다.

정말 간단했습니다. 그냥 말하면 되는 것이었습니다. 우리는 아이들과 집단 학살, 죽어가는 사람들, 그들을 살해한 사람들, 부패, 혼돈, 정의에 대해 이야기합니다. 하지만 성폭력에 대한 이야기는 모호하게 머릿속을 떠돌 뿐 입 밖으로 내지 않습니다. 이제는 그러면 안 됩니다.

지금은 5년 전보다 더 강간 이야기를 꺼내기 쉬워졌고 실제로 강간은 대화의 주제로 자주 등장합니다.

보스턴 고등학교에 다니는 마나사 브래들리는 학업 성적이 우수한 행복한 10대 소년이었습니다. 어느 날 처음 보는 선생님이 책 정리를 도와달라고 해서 따라갔습니다. 마나사가 내게 자신의 이야기를 들려주었습니다.

"교실로 들어갔는데 갑자기 돌변하더니 나를 강간하고는 죽이려 들었어요. 그 남자는 나를 강간하는 동안 목을 졸랐고 나는 곧 죽겠구나 생각했습니다. 정말 끔찍했어요. 의식이 점점 흐릿해지면서 비현실적인 곳으로 들어가는 느낌이었습니다. 나는 내 몸을 떠나고 있었습니다. 아득해졌습니다. 그때 번뜩 생각이 들었어요. 지금 맞서 싸우지 않으면 이제 죽겠구나. 정신을 차리고 저항했습니다. 겨우 교실에서 빠져나와 양호실로 가서 아프다고 했더니 양호 선생님이 집으로 가라는 거예요. 나는 충격으로 걷기도 힘든 상태였어요. 마치 달리나 피카소의 그림 속을 걷고 있는 듯한 느낌이었습니다. 초현실적이었죠. 집으로 걸어가는 내내 정신을 차려야 한다고 되뇌었습니다. 집에 도착하자 어머니가 물었어요. '무슨 일이니? 괜찮니?'

나 자신도 무슨 일이 있었는지 이해하지 못했기 때문에 아무 말도 할 수 없었습니다. 나는 강간이 뭔지 몰랐기 때문에 '엄마 저 오늘 강간당했어요'라고 말을 할 수 없었습니다. 1년 반이 지나 이모 코니 프랜시스가 총으로 협박을 당하며 강간을 당했다고 이야기하는 것을 듣고 비로소 깨달았습니다. 그때 내가 당한 게 강간이었구나!"

그는 어려서 강간이 뭔지도 몰랐기 때문에 누구에게도 자신이 당한 일을 말할 수가 없었습니다. 불행히도 그의 시련은 거기서 끝이 아니었습니다. 몇 년 후 강간피해자센터에 전화를 걸어 상담을 신청하자 그들은 남자는 강간범은 될 수 있어도 피해자는 될 수 없다며 전화를 끊어버렸습니다(물론 수십 년이 지난 지금은 그렇지 않습니다). 그는 경찰서에 찾아갔습니다. 경찰은 마나사에게 선생님이 거짓말을 하겠냐며 그 일은 잊어버리고 그냥 집으로 돌아가라고 했습니다.

2013년 나는 데즈먼드 투투 주교와 제이컵 리프(우분투 패스웨이 CEO)와 함께 기사를 공동으로 기고했습니다.[1] 다음은 제이컵이 작성한 내용입니다.

강간은 세계 곳곳에서 사회 문제가 되었고 인류의 오점으로 등극하고 있습니다. 그럼에도 우리는 강간이 인류의 가장 중요한 집단이자 우리의 병적인 유산을 물려받아야 하는 다음 세대에 어떤 영향을 끼칠지 아무도 관심을 두지 않고 있습니다.

(…) 모든 세대가 매일 삶 속에서 강간 문제와 부딪치면서도 집에 돌아가면 문제에 대한 고민은 현관 앞에 두고 저녁 식탁에 앉습니다. 우리 모두 이 부분에 책임을 느껴야 합니다. 저녁 식탁의 이야깃거리로 강간과 강간을 가능하게 하는 사회 구조(성차별, 불평등, 전통)를 올릴 수 있어야 합니다. 강간이 예의를 차리며 편안하게 나눌 수 있는

주제인가요? 아닙니다. 그래도 해야만 합니까? 그렇습니다.

(…) 그릇된 행동을 배운다고 죄가 되는 것은 아닙니다. 그것을 행동으로 옮기면 죄가 됩니다. 우리의 무죄가 유죄로 바뀌지 않게 하려면 배려하는 정직한 태도와 열린 토론 분위기를 만들어야 합니다.

내가 자란 집은 아름다운 시골이었습니다. 대문에서 집까지 구불구불한 진입로가 길게 이어져 있어 어렸을 때 동생과 나는 몇 시간 동안이나 정원에서 놀곤 했습니다. 우리는 가끔 대문 너머로 바깥세상을 구경하곤 했습니다. 어느 날 오후 한 남자가 대문에 서 있는 우리를 보더니 가까이 와보라고 했습니다. 우리가 다가가자 그는 자신의 성기를 노출해 흔들어댔습니다. 우리는 당황했지만 별다른 충격을 받지는 않았습니다. 우리는 그 기괴한 상황을 아무에게도 말하지 않았습니다.

왜 그랬을까요? 우리가 수치심을 느낀 것은 아닙니다. 상처를 받았거나 겁을 먹은 것도 아닙니다. 조금이라도 특별한 일이 있으면 무엇이든 부모님에게 다 이야기했던 우리가 그날 사건에 대해서는 말도 꺼내지 않았습니다. 그리고 시간이 흘렀습니다.

성기를 흔들어대는 것은 분명 성학대에 해당하지만, 나는 그 행위가 그렇게 심각하다고 생각하지는 않습니다. 정말 중요한 것은 우리가 그 사건에 대해 말을 하거나 반응을 보이지 않았다는 것입니다. 만약 그가 대문으로 들어와 우리 중 한 명을 만지려고 했다면 우리는 도망치거나 소리치거나 얼어붙었겠지요. 그날 사건의 기억은 흐릿해 졌지만 한 가지 후회가 남는 것은, 그 남자가 우리 어머니한테 걸려 서 욕을 먹는 진풍경을 놓친 것입니다.

나는 아홉 살짜리 딸을 키우는 한 친구에게 딸과 성학대에 대해 이야기를 나눠본 적 있는지 물었습니다.

"가족과 함께 집에 있을 때는 옷을 벗고 있어도 괜찮지만 모르는 사람이랑 있을 때는 안 된다고 말해줬어. 아빠가 아닌 다른 사람이 옷 을 벗자고 하면 즉시 엄마 아빠에게 알리라고 하고. 우리에게 말할 여 건이 안 된다면 주변에 있는 나이 든 아무 여성에게라도 도움을 청하 라고 했어."

대공황 시대에 자라 어린 시절 많은 사람들에게 강간을 당한 여든 네 살 할머니가 이런 대화를 어릴 적부터 나눴다면 어땠을까요? 인 간 생식의 기본적인 메커니즘에 대해 자세히 설명해주었다면 어땠을 까요? 그랬다면 강간을 당한 뒤 임신했을지도 모른다는 두려움에 몇 년 동안 공포에 시달리지 않았을 것입니다.

아이들에게 강간을 설명하는 것이 비교적 쉬워졌지만 강간 문화 에 대해 설명하는 것은 생각보다 훨씬 복잡합니다.

한 친구가 데즈카 오사무의 만화책 《붓다Buddha》를 아홉 살 남 동생과 읽다가 생긴 일을 이야기해주었습니다. "동생이 '왜 여자들이 옷을 벗고 있어?'라고 묻더라고요." 그녀는 그림을 자세히 보라고 했 습니다. "여자들만 옷을 벗고 있는 게 아니야. 남자들이랑 똑같아. 윗

옷만 안 입은 거야." 아홉 살 남자아이는 남자는 가슴을 드러내도 옷을 벗고 있다고 여기지 않았는데 여자가 윗옷을 입지 않은 걸 보자 옷을 벗고 있다고 생각했습니다. 남자와 여자에게 같은 기준이 적용된다는 사실을 이해하지 못했습니다. 사소한 일화지만 우리에게는 이런 대화가 필요합니다.

이중 잣대에 대한 증거가 필요하다면 많은 가정에서 벌어지는 불미스러운 상황을 떠올려보면 됩니다. 엄마는 눈에 넣어도 아프지 않을 귀엽고 사랑스러운 어린 아들이 원하는 것이라면 뭐든 해주며 자신을 희생합니다. 어린 아들은 엄마에게는 애정을 가진 성인으로 자랄 수는 있겠지만 자신의 아내나 다른 여성에 대해선 존경심을 느끼지 못할 것입니다. 그저 세상에는 성적인 부분을 충족시켜주는 친애하는 노예만 존재한다고 인식하겠지요.

오래전 나는 델리의 한 아파트 꼭대기 층에 산 적이 있습니다. 아랫집에는 집주인과 10대 아들딸이 살고 있었습니다. 주인아주머니 람푀아리는 집 앞에 있는 큰 나무 아래에 다림질 가게를 차렸습니다. 우리 집에서 내려다보면 아주머니가 사용하는 작업대와 커다란 다리미가 훤히 보였습니다. 아주머니는 늙은 주인아저씨가 뜨겁게 달궈준 석탄을 커다란 다리미에 부었습니다. 10대 딸이 옷을 다림질하고 람푀아리는 다림질된 옷을 옷걸이에 걸었습니다. 10대 아들은 자신의 옷을 다리고 싶으면 창문 너머로 그들에게 옷을 내키는 대로 던졌습니다. 람푀아리는 바닥에 떨어진 옷을 집어 들고 먼지를 털어냈

188

습니다. 나는 그 아들이 창문으로 소리 지르며 엄마에게 옷을 던지고 제대로 받았는지 확인하는 걸 지켜볼 때마다 분노가 치솟아 혼잣말을 중얼거리며 베란다 난간을 발로 찼습니다.

강간은 문화입니다. 우리 일상에서 일어나는 크고 작은 일들이 강간해도 괜찮다는 인식을 만들어냅니다. 아니, 작은 일은 없을지도 모릅니다. 인도의 착한 엄마들처럼 아들을 키우는 것이 강간을 용납한다는 의미는 아닙니다. 여성 운전사를 희롱하는 것이 강간을 용납한다는 의미는 아닙니다. 딸을 위해 지참금을 모으는 것이 강간을 용납하는 것은 아닙니다. "남자가 다 그렇지"라는 말이 강간을 용납하는 것은 아닙니다. 하지만 이런 사소한 일들이 여자아이와 여성의 자존감을 갉아먹고, 남자아이의 권한을 높여주어 자신이 더 중요한 사람이므로 별생각 없이 세상을 약탈해도 된다고 여기게 만듭니다.

아이들을 자기 자신과 다른 사람을 존중하는 바른 어른으로 키우고 싶다면 남성다움과 여성다움의 개념에 의문을 가져야 합니다. 가부장제에 대해서도 마찬가지입니다. 단순히 문제의식을 갖는 정도가 아니라 이제 그런 관념에서 벗어나야 합니다. 그래야 강간 문화를 파괴할 수 있습니다.

페미니스트 작가이자 치료사인 신시아 인로 교수는 다음과 같은 글을 썼습니다.[2]

고정관념과 남녀 관계가 아주 복잡하게 얽혀 있음에도 불구하고 가

아이들을 자기 자신과 다른 사람을 존중하는 바른 어른으로 키우고 싶다면 남성다움과 여성다움의 개념에 의문을 가져야 합니다. 가부장제에 대해서도 마찬가지입니다. 단순히 문제의식을 갖는 정도가 아니라 이제 그런 관념에서 벗어나야 합니다. 그래야 강간 문화를 파괴할 수 있습니다.

부장제는 여성과 남성, 소녀와 소년의 위치가 확연히 불평등하며 개별적인 남성성이 모든 여성성보다 우위에 있다고 생각한다. 이런 분위기는 가부장제가 선호하는 남성성을 가진 남성이 여성을 지배할 수 있다고 확신하게 만든다.

즉 가부장제의 범주는 넓고도 깊다. 이는 인종주의와 계급주의에 기생한다.

가부장제는 여성과 소녀들의 힘만으로 거부할 수 있는 것이 아니다. 가부장제에 자신을 끼워 맞추는 여성은 많은 보상을 받는다. 결혼 생활을 유지함으로써 경제적 안정과 사회적 존중을 보장받을 수 있다. 때로는 가부장제 안에서 훌륭한 역할을 했다며 국가 훈장까지 주기도 한다. 가부장제에 대항하지 않는 여성은 (딸, 아내, 비서로서) 아름다움, 여성성, 충성심을 갖추고 있다고 칭송받고, 인내심, 가사 노동, 모성애, 성적 매력, 희생정신에 박수를 받는다.

남성의 특권에 대해 이야기할 때 가부장제에 편승해 남성과 함께 이익을 얻는 여성을 빼놓을 수 없습니다. 가정에서 이루어지는 대화는 중요합니다. 남성이 누리는 특권과 이를 용인하는 여성이 만들어낸 시스템에 어떤 문제가 있는지 이야기해야 합니다.

뉴욕에서 11학년과 12학년(16~18세)을 대상으로 집단 치료를 하는 숀 그로버는 참가자들에게 가상의 상황을 머릿속에 그려보라고 자주 이야기합니다. 또래 남자와 여자가 서로 좋아하는 사이인데 섹스를 하기로 했습니다. 둘 다 섹스는 처음입니다. 둘은 흥분해서 어떻게 하면 완벽한 섹스를 할 수 있을지 머리를 맞대고 계획을 짜고 상황을 정리해보느라 많은 이야기를 나눴습니다. 마침내 둘만의 공간이 확보되고 콘돔도 챙기고 모든 것이 준비되었습니다. 이제 시작하기로 마음을 먹고 둘은 옷을 벗습니다. 그런데 갑자기 여자아이가 말합니다. "나 마음이 변했어. 섹스하고 싶지 않아."

이럴 때 어떻게 해야 할까요?

숀은 늘 의견이 갈린다고 이야기합니다. 남자아이들과 여자아이들의 의견이 일치하지 않습니다. 어쨌든 크게 두 가지 의견으로 나뉩니다. "어느 시점이든 싫다고 말할 권리가 있어요"라는 쪽과 "어쨌든 함께 결정했잖아요. 뒤늦게 싫다고 하는 건 말이 안 돼요"라는 쪽이 있습니다.

이들은 난민 수용소에서 사령관의 지시를 받아 여성을 강간한 병사도 아니고 덤불 뒤에 숨어서 목표물이 지나가기를 기다리는 복면 쓴 강간범도 아닙니다. 21세기 미국에 사는 특혜받은 청소년들이지요. 그들의 부모들은 자녀들이 자기 감정을 마음껏 이야기할 수 있도록 보장해줍니다. 소년들은 자라서 브록 터너가 될 수도 있고 그가 강간하는 여성을 도와주는 남성이 될 수도 있습니다.

결론은 단순히 '예스' 또는 '노'로 나눌 수 없습니다. 하지만 이런 토론을 통해 소년들은 남자가 된다는 것이 무엇을 의미하는지 배우고, 남성성과 여성성을 모두 겸비한 건강한 성인으로 자랄 것입니다.

어느 맑은 초가을 오후, 딸아이가 수업을 마치고 학교에서 나왔습니다. 학교 앞에서는 생김새나 체형이 다른 다양한 인종의 10대 아이들이 옹기종기 모여 이야기를 하고 있습니다. 나는 호기심 어린 눈으로 아이들을 관찰합니다. 두건을 쓴 갈색 머리 소년, 레깅스를 입은 흑인 소녀, 털이 무성한 다리가 돋보이는 작고 귀여운 빨간 드레스를 입은 키가 큰 금발 소년. 나는 짐짓 꼰대처럼 보일까 봐 그들을 향해 웃거나 엄지손가락을 치켜들고 싶은 욕구를 꾹 눌러야 했습니다. 양성애자일까 트랜스젠더일까? 소년이라고 해야 하나, 소녀라고 해야 하나? 아니면 오늘은 그냥 그렇게 꾸미고 싶었을 뿐일까? 하지만 그 아이들은 자신의 외모에 조금도 신경 쓰지 않는 것 같았습니다.

멋진 일입니다. 남성다움이나 여성스러움 같은 고정관념을 뒤집기 시작하면, 면도를 하지 않은 10대가 학교에 드레스를 입고 가도 별문제가 되지 않는다면, 우리는 그에 걸맞게 권위와 제도와 권력을 향한 태도를 갖게 될 것입니다. 거기서 우리는 사람들을 어떻게 대해야 하는지 터득할 것입니다. 강간은 일상적으로 일어나는 일이 아닌, 엄청나게 잘못된 일이라는 인식을 갖게 될 것입니다.

2012년 성폭력 가해자들이 인터넷 커뮤니티 레딧Reddit에 글을 올렸는데 몇 개를 발췌해서 옮겨보겠습니다.[3]

1학년 때 사귄 여자친구와 옷을 벗고 침대에 누웠는데 여자친구가 안되겠다고 하는 거야. 난 그 애가 입으로 하고 싶어 하나 생각했지. 엄청 흥분해서 사정하기 일보 직전이었던 나는 안 된다는 말을 무시하고 그냥 해버렸어. 상황을 파악한 그 애가 반항하며 발버둥을 쳤지만 내가 힘이 더 셌고 이미 때는 늦었지.

　나는 외모가 좀 되는 편이라 여자애들을 쉽게 꼬실 수 있었어. 지금은 예쁜 여자와 결혼했는데, 아내도 내가 무수히 만났던 사람 중 하나지(강간을 했다는 건 아니고 그 시절 내가 어떤 사람이었는지 잘 안다는 뜻이야). 어쨌든 노는 애들이나 쉽게 다리를 벌리는 여대생들이 주위에 널려 있어서 나는 좀 시시해졌어. 그래서 스릴을 느껴보려고 강제로 덮치기로 했어. 매력적이지만 자신의 외모에 자신 없어 하는 여자애들을 목표로 삼았지. 개성은 있지만 내성적이라 친구들과 어울리지 못하고 자기 일만 하는 애들 말이야. 형편없는 남자친구를 만났거나 집안에 문제가 있거나 폐쇄적인 시골에서 자라서 상처가 있는 아이들이 딱 적당했지. 그런 애들은 나처럼 인기 많고 잘생기고 괜찮은 남자가 말을 걸어주고 관심을 보여주면 거의 그냥 넘어와. 대부분 도서관, 커피숍, 아르바이트하는 곳, 파티장 같은 데서 만났는데, 첫 만남 때 내가 얼마나 괜찮은 남자인지 각인시켜줘야 돼. 그들의 말을 잘 들어주면서 스스로 특별하다는 느낌을 받게 하고 공주님처럼 대접하지. 가끔씩 처음 만난 날 키스를 하거나 애무를 하게 될 때도 있는데, 그 선을 넘어가면 안 돼. 다음 날 전화를 걸어서 언제 다시 만날 수 있는지 물어보고, 밖으로 나갈 수 없다는 핑계를 만들어 밤에 집으로 찾아오게 하지. 대학생 때라 기숙사나 학교 근처 자취방에서 영화를 보며 데이트했지.

약속 시간이 되면 먼저 방의 온도를 확 낮춰놔. 여자애가 오면 방이 너무 춥지 않냐며 자연스럽게 커다란 담요를 가져와서 같이 덮고 영화를 보는 거지. 몸을 밀착하고 담요 아래 나란히 누우면 키스하느라 영화 볼 시간도 없어. 이야기를 나누다 브래지어의 끈을 만지거나 팬티 안으로 살짝 손을 집어넣으며 반응을 살피지. 바로 몸이 굳으며 거부감을 보이는 애들도 있어. 내가 살던 원룸의 소파는 펼치면 그대로 침대가 되는 거였어. 소파를 순식간에 쫙 펼쳐 침대로 만들고 여자애 위로 올라타지. 보통 여자애들은 그럴 때 어떻게 반응해야 할지 몰라. 그중에는 적극적으로 반응하는 애들도 있지만, 그건 서로 동의한 상태에서 섹스를 하는 것이기 때문에 내가 원하는 게 아니었어. 어떤 애들은 첫날 하지 못하고, 몇 번 더 그런 밤을 보낸 뒤 섹스하는 데 성공하기도 해. 가장 스릴 있는 건 당황해하면서 절대 몸을 허락하지 않는 여자애들이야. 그들을 안심시키고 시간을 들여서 서서히 다가가지. 일이 벌어지기 전까지 자기에게 무슨 일이 닥칠지 눈치채지 못하게 해야 돼. 나는 90킬로그램이 넘는 근육질의 남자이고 여자애들은 대부분 55킬로그램 정도밖에 안 돼서 힘으로 제압하기는 너무나 쉽지. 솔직히 말하면 지금도 기억나는 게, 애들이 반항할수록 기분은 더 좋았어. 몸부림을 쳐도 아무것도 할 수 없는 여자애들을 보면서 나는 더 흥분했지. 여자애들 대부분은 나를 좋은 사람이라고 생각하고 있기 때문에, 안 된다고 말하지 않았어. 머리를 잘 굴려서 "노"라고 말하지 못하게 만들어 자신이 처한 상황을 받아들이게 해야지. 술이 큰 도움이 돼. 영화를 볼 때 '지난 파티 때 남은 거'라고 하면서 젤로샷jello shots(보드카를 젤리처럼 만들어서 먹는 칵테일의 한 종류.— 옮긴이)을 건네면 대부분 넘어갔어.

일이 끝나고 나면 반응은 제각각이야. 15분 이내에 나가버리는 아이들도 있고 자고 아침에 가는 애들도 있어. 나중에 전화를 걸어 자기 때문에 벌어진 일이라며 자책하는 애들도 있지. 고소를 걱정한 적은 없어. 학교 주변의 경찰들과 행정직원들도 많이 알고 있었거든. 학장과 교내 행정 총괄 책임자도 잘 아는 사이였기 때문에 그들이 어떤 이야기를 듣는다 해도 쉽게 해결할 수 있을 거라고 확신했지. 그리고 어찌 됐든 여자애가 우리 집까지 왔다는 건 내가 가해자라는 인상을 주지 않잖아. 제 발로 찾아왔으니 언제든 제 발로 나갈 수 있는 거지.

이런 글들을 읽으면서 강간이 섹스와 무관하다는 말이 왜 위험한지 다시 생각하게 되었습니다. 섹스는 분명히 강간 문화에 영향을 미칩니다. 그래서 아이들에게 동의와 관계의 역학에 대해 알려주는 것은 매우 중요합니다. 성교육 기관 '앤서Answer'에서 니콜 쿠시먼은 그 이유를 자세히 설명해줍니다.[4]

성숙한 성교육은 젊은 사람들에게 우정과 연인 관계에서 성과 권력이 발휘하는 힘을 이해하고 토론할 수 있는 언어와 도구를 제공합니다. 학생들에게 이런 주제에 대해 안전하게 탐구하는 공간을 제공한다면 젠더 규범과 행동에 문화적인 변화를 이끌어낼 수 있습니다. 이런 공론장을 통해 강간 문화의 불합리성과 불평등성을 토론한다면, 피해자들의 이야기에 귀 기울이고 경계를 존중하는 새로운 패러다임과 건강한 관계를 만들어낼 수 있습니다.

여성들이 두려움에 떨기보다 정당한 분노를 표출할 수 있다면 사회는 더욱 생산적이고 풍요로워질 것입니다. 왜 '분노한 여성'을 두려워합니까? 우리는 딸들에게 어떤 일은 분명하게 분노할 가치가 있다고 알려줄 책임이 있습니다.

팔레스타인의 사회복지사 라일라 앳산은 최근 '20명의 여성들과 함께'라는 워크숍을 진행했습니다. 분쟁 지역의 긴장된 분위기 속에서 살고 있는 참가자들은 아이들이 성폭력을 당할까 봐 두려워하고 있었습니다. 참가자들은 딸들과 이런 이야기를 나누는 것을 꺼리면서 이미 긴장 속에 있는 삶을 두려움으로 더 옥죄고 있었습니다. 라일라는 참가자들에게 이렇게 말했습니다.

"쉬쉬하지 마세요. 개미처럼 작은 문제도 무시하고 가만히 두면 코끼리처럼 큰 문제가 됩니다."

강간을 개미나 코끼리에 비유할 수는 없지만 (동물의 왕국은 우리가 논의할 대상이 아닙니다) 훌륭한 충고입니다. 또다시 강조하지만, 말에는 힘이 있습니다. 아이들이 성추행을 당하더라도 그것을 설명할 단어를 알지 못하면 다른 사람에게 이야기할 가능성은 크게 줄어듭니다.

대부분의 아이들은 미묘한 신호도 금방 알아차리는 도사들입니다. 그래서 존중과 동의에 대해 이야기해주는 것이 중요합니다. 하지만 그걸로 충분하지 않습니다. 모델을 만들고 끊임없이 도전해야 합니다. 내가 얼마나 많은 지식을 가지고 있든, 나 역시도 성이나 인종에 대해 편견을 갖기 쉽다는 사실을 압니다. 공항 라운지에서 히잡을 쓴 젊은 여성이 실비아 플라스의 작품을 읽는 모습을 보고 나는 왜 그렇게 기분이 좋았을까요? 무슬림이 실비아 플라스를 읽어서는 **안 된다**는 법이 있는 것도 아닌데 말이죠.* 아버지가 친구들 앞에서 내 성적표를 보여주며 거들먹거리는 것과 내가 그 여성을 인정하는 것은 뭐가 다를까요?

명예라는 관념도 까다롭습니다. 많은 나라에서 강간이 여성과 가족과 공동체의 명예를 떨어뜨린다고 생각합니다. 미국 같은 나라에서는 많이 나아졌지만, 그래도 여전히 강간당한 여성은 몸이 망가졌다고 여기는 시선이 존재합니다. 이는 감당하기 어려운 짐입니다. 나는 강간이 명예와 상관이 없다고 주장합니다. 아니, 명예라는 개념을 재정립하는 것은 어떨까요? 2013년 세 딸의 아버지 사미 팔타스는 내게 보낸 편지에 이렇게 썼습니다.

---

* 실비아 플라스(1932~1963)는 남성 중심 사고와 가치에 억압되어 있던 여성의 생각과 감정을 솔직하게 표현한 작품을 주로 썼다. 서른 살의 나이에 자살로 생을 마감한 뒤 1960년대 초 페미니즘 운동에 큰 영향을 미쳤다.

본성이 어떻든 여성을 향한 범죄에 대항하는 것은 남성의 명예입니다. 여성으로서 당연히 받아야 할 존중을 받게 해주는 것이 남성의 명예입니다. 강간이 명예와 상관없다고 하기보다 명예의 의미를 재정립하면 좋겠습니다.

지극히 합리적이고 정당한 말 아닌가요?

18
침대 밑의 괴물

그는 자신을 계속 삼촌이라고 했기에 나는 삼촌 대접을 해줄 수밖에 없었어요.

— 노마웨투, 다섯 살 때 성폭행당한 생존자

노마웨투의 가족은 남아프리카의 작은 시골 마을 그레이엄스타운에 살았습니다. 노마웨투는 다섯 살 때 아버지의 동생에게 강간을 당했습니다. 모두가 그녀에게 일어난 일을 눈치챘습니다. 노마웨투는 나에게 이렇게 말했습니다.

"가족들이 내 속옷에 묻은 피를 발견했어요. 그리고 그 사람의 티셔츠에 묻은 피도 보았죠."

그녀의 아버지는 그를 죽이고 싶어 했습니다. 어머니도 그러기를 바랐지만 가족 모임에서 그를 처벌하지 않기로 결정했고, 어머니는 남편이 두려웠기 때문에 반박하지 못했습니다.

"어머니는 아버지에게 맞고 살았어요."

폭력을 견디다 못한 어머니는 결국 자신의 가족이 있는 곳으로 도망쳤고 노마웨투는 홀로 남겨졌습니다. 하지만 어머니는 기회를 틈타 다시 돌아와 그녀를 데리고 갔습니다. 그들은 멀리 이사를 갔고 노마웨투는 학교에도 다니게 되었습니다. 그녀는 어릴 적 기억을 거의 하지 못했고 강간 사실도 까맣게 잊고 살았습니다.

"불행한 기억을 어떻게든 차단하고 살았던 것 같습니다."

2002년 노마웨투가 대학에 입학하자 어머니는 말했습니다.

"너도 이제 성인이 되었으니 아버지를 만나고 싶으면 찾아가도 된다."

노마웨투는 13년 만에 아버지를 만나러 고향을 찾았습니다. 고향에서 삼촌을 다시 맞닥뜨렸을 때, 사나운 짐승이 돌진하듯 강간의 기억이 갑자기 덮쳐왔고 그녀는 완전히 잠식당하고 말았습니다.

"아무런 기억도 없었는데 갑자기 세부적인 상황까지 모두 떠올랐습니다."

충격에서 헤어나지 못하던 그녀는 집으로 돌아오자마자 어머니에게 물었습니다. 어머니가 모든 진실을 털어놓았고 노마웨투는 갑작스레 다가온 뼈아픈 기억과 이미지의 실체가 명확해졌습니다.

"이제 와서 만나보니 그 사람이 불쌍하다는 생각밖에 안 들었어요. 슬프기만 하더라고요. 다 큰 성인이 어린아이에게 그런 몹쓸 짓을 하다니…."

그녀는 모든 것을 잊고 아무 기억도 없었던 시절로 돌아가기 위해 애를 썼습니다. 하지만 강간은 그렇게 단순하지 않습니다. 특히나 근친의 강간은 훨씬 미묘하게 사람을 갉아먹습니다.

노마웨투는 현재 남아프리카공화국 포트엘리자베스의 우분투 패스웨이에서 유아 프로그램을 운영합니다. 나는 우분투에서 일하다가 그녀를 알게 되어 인터뷰를 했습니다. 우분투는 독특한 장소입니다. 권리를 박탈당한 사람들이 모여 사는 곳으로 제각각의 사연은 너무나 슬프지만 늘 노래가 있는 강인하고 행복한 곳이기도 합니다. 노마웨투에게 딱 맞는 곳이지요.

만족스러운 일터와 삶이었지만 그녀는 직장에서 공황 발작을 일으켰습니다.

"정신을 차릴 수가 없었어요. 나 혼자서 해결할 수 있는 일이 아니라는 걸 깨달았죠."

정신과 의사의 도움을 받아 과거를 받아들이고 난 뒤 증세가 나아지긴 했지만 쉽지는 않았습니다. 인간이 가장 의지할 수 있는 기본적인 조직인 가족한테 그런 일을 당하면 어떻게 사람을 믿을 수 있을까요?

"나는 지금의 남편을 만나게 되었고 나를 정말 많이 사랑하고 지지해줍니다. 나는 남편을 전적으로 신뢰하지만 내 딸(여섯 살입니다)을 생각하면 아버지로서 그를 온전히 믿기가 힘듭니다."

노마웨투는 이런 상황 자체가 견디기 힘듭니다. 많은 생존자들이 그렇듯 노마웨투는 언제 폭발할지 모르는 불안감과 시도 때도 없이 몰려드는 지나친 의구심으로 괴로워합니다. 한번은 그녀의 딸이 어

·

린아이들이 잘 걸리는 기생충에 감염되었습니다.

"아이가 그곳이 아프다고 이야기할 때 미치는 줄 알았어요. 딸의 말을 듣고 성폭행당한 건가 하는 불안에 휩싸이고 말았습니다. 나는 그런 사람이 되고 싶지 않았어요."

세상의 많은 아이들, 그리고 그 아이의 삼촌들, 아버지들, 사촌들. 남아프리카의 한 여성은 아주 어릴 적 오빠에게 강간을 당했는데 중년이 될 때까지 아무에게도 말하지 않았습니다. 어린아이가 성병에 감염되었는데도 가족들은 아무 일도 없다는 듯 태평스럽게 행동했습니다. 그녀는 중년이 되어서야 자신의 아이들에게 이 사실을 이야기했고 깊은 우울증에 빠져 헤어나지 못했습니다.

앞서 남편에게 성폭행을 당한 앤지 이야기를 했습니다. 그녀를 성적으로 희롱한 사람은 남편뿐만이 아니었습니다. 앤지는 어릴 적 잠깐 남인도에 살았는데 가족의 차를 운전해주던 기사가 그녀를 차에서 성추행했습니다. 물론 그 외에도 삼촌 한두 명이 더 있습니다.

앤지는 행복한 가정에서 특권을 누리며 자랐습니다. 어쨌든 대부분의 시간은 행복했습니다. 운전기사와 삼촌들이 있었지만 그녀에게만 일어나는 특이한 일은 아니었고, 그 일이 그녀 인생의 주요 부분도 아니었습니다. 그녀는 연애결혼을 했습니다. 남편을 만나 사랑에 빠졌고 결혼에 이르렀습니다. 남편은 사회적으로 성공한 매력적인 남자였고 가족들도 마음에 들어 했습니다. 앤지는 결혼 후 곧바로 미국으로 왔고 남편을 무척 사랑했지만 아이를 갖기 어려웠습니다. 네

번의 유산 끝에 아이를 둘 낳았습니다. 첫째는 지금 대학생이고 둘째
는 고등학생입니다.

"아이들이 없었다면 살아갈 의지도 갖지 못했을 거예요."

학대는 항상 그렇듯 천천히 시작되었습니다. 처음에는 욕설로 시
작했으나 나중에는 한두 대 때리기 시작했습니다. 그녀가 둘째를 임
신했을 때부터 시작되었습니다.

자신이 선택한 남편이기에 앤지는 자기 자신 말고는 누구도 탓할
수 없었습니다. 둘째를 임신한 채 남편에게 폭행을 당한 어느 날 언니
를 불렀습니다. 언니와 함께 병원으로 가면서 앤지는 남편의 폭행 사
실을 털어놓았습니다. 언니는 거짓말을 한다고 비난하며 아무에게도
말하지 말라고 오히려 앤지를 나무랐습니다.

그래서 그녀는 아주 오랫동안 침묵했습니다.

"이상하게 보지 마세요. 삶의 의지조차 없었을 때였어요. 상황을
이해하기까지 시간이 걸렸어요. 남편은 나를 때리고 나서 이렇게 말
했어요. '뚬 니 굿 시 깔리야 Tum ne khud se kar liya(당신이 자해한 거잖
아).'"

날이 갈수록 학대는 심해졌고 앤지는 더 이상 현실을 외면할 수 없
었습니다. 비자 때문에 이혼하기도 힘든 상황이었습니다.

"남편은 헤어지자는 내 말에 원한다면 인도로 보내주겠지만 두 번
다시 아이들을 볼 생각은 하지 말라고 하더군요."

앤지는 변호사를 만나 아이들을 포기하지 않고 남편과 헤어질 수

있는 방법을 알아보았습니다. 산 넘어 산이었습니다. 독실한 무슬림이었던 그녀에게 신앙은 힘이 되기도 했지만 자신을 의심하게 만들기도 했습니다.

"알라는 나에게 힘을 주었습니다."

앤지는 자랑스럽게 말했지만, 아내의 의무를 저버리고 가족의 수치가 될 거라는 생각에 괴로워했습니다.

"머물게 하는 것은 희망이지요. 떠나게 하는 것도 희망이에요. 상황이 나아질 수 있다는 희망 말이죠."

아침 드라마에서나 볼 수 있는 상황이 계속되었습니다. 남편은 급기야 사람을 고용해 그녀를 감시하게 했습니다. 남편의 행동은 종잡을 수 없었습니다.

"나는 혼란스러웠습니다. 가끔 평화로울 때도 있지만 늘 혼란스러웠죠. 말로는 나를 사랑한다고 하면서도 둘만 있으면 돌변했어요. 안갯속에 갇혀 한치 앞도 안 보이는 기분이었어요. 남편은 예의 바르고 진중하며 매력적이고 돈을 잘 벌었습니다. 사람들은 '너는 다 가졌구나'라고 말하며 부러워했지만, 내가 어떻게 사는지 전혀 몰랐습니다. 헤어지는 것도 결코 쉽지 않은 일이었습니다. 남편에겐 나를 압도하는 힘이 있었어요."

둘째 아들의 아홉 번째 생일날 앤지의 남편은 뭔가를 찾다가 안 보이자 화를 냈습니다.

"남편은 옷장에 있던 내 옷을 몽땅 꺼내서 둘째에게 갖다 버리라

"머물게 하는 것은 희망이지요. 떠나게 하는 것도 희
망이에요. 상황이 나아질 수 있다는 희망 말이죠."

고 했어요. 집에 놀러 와 있던 아들 친구가 놀라서 자기 엄마를 불렀고 그 엄마가 경찰에 신고했어요. 남편은 아들을 데리고 나가 공놀이를 하다가 경찰이 오자 이렇게 말했어요. '무슨 일인지 모르겠네요.' 경찰은 내가 자원봉사를 하면서 본 적이 있는 사람이었어요. 나는 상황을 설명하고 집을 보여주었어요. 경찰이 '아이들을 데리고 오세요'라고 하더군요. 경찰은 남편을 불러 이야기를 했고, 나는 아이들을 차에 태워 그길로 집을 나왔습니다. 이 사건으로 겨우 그는 이혼하는 데 동의했습니다. 그런데 막상 이혼 소송이 진행되면서 충격적인 사실을 알게 되었습니다. 그래도 우리 집 재산이 꽤 되는 줄 알고 있었는데, 전혀 그렇지 않더군요. 남편이 돈을 어디에 썼는지, 모든 것이 담보로 잡혀 있었어요."

더 나아가 그는 앤지가 아이들을 학대했다면서 고소를 했고 양육권을 가져가려고 했습니다.

시고모는 그녀에게 뻔뻔스럽다며 욕을 했습니다. 남편은 그녀를 창녀라고 불렀습니다. 시동생은 그녀가 바람을 피웠다고 의심했습니다. 앤지는 꿋꿋이 버텼고 오랜 법정 싸움 끝에 아이들의 양육권을 완전히 획득했습니다.

그런 힘이 어디서 났는지 궁금했습니다.

"알라의 힘입니다. 1995년에 메카 순례를 했어요. 나의 믿음, 나의 가족, 나의 아들들이 나를 구해주었지요."

아이들은 아빠를 싫어하지만 앤지는 아이들에게 아빠를 정기적으로 만나도록 합니다.

"나는 무슬림입니다. 의무는 다 해야지요."

노마웨투, 앤지, 그리고 많은 친구들과 지인들을 보며 나는 강간은 **바깥 어딘가에** 있는 괴물이 아니라 아이들의 악몽처럼 침대 밑에 숨어 있는 괴물이라는 것을 다시 깨달았습니다. 침대 밑의 괴물은 흉측한 상처를 남깁니다. 그럴 때는 괴물이 사는 '집'을 벗어나 피난처가 되어줄 안전한 가족을 찾아 몸과 영혼의 상처를 치유해야 합니다.

19
아주 잠깐 동안의 혼란

2017년 가을, 많은 여성들이 자신을 성폭행하거나 괴롭힌 남성들과 사적 또는 공적으로 여전히 관계를 유지하고 있으며, 이로 인해 일상적으로 모순적인 감정에 휩싸인다는 기사가 보도되었습니다. 이런 내용은 다소 놀라울 수 있습니다. 내 친구도 의심을 품으며 물었습니다.

"그렇게 심한 경우는 아니겠지?"

아닙니다. 전혀 그렇지 않습니다. 이해하기 힘든 문제이기에 다시 말씀드립니다. 아닙니다. 전혀 그렇지 않습니다. 나중에 강간범을 대하는 당신의 행동, 심지어 강간범에 대해 당신이 나중에 어떤 **감정**을 갖는지조차도 범죄나 트라우마의 심각성과는 별개입니다.

수십 년 전 충격과 고통의 나날을 보내고 있을 때 나를 강간한 남자들에게 잠시나마 연민 같은 감정을 느꼈습니다. 나에게 그들과 함께한 추억 따위는 없습니다. 그들은 적개심으로 가득 찬 낯선 사람들이었고 나와의 연결점은 하나도 없었습니다. 그들과 눈이 마주치면 두려움으로 속이 울렁거렸습니다. 그런데도 한편으로 그들이 기이하게도 불쌍했습니다.

나는 이를 스톡홀름증후군이라고 명명하고 병리학적 증상이나 기능 장애로 여기는 것은 인간의 감정을 지나치게 단순화하는 것이라고 생각합니다. 나는 강간범들을 좋아하지도 동정하지도 이해하지도 않습니다. 그런데 좀 이상하지만 그들도 나와 같은 인간이라는 생각이 듭니다. 그들은 행복하지 않았습니다. 그들은 범죄를 저지르는 순간에도 불행해 보였습니다. 강간을 하면서 즐거움을 느끼는 부류도 있겠지만 그들은 그렇지 않았습니다. 내가 알아챌 정도로 그들도 나만큼 떨고 있었습니다. 그들의 감정에 나도 조금은 이입이 되었습니다.

이상하게 들리겠지만 나는 그 감정이 그날 나를 살려주었을지도 모른다고 생각합니다. 그들은 애당초 나와 남자친구를 죽일 계획이었습니다. 나는 그들에게 계속해서 말을 걸었습니다. 살면서 그렇게 말을 많이 해본 적이 없었습니다. 내가 낯을 엄청 가린다는 사실도 잊었습니다. 나는 그들이 사실 착한 사람이라는 둥 내 동생과 비슷하다는 둥 온갖 말을 쏟아냈습니다.

확실하게 말하건대, 나는 그들이 착한 사람이라거나 내 동생과 비슷하다고 생각하지 **않습니다**. 그때도 그랬지만 지금도 그들이 극도로 나쁜 인간들이라고 생각합니다. 그들은 악랄하고 잔인하며 포악합니다. 하지만 그들이 나를 죽이지 않게 하려면 그렇게 말하는 것만이 유일한 방법이었습니다. 사람을 죽일 정도로 자신들이 나쁜 사람이 아니라고 생각하게 만들어야 했습니다. 아마도 내가 그런 말을 할 수 있었던 것은 아주 조금은 그들의 감정을 느꼈기 때문입니다.

요즘 같은 시대였다면, 그래서 그들을 법원으로 끌어낼 수 있었다면 과연 그들에게 연민을 느꼈을까요? 모르겠습니다. 다만 유명 여배우들이 웃으며 팔짱을 끼고 함께 사진을 찍던 사람을 강간범이라고 폭로했을 때 느끼는 감정을 나도 공감할 수 있다는 것입니다. 중요한 것은 당신에게 상처를 준 사람에게 혼란스러운 감정을 느끼는 게 죄는 아니라는 것입니다. 우리가 사람이기에 그런 감정을 느끼는 것입니다.

20
강탈당한 자유, 강탈당한 기쁨

그 일은 나에게서 뭔가를 앗아갔습니다. 나에게 있던 무엇인가가 사라졌습니다.

— 알렉사

고통은 여기에 두고 세상 밖으로 나가서 당신만의 거룩한 일을 하세요.

— 로즈마리 아킬리나 판사, 미시간주 잉햄카운티 제30회 순회재판소, 래리 나사르에게 성폭행당한 생존자에게

강간이 여성의 '명예'를 앗아간다는 의견에 반대한다면(나는 반대합니다), 무엇을 앗아가는 것일까요? 나는 그중 많은 부분이 기쁨의 권리와 관련이 있다고 생각합니다. 강간 생존자는 그 이후의 삶을 살아가는 동안 어떻게 해야 그토록 연약한 기쁨의 감각을 붙잡을 수 있

을까요? 강간은 삶을 강탈할 수 있는 많은 일들 중 하나일 뿐입니다. 그렇다면 잃어버린 빛을 되찾기 위해서 어떤 특별한 방법이 필요할까요?

성폭행 생존자들이 통제력을 잃는 이야기를 많이 접합니다. 무슨 이유로든 통제력을 잃는 것은 고통스럽고 괴롭지만, 강간으로 인한 것이라면 그 강도는 훨씬 큽니다. 어떻게 잃어버린 통제력을 되찾을 수 있을까요?

이 물음은 사회·가족·개인이 섹스를 어떻게 바라보느냐 하는 질문으로 넘어갑니다. 섹스는 즐거움을 위한 걸까요, 생식을 위한 걸까요? 이는 젊은이들에게 섹스와 몸의 관계에 대해 이야기하는 방식에 영향을 주기 때문에 매우 중요합니다. 또한 생존자의 치유 과정에도 영향을 미칩니다.

알렉사는 뉴욕에 사는 푸에르토리코인입니다. 나는 용감하고 활동적인 그녀를 첫눈에 좋아하게 되었습니다. 그녀는 다섯 달 간격으로 두 번이나 강간을 당하는 고통을 겪었습니다.

"나는 섹스를 긍정적으로 생각하며 자랐습니다. 이모에게 실생활에 도움이 되는 이야기를 어릴 적부터 많이 들었어요. 강간을 당하기 전까지 나는 건강한 성생활을 할 수 있었죠."

알렉사의 이모는 출산과 관련한 의료 기관에서 일했는데, 어릴 적부터 그녀에게 많은 이야기를 해주었다고 합니다. 하지만 대학 3학년 때 '그 사고'가 터지고 말았습니다. 당시 알렉사는 이라크전에 참전했다가 돌아온 학교 선배와 사귀고 있었습니다. 관계는 금방 틀어졌습니다.

"사귀다 보니 좀 이상한 면이 있더군요. 나는 헤어지고 싶었죠. 그날 밤은 그 남자친구의 생일이었고 우리는 함께 술집에 있었어요. 남자친구는 취해서 형편없이 굴더라고요. 나는 화장실로 가서 눈물을 훔치고 나와서 이제 우리 관계는 끝이라고 말하고 자리에서 일어났어요. 밖으로 나가려는데 그가 소리 지르더군요. '이 빌어먹을 창녀야!' 나는 문 앞에서 멈췄어요. 뒤돌아 그를 보며 말했죠. '고마워, 일을 쉽게 만들어줘서.'"

알렉사는 친구들과 다른 술집으로 자리를 옮겼습니다. 마음이 흔들리긴 했지만 자신이 내린 결정이 만족스러웠습니다. 누군가 신경안정제를 줬는데, 그런 약은 처음 먹는 것이었습니다. 약을 먹고 술을 마시고 또 술을 마셨습니다.

"정신이 오락가락했어요."

알렉사는 기숙사로 돌아가는 길에 자신이 자기 발에 걸려 넘어질 뻔할 만큼 취했다는 사실을 인지하고 있었습니다. 기숙사에 오자마자 잠이 들었습니다. 얼마 뒤 남자친구가 찾아와서 문을 두드렸습니다. 그녀는 침대에서 일어나 문을 열고는 돌아가라고 이야기했습니다. 제대로 몸을 가누기가 힘들었습니다.

"남자친구가 밀고 들어왔어요. 키도 크고 건장한 체격이라 나는 비틀거리며 물러났어요."

그는 알렉사를 침대로 밀쳤습니다. 잠시 기절했다 깨어난 그녀는 자신의 몸에 올라타 있는 그를 발견했습니다.

"저리 가!"

알렉사가 소리치자 그가 말했습니다.

"끝내는 건 내가 하는 거야. 내가 끝났다고 말해야 끝나는 거야."

알렉사는 겁에 질려 아무것도 할 수가 없었습니다. 그렇게 그는 알렉사를 강간하고 떠났습니다.

"비현실적으로 느껴졌어요. 고소하고 싶었지만 이길 것 같지 않아서 못 했어요. 가족에게도 말하지 않았어요. 한 친구에게 이야기했지만 시큰둥한 반응을 보이더군요."

몇 주 뒤 알렉사는 산부인과를 찾아가 성병 감염 여부를 검사했습니다. 의사에게 남자친구가 성매매 업소를 다녀서 성병에 감염된 건 아닌지 걱정스럽다고 말했습니다.

의사는 이렇게 말했습니다.

"결혼할 때까지 참았어야지요."

"아니 의사가 어떻게 그런 말을 할 수 있죠? 그것도 뉴욕에서 말이에요."

알렉사의 남자친구는 학교 기숙사 대표였는데 알고 보니 강간을 저지른 게 처음이 아니었습니다. 피해를 당한 학생들 이야기는 이미 학교에 퍼져 있었습니다. 알렉사는 아무것도 할 수 없었지만 그가 계속 강간을 한다면 자기 탓일지 모른다는 죄책감이 들었습니다. 그 일이 있고 몇 달 후, 그는 항공 보안 요원이 되었습니다.

알렉사는 자신의 삶을 이어갔지만 뭔가 달라진 것 같았습니다.

"끊임없이 나 자신의 모든 것을 의심하게 되었어요. 학업 성적도 점점 떨어졌습니다. 최악은 내 모습을 점점 잃어가는 것이었어요. 더 이상 내가 아니게 되었죠."

알렉사가 매우 심각한 상황에 처했을 때 누군가 '절대적으로 옳지 않은' 제안을 했습니다. 코카인을 권한 것입니다.

그녀는 금방 중독되었습니다. 어머니가 낌새를 채고 무슨 일이 있는지 추궁했습니다. 알렉사는 어머니에게 강간 사건을 털어놓았습니다. 다정한 위로를 기대했던 건 아니지만 누구에게도 지지받지 못한다는 사실을 확인하고 또다시 절망했습니다.

"엄마가 그러시더군요. '그럼 무슨 일이 벌어질 거라고 생각했니?' 그 말을 듣자 모든 의문이 해소되는 기분이었어요."

몇 달 후, 알렉사는 월스트리트에서 인턴으로 일하게 되었습니다. 거기서 성적 학대를 일삼는 상사를 만났고, 알렉사는 자석처럼 끌렸습니다. 당시 알렉사는 여전히 술과 마약을 끊지 못했고 남자들로부터 학대당하는 상황을 즐기는 일종의 기능 장애를 겪고 있었습니다. 그 남자는 술과 약에 취해 있는 알렉사를 눕혀놓고 사람들이 지켜보는 앞에서 섹스를 했고, 그녀를 다시 강간했습니다. 그러고 나서 그 남자는 알렉사를 곧바로 해고해버렸습니다.

"나는 완전히 부서져버렸어요."

알렉사는 '껍데기만 사람'일 뿐이었습니다. 친구도 모두 떠났고 졸업도 제때 하지 못했습니다. 딸의 방에서 코카인이 나오자 어머니는 알렉사를 내쫓아버렸습니다.

이제 진짜 혼자라고 느낀 알렉사는 정신을 차리기로 마음먹었습니다. 관심을 다른 데로 돌리기 위해 노력했습니다. 허리케인 카트리나 피해 지역에 가서 자원봉사도 했습니다. 가슴 축소 수술도 했습니다. 남아프리카에 가서 공부를 했습니다. 그런데도 술과 코카인은 떨쳐버릴 수 없었습니다.

"세상 밖으로 나가고 싶었지만 늘 끔찍한 일만 찾아왔어요. 그 시절 사진을 보면 눈에 초점이 없어요."

어떻게 알렉사는 다시 일어섰을까요?

"엄청난 노력을 했어요. 자살하지 않기 위해서 말이에요."

알렉사는 오랫동안 자살 충동을 느꼈습니다. 그녀가 자살하지 않은 이유는 오로지 '다른 사람들 눈에 띄는 것을 원하지 않았기 때문'이었습니다.

"나는 사람이 아닌 것 같았어요."

방황의 시기는 8년이나 계속되었습니다. 그녀는 오르가슴도 느끼지 못했습니다. 행복을 느낄 수 없었습니다.

"완전히 망가진 기분이었어요. 남자를 만나는 것도 포기했죠. 종교를 가져볼까도 생각했습니다. 신부님을 찾아가 대화 상대가 절실히 필요하다고 했어요. 신부님은 '약속이 있다'며 평일 낮 9시에서 5시

사이에 찾아오라고 하더군요. 그때 교회에 대한 믿음이 깨졌습니다. 내 얘기를 들어주는 사람은 아무도 없었어요."

정신과에도 찾아갔습니다. 의사는 조울증 진단을 내리고 약을 처방했습니다. 하지만 알렉사는 약 대신 운동을 택했습니다. 처음에는 힘들었지만 포기하지 않았습니다.

"마침내 희망이 보이기 시작했어요."

점차 상태가 호전되었습니다. 한 친구의 도움이 큰 힘이 되었습니다. 어릴 적 친했던 친구였는데, 알렉사가 어려움을 겪고 있다는 소식을 듣고 연락을 해왔습니다. 알렉사는 적절한 집단 치료도 알게 되었습니다. 자신의 이야기를 털어놓으면서 사람들에게 지지받는다는 느낌을 받았습니다. 그에 힘입어 술을 끊게 되었고, 규칙적으로 운동을 하며 행복한 생활을 되찾을 수 있었습니다.

최근 알렉사는 대학 시절 자신을 강간한 그 남자를 인터넷으로 검색해보았습니다. 그가 결혼을 했고 곧 딸아이를 낳는다는 사실을 알게 되었습니다. 알렉사는 씁쓸하게 말했습니다.

"그들은 아무렇지 않게 자신의 삶을 살고 있습니다. 그들이 독을 풀어놓은 물을 받아 마시며 우리만 괴로워했던 것입니다."

한 치료사는 여성 환자 이야기를 들려주었습니다. 그 여성은 술에 취해 필름이 끊기듯이 자신이 강간당한 사실을 제대로 기억해내지 못했습니다. 그러던 어느 날 마사지를 받던 중 갑자기 기억이 되살아났다고 합니다. 그녀는 그동안 조각나 있었던 퍼즐을 맞추다가 마침

내 동생의 친구 셋이 자신을 집단 강간했다는 사실을 기억해내게 된 것입니다.

"자신에게 무슨 일이 일어났는지 깨달은 뒤 그녀는 완전히 달라졌습니다. 그제야 자신의 경계를 회복하기 시작했어요."

경계. 지리책에서나 쓰는 말처럼 들리지만, 정말 유용한 개념입니다. 인도에서 '경계'라는 말은 오로지 물리적인 것에만 쓰입니다. 정신적인 측면에서는 경계라는 것이 존재하지 않습니다. 모든 것이 무질서하게 뒤섞이며 권력만이 힘을 발휘합니다. 가족, 공동체, 국가에서 권력을 가진 사람은 다른 사람의 경계를 가볍게 짓밟을 수 있습니다.

강간 피해 상담사가 되기 위해 나는 경계에 대해 배워야 했습니다. 다음은 '성폭력피해아동 어머니들의 모임MOSAC, Mothers of Sexually Abused Children'에서 정의한 경계입니다.[1]

경계는 국경과 마찬가지로 당신의 종착점이자 다른 사람의 출발점입니다. 경계가 무너지면 다른 사람이 자신의 영역 안으로 침범할 수 있습니다. 경계에는 정서적 경계, 신체적 경계, 성적 경계가 있습니다. 경계는 다양한 분야에서 존재합니다. 정신적 경계를 침범당했을 때 어떤 기분이 드는지 말할 수 있습니다. 경제적 경계를 침범당했을 때 얼마나 돈을 손해 봤는지 말할 수 있습니다. 학대도 어떤 분야의 경계를 훼손했느냐에 따라 구별할 수 있습니다(신체적 학대, 성적 학대, 정신적 학대, 정서적 학대).

성적 학대는 인간이 상상할 수 있는 모든 경계를 훼손합니다. 신체적으로 성적으로 정서적으로 정신적으로 영향을 미칠 뿐만 아니라 영혼까지 침범합니다. 성적 학대는 피해자를 모든 부분에서 무경계의 상태로 만들어버립니다. 결과적으로 경계를 설정하고 유지하는 능력 자체가 파괴됩니다. 성적 학대 피해자는 성인이 되어도 어떤 분야에서든 경계를 구축하지 못해 많은 어려움을 겪습니다.

나는 이 글에 깊이 공감합니다. 실제로 강간 생존자들은 스스로 "노"라고 말하는 것이 얼마나 어려운지, 건강한 인간관계를 맺는 것이 얼마나 힘든지 고백합니다. 경계가 무너지면 섹스도 죽습니다. 정말 그렇습니다. 어렸을 때 강간을 당하면 섹스가 끔찍하게 혼란스러워집니다. 섹스가 혐오스럽거나 공포로 여겨지고, 즐거움을 전혀 느끼지 못할 수도 있습니다. 두려움과 혼란에 사로잡히면 성적으로 성장할 여유를 갖지 못합니다.

강간은 경계를 무너뜨리기도 하지만 반대로 명확하게 만들기도 합니다. 나는 강간의 대가를 무수히 치러야 했지만 경계를 분명하게 긋는 데는 도움이 되었기에 그 부분은 감사하게 생각합니다. 물론 강간범에게 그렇다는 게 아니고, 누가 이래라저래라 하는 말을 지독히도 듣기 싫어하는 내 반항적인 유전자에 감사하다는 것입니다. 어쩌면 그런 일이 없었어도 마찬가지였을지 모릅니다. 나는 너무 어렸을 때 강간을 당했기 때문에, 내 스스로 경계를 분명히 하는 사람이 된 것이 강간 때문이라고 단정하기는 어려우니까요. 이유야 어찌 되었든, 나는 언제나 섹스가 어떤 느낌이어야 하고, 어떻게 느껴져서는 **안 되는지** 명확히 알고 있습니다. 1000분의 1 확률로 구름 위를 떠다니는 기분을 느끼게 해주는 남자를 만난다 해도 내게 선택권이 없거나, 상대방에게 의존해야 한다는 기분이 들면 거리낌 없이 "노"라고 말합니다. 분위기가 어색해진다고 해도 어쩔 수 없습니다. 우리는 모두 자신의 주장을 내세울 권리가 있습니다.

강간의 또 다른 피해는 비밀을 지키기 위해 엄청난 에너지를 쏟아부어야 한다는 점입니다. 비밀은 암과 같습니다. 비밀은 예측할 수 없는 방향으로 변형되어 이상하게 왜곡됩니다. 또한 비밀은 독성이 있습니다. 나는 두 가지 비밀을 지닌 익명의 여성이 쓴 글을 읽다가 감동을 받았습니다.[2] 그녀는 아버지에게 당한 폭력과(성적 폭력인지는 명확히 알 수 없지만 잔인한 여성 혐오가 물씬 배어나옵니다) 자신이 레즈비언이라는 것을 비밀로 간직하고 있었습니다. 그녀는 이렇게 고백합니다.

"외상후스트레스장애와 레즈비언이 어떤 식으로든 연관되어 있다는 점에서 나의 수치심은 더 크게 느껴집니다."

그녀는 자신의 비밀을 털어놓는 순간, 학대에 대한 공포와 성적인 각성이 더욱 치명적으로 결합하여 맹독을 뿜는 것 같다고 말합니다.

둘시는 여든네 살입니다. 남편과 긴 여정을 함께한 뒤 마침내 요양원에서 살고 있습니다. 1933년 미국에서 태어난 그녀는 대공황 속에서 어린 시절을 보내며 여러 차례 성폭행을 당했습니다.

"어머니는 집에 나를 혼자 내버려두고 나가셨어요. 동네에 배달 일을 하는 남자가 있었는데, 그가 나를 자기 집으로 데려갔어요. 아직도 그 아파트 이름이 기억이 나요. 에일린 아파트. 내 바지를 벗겼고 그다음은 아무 기억도 나지 않아요."

그것은 단지 시작에 불과했습니다. "메트로폴리탄보험을 판매하는 남자는 나를 계단으로 불러내서는 옷을 벗으라고 했어요. 옆집에 사는 남자도 나에게 옷을 벗으라고 했죠. 나는 누구든 옷을 벗으라고 하면 시키는 대로 했어요."

둘시는 열 살 때 첫 생리를 했습니다. 어느 날 여자아이들이 밖에서 놀면서 하는 이야기를 들었는데 남자가 성기를 가지고 뭔가를 하면 임신을 한다는 것이었습니다. 둘시는 기겁을 했습니다.

"그 이야기를 듣고 내가 임신했을지 모른다는 생각에 충격을 받았어요. 나는 그 뒤로 매일 생리가 시작되기만을 기다렸어요. 보험판매원, 고등학생, 배달원, 동네에 사는 어떤 남자…. 그들 모두 나에게 성기로 뭔가를 했으니까요. 어떻게 해야 할지 몰랐어요. 그저 매일 생리만 기다렸죠. 정말 끔찍했지만 누구에게도 말할 수 없었어요. 인생의 진실을 알기 전까지 나는, 남자를 만나거나 가깝게 지낼 때마다 화장실로 달려가 생리가 나오는지 확인했어요."

견디다 못한 그녀는 마침내 친한 사촌인 그레이스에게 이야기를 했습니다.

"'그레이스, 나 아기를 낳을지 몰라.' '뭐라고?' '남자가 나를 만졌는데 그냥 가만히 내버려뒀거든.' 그레이스는 내 바지를 내리고는 피를 흘리는지 확인했어요. 피는 나오지 않았어요. 그레이스는 내가 잘못한 것은 아무것도 없다며, 성적 학대를 당한 거라고 설명해줬어요. 나는 놀랍고 두렵고 수치스러웠어요. 매일 생리를 걱정하느라 생활은 엉망이 되었죠. 학교 수업에도 열중할 수 없었고 친구들과의 관계도 제대로 이어나가지 못했어요. 나만 그렇게 살 거라는 생각에 무서웠어요. 내 자신이 너무 부끄러웠죠. 나는 내가 더 나은 사람이 될 수 있을 거라 생각했어요. 노력하면 뭔가를 얻을 수 있을 거라고요. 하지만 그렇게 하지 못했어요. 아무짝에도 쓸모없는 사람처럼 느껴졌어요. 몸과 마음이 더럽혀진 외톨이라는 생각이 들었어요."

더럽고 낡고 쓸모없고 망가졌다는 느낌. 그것이 생존자의 삶입니다. 어느 날 나는 낯선 사람으로부터 메일을 받았습니다.

"내면이 산산조각 나서 붙일 수가 없어요. 조각난 마음을 어떻게 해야 할지 모르겠어요."

강간은 목숨을 앗아가지 않는다고 해도 인생을 무너뜨릴 수 있습니다. 베라정의연구소The Vera Institute of Justice에서 조사한 내용에 따르면 여자 죄수 중 86퍼센트가 성폭행을 당한 경험이 있다고 합니다.[3] 성폭행의 아픔을 안고 감옥에 온 이들이 또다시 끔찍한 상황과 마주한다고 생각해보세요. 교도소 수감자 중 여성이 13퍼센트인데 그중에서 67퍼센트가 교도관에게 성폭행을 당합니다. 남성의 경우는 어떨까요? 수치스럽게도 미국에서 남성 강간은 농담거리로 소비되는 실정입니다. 개인과 가족과 사회에 미칠 그 끔찍한 파급 효과는 상상조차 하기 힘듭니다.

강간으로 인해 생명이 위협받지 않는다고 해도, 삶이 완전히 훼손되거나 탈선하지 않는다고 해도 심각한 부작용에 시달릴 수밖에 없습니다. 트라우마에 대한 논문을 찾아보면 플래시백과 트리거에 대한 이야기가 많이 나옵니다. '트리거'는 참전 용사들도 겪는 무시무시한 증상입니다. 물론 가벼운 형태로 나타나는 경우도 있습니다. 항문 통증으로 찾아올 때도 있고 끊임없이 안구를 굴리는 불안 행동으로 찾아오기도 합니다. 주변에 생존자가 있다면 물어보세요.

우리 가족은 내가 강간을 당하기 몇 해 전 보스턴으로 이사를 했습니다. 보스턴은 매우 춥습니다. 뭄바이에서 유년 시절을 보낸 사람에게는 더 춥게 느껴집니다. 하지만 나는 목도리나 스카프를 두를 수 없었습니다. 강간범들이 나를 제지하려고 목을 숨도 쉬지 못할 만큼 오랫동안 세게 졸랐기 때문입니다. 강간 사건 이후 친구가 뒤에서 다정하게 목이나 어깨를 감싸기만 해도 나는 기겁을 했습니다. 다행히 어느 정도 시간이 흐른 뒤에는 터틀넥을 입을 수 있을 만큼 좋아졌습니다. 끔찍한 역사에는 어떠한 존엄도 서사도 없습니다. 이렇다 할 이유조차 생각해볼 겨를 없이 그저 파블로프의 개가 보였던 반응만이 나타납니다. 당하는 사람에게는 지독한 고역입니다. 그 고통을 뚫고 지금은 다양한 디자인의 스카프를 두르고 뉴욕의 겨울을 따뜻하게 날 수 있어 나는 고마움을 느낍니다.

지인 중 한 여성은 어릴 때 강간을 당해 성병에 걸렸습니다. 어렸던 그녀는 화장실 변기 때문에 성병에 걸렸다고 생각했습니다. 성인이 된 지금은 성병이 변기를 통해 전염되지 않는다는 사실을 분명히 알고 있지만 여전히 공중화장실에 갈 때마다 화장지를 겹겹이 깔고 앉습니다. 그렇게 하고서도 화장실을 다녀온 뒤 몇 시간 동안 불안해합니다.

어떤 여성은 혼자 집에 있을 때 편안하게 책을 읽거나 TV를 보지 못할 정도로 강박증을 경험합니다. 문이 제대로 잠겼는지 확인한 지 10분밖에 지나지 않았는데 또다시 확인합니다. 결국 이런 강박증을 극복하기 위해 눈에 보이는 곳에 안전 일지를 쓰기 시작했습니다.

"5시 50분에 확인했음. 확실하게 잠겨 있음. 재차 확인했고 또 확인했음!"

다행히 효과가 있었습니다. 어떤 사람은 섹스를 할 때 반드시 불을 켜두어야 합니다. 특정한 색깔 바지만 보면 화들짝 놀라는 사람도 있습니다. 매년 어느 시점이 될 때마다 섬뜩한 일이 일어날 것이라는 두려움과 우울에 빠지는 사람들을 나는 많이 알고 있습니다.

이런 일에는 전혀 극적인 요소가 없습니다. 그저 지겹고 소모적인 과정에 불과합니다. '외상후스트레스의 인지삼제Cognitive Triad of Traumatic Stress'*를 보면 트라우마가 선명한 것처럼 보일지 모르지만 현실은 오히려 그 반대에 가깝습니다. 흐릿하고 축 늘어지며 종잡을 수 없는 패턴입니다.

* 미국의 정신과 의사이자 인지 치료의 창시자 에런 벡Aaron Beck이 말한 '인지삼제Cognitive Triad'란 자신에 대해, 세상에 대해, 미래에 대해 가지는 부정적 인식과 해석, 기대, 기억을 의미한다. 이런 부정적인 생각은 환자의 잘못된 정보 처리에 의해

앞서 언급했던 리다와 언니는 어렸을 때 같은 남자에게 성폭행을 당했는데 성인이 될 때까지 서로 모르고 있었습니다. 리다는 어릴 적 기억이 또렷합니다.

"모든 게 생생해요. 내 잠옷 색깔이며 어느 시점에 어떻게 그 사람을 발로 찼는지 다 기억나요. 그 기억이 내 삶을 바꿔버렸어요. 항상 그 일을 생각해요. 망할 그날을….."

어린 시절 리다는 자유분방하고 모든 사람에게 친절한 아이였습니다. 그녀는 강간이 인간에 대한 믿음을 빼앗아갔다는 생각을 떨치지 못했습니다. 자신이 희생자가 아닌 강한 생존자라고 자신하고 있었습니다.

"맞아요. 그 일은 나에게 여러 방면으로 영향을 미쳤어요. 하지만 그것만으로 나를 규정할 수는 없어요. 지금까지 싸워왔고 앞으로도 계속 싸우겠지만 그 일이 내 인생의 다른 경험들을 잠식하게 내버려두지 않을 거예요. 그 일 때문에 인생이 끝난 것도 아니고 앞으로도 마찬가지예요."

리다와 똑같은 시련을 겪은 언니는 자신의 모습 그대로 안정된 삶 속에 행복한 결혼 생활을 하고 있으며 강간으로 인한 트라우마는 없다고 주장합니다. 나는 그들의 말을 믿습니다. 또한 자신이 실제로 어떤 상태인지 잘 알지 못한다는 말도 믿습니다. 인생의 변수들을 모조리 고려해서 분석하기란 어렵습니다. 타고난 성향, 살면서 마주한 경험, 주변 사람들 모두 인생에 영향을 미칩니다.

형성되거나 강화되며, 환자가 의도적으로 하는 것이 아니라 자동적으로 부지불식간에 일어난다. 김원, 〈우울증에 대한 인지행동적 이론〉, 《Mood and Emotion》 13권 2호, 2015, 69쪽 참조.

"맞아요. 그 일은 나에게 여러 방면으로 영향을 미쳤어요. 하지만 그것만으로 나를 규정할 수는 없어요. 지금까지 싸워왔고 앞으로도 계속 싸우겠지만 그 일이 내 인생의 다른 경험들을 잠식하게 내버려 두지 않을 거예요. 그 일 때문에 인생이 끝난 것도 아니고 앞으로도 마찬가지예요."

절망감으로 눈도 제대로 뜨지 못하는 이라크의 소하일라를 생각해보세요. 인생의 마지막 서사를 강간으로 채우며 양로원에서 살아가는 늙은 여성을 생각해보세요. 강간범과 결혼하고 강간범의 손에 여권을 맡길 수밖에 없는 이상한 나라에 산다고 생각해보세요. 누구에게도 말할 수 없는 비밀을 간직한 채 다른 사람 눈에는 보이지 않는 어두운 그림자가 눈앞에서 어른거리는 어린아이를 생각해보세요.

플래시백, 숨겨야 하는 비밀, 자살 충동, 낮은 자존감, 기능 장애에 대한 두려움 등 우울한 목록 때문에 얼마나 긴 시간을 허비해야 하는지 생각해보세요. 수많은 강간 생존자들이 트라우마와 고통 때문에 자신의 삶을 낭비하지 않았다면, 얼마나 창의적이고 놀라운 일을 해냈을지 생각해보세요. 문 앞에서 들려오는 발자국 소리 때문에 쿵쾅거리는 심장을 가라앉히느라 낭비할 시간에 예술 작품을 구상하고 노래를 부르고 나무를 심고 삶을 변화시켰다고 생각해보세요. 이 얼마나 막대한 잠재력 손실인가요?

그러니 앞으로는 강간을 저지른 남자들이 "짧은 순간"의 실수 때문에 자신의 경력을 망쳐서는 안 된다는 이야기를 듣거나 읽는다면, 가던 길을 멈추고 분노의 욕지거리를 퍼부어준 다음, 다시 즐거운 일을 하러 가시기 바랍니다.

21
주머니 속 돌멩이

내가 매력이 없는 걸까요? 내가 바보 같아 보이나요? 사람들이 왜
나를 존중해주지 않는 걸까요?
— 오드리

인생은 골프와 달라서 핸디캡이 용납되지 않습니다. 의도하지 않
은 상황에 무작위로 끌려 나온 것이지만 아무리 울부짖어도 한번 찍
힌 낙인은 영원히 갑니다. 좋은 것이든 나쁜 것이든요.

"어릴 적 아무것도 모르는 상황에서 학대를 받으며 자랐습니다.
엄마는 자아도취에 빠진 사람이었어요. 나는 내가 될 수 없었어요. 엄
마의 꼭두각시였죠. 부모님은 자신이 원하는 틀에 나를 맞추려고 했
지만 그 틀이 일관되지도 않았어요. 아빠도 신체적, 언어적으로 날 학
대했죠. 하지만 나는 그게 이상하다고 생각하지도 못했어요."

헤더는 이렇게 말합니다. 중학교 때 남자친구를 사귀었는데, 그 역

시 폭력적이긴 마찬가지였습니다. 물론 그것이 잘못된 것이라고 생각하지도 못했습니다. 헤더는 스무 살이 되어 대학에 진학하면서 다른 도시로 탈출하고 난 뒤에야(부모님 몰래 일부러 먼 대학으로 지원했죠. 허락하지 않을 것이 뻔하니까요) '평범한' 사람들이 어떻게 사는지 알게 되었습니다. 그녀는 자신의 삶이 평범하지 않았다는 것을 비로소 깨닫고 엄청난 충격을 받았습니다.

"대학 합격 소식을 듣고 나서 남자친구와 헤어지기로 결심하고 용기 내어 말했죠. 헤어지자는 말에 엄청 기분 나빠하더군요. 집에 돌아오자 부모님은 내가 다른 지역 대학에 입학 원서를 낸 사실을 뒤늦게 알고 불같이 화를 내며 당장 나가라고 소리 질렀어요. 가방에 옷을 싸서 차를 타고 동네 쇼핑몰 주차장으로 갔어요. 차 안에서 꼬박 하루를 보냈습니다. 그날 밤인지 다음 날 새벽인지 누군가 창문을 두드렸어요. 남자친구였어요. 그는 문이 열리자마자 나를 끌어내 땅바닥에 내동댕이쳤어요.

아홉 명의 남자아이들이 둘러 있더라고요. 그중 넷은 아는 애들이었고, 나머지 다섯 명은 처음 보았죠. 무리 중에는 내 친구의 남자친구도 있었어요. 한 명은 총을 가지고 있었고 각목을 들고 있는 애들도 보였어요. 남자애들은 나를 무지막지하게 구타하고는 끈으로 묶어 트렁크에 실었어요. 그리고 지하실로 끌고 가 아홉 명이 차례로 강간을 했죠.

그중 한 남자아이가 나를 다시 내 차가 있는 곳으로 데려다줬어요.

정말 뭘 어떻게 해야 할지 모르겠더라고요. 제일 친한 친구에게 전화할까 하다가 그 애의 남자친구도 아홉 명 중에 있어서 망설여졌어요. 더러워진 옷을 갈아입고 쇼핑몰 문이 열리자마자 화장실로 달려가 대충 핏자국을 닦았어요. 갈비뼈가 부러지고 여기저기 찢기고 멍이 들었더군요. 전에 베이비시터 일을 해준 적 있던 친구 집으로 차를 몰고 갔어요. 샤워 좀 해도 되냐고 물었죠. 아빠한테 맞은 거라고 둘러댔어요."

헤더가 강간을 당한 것은 9년 전 일입니다. 이 엄청난 사건을 겪고 대학에 들어갔지만 결국 학업에 집중할 수가 없어 유급을 했습니다. 하려던 일이 과거의 기억을 너무 떠올리게 만들어 직업도 바꾸어야 했고, 정신과 치료를 위해 수천 달러를 써야 했습니다. 또한 인생에서 만나는 모든 사람들과 정상적인 관계를 맺기 위해 온 힘을 쏟아야 했고, 계속 새로운 상담소를 찾아다녔습니다. 이 모든 일에 부모님의 도움은 전혀 없었습니다.

강간은 어떤 상황이든 다 끔찍하지만 강간 이야기를 들을수록 가족의 역할과 주변의 지지와 어린 시절 경험이 얼마나 큰 힘을 발휘하는지 깨닫게 됩니다. 나도 강간 트라우마를 어렵사리 극복했지만 그나마 행복한 삶을 살 수 있던 것은 다른 많은 희생자들에게는 부족했던 안전한 울타리가 있었기 때문입니다.

헤더의 아버지는 딸이 말을 듣지 않자 내쫓았습니다. 그녀에게 학대는 '평범한' 일이었기 때문에 모멸적인 삶과 존중받는 삶이 다르다는 것도 인지하지 못했습니다.

　나의 아버지는 딸을 내쫓는 대신, 딸의 말을 믿어주지 않는 수십 명의 경찰관을 내쫓았습니다. 어머니는 《뉴욕타임스》 기사를 보고 놀라서 찾아온 친인척들에게 신문 기사를 복사해 나눠주었습니다. 남동생과 주변 친구들은 1980년대에 '성폭력을 반대하는 사람들'이라는 모임을 만들어 고등학교 남학생들을 찾아다니며 강간의 폐해에 대해 홍보했습니다. 강간의 악몽으로 미칠 듯 괴로워하던 나를 위해 뭄바이에 살던 사촌들은 음악을 틀어주고 내 머릿속 증오스러운 목소리를 가라앉힐 수 있도록 성심껏 신경 써주었습니다. 많은 친구들이 나를 기분 나쁘게 하거나 이상하게 여기거나 수치심을 느끼지 않도록 지지하고 배려해주었습니다. 나는 이 모든 것을 잊지 않고 기억합니다. 이들을 위해 거대한 사랑의 축제라도 열어 꽃과 초콜릿을 마구 던져주고 싶습니다.

　라티샤도 헤더와 마찬가지로 학대 속에서 자랐습니다. 라티샤의 어머니는 항상 술에 취해 있었고, 집에 들어가는 것이 싫었습니다. 집은 도시 변두리의 험악한 지역에 있었습니다. 라티샤는 두 번이나 강간을 당했습니다. 첫 번째는 같은 고등학교를 다니던 귀엽게 생긴 남자애였는데 뺨을 때리고 닥치라고 하면서 강간한 뒤 그녀가 차고 있던 금팔찌를 빌려간다며 가져가버렸습니다. 라티샤는 팔찌를 빼앗긴 분노가 더 커서 오랫동안 자신이 강간당했다는 사실마저 잊고 있었습니다. 강간범은 라커룸에서 자신이 한 일을 떠벌렸고 그 증거로 금팔찌를 보여줬습니다. 라티샤는 25년이 지난 뒤에야 자신이 강간을 당했다는 사실을 깨달았습니다. 그녀를 강간했던 남자애가 성인이 되어 다른 범죄로 교도소에 수감되었다가 살해당한 뒤였습니다.

두 번째 강간은 어머니의 남자친구를 피해 집 밖으로 나왔다가 일어났습니다.

"엄마는 술에 취해 있었어요. 내가 엄마 대신 어린 동생을 돌봐야 했지요. 어릴 적부터 나는 집안에서 하녀처럼 살았어요. 욕을 하도 많이 먹어서 자존감이란 걸 가져본 적도 없어요. 쉽게 무너져 내렸죠."

강간에 영향을 받지 않을 수 있는 사람은 아무도 없습니다. 하지만 어떤 도구를 활용하느냐에 따라 쉽게 극복할 수도 있고 오히려 더 힘들어질 수도 있습니다. 주머니 속에 돌멩이가 가득하다면 더 빨리 물에 가라앉고 말겠지요.

22
아주 잠깐 동안의 권태

방금 리안다 린 홉트가 쓴 《모차르트의 찌르레기》[1]라는 책을 재미있게 읽었습니다. 모차르트가 키웠던 찌르레기에 대한 이야기로 찌르레기가 모차르트의 삶과 음악 속으로 어떻게 들어오게 되었는지 설명하면서 저자가 키우는 찌르레기 '카르멘'에 대해서도 이야기합니다. 다소 심오한 주제로 언어, 소통, 영감, 환경에 대해 다루지만 시작부터 끝까지 정말 재미있습니다.

나는 린 홉트가 너무 부러웠습니다. 내가 쓰고 싶었던 건 바로 그런 책이었지요. 오스트리아의 빈, 새소리, 모차르트 피아노 협주곡 17번 G장조, 내 머리 위에 앉아 있는 찌르레기…. 예술! 환희! 인생! 이런 이야기는 친오빠에게 강간을 당하거나 전쟁터에서 강간을 당해 임질에 걸린 이야기보다 훨씬 매혹적이잖아요.

하지만 우리가 사는 세상은 새소리와 잔혹함이 공존하고 있습니다.

23
자비심의 본질[*]

"너는 곧 죽을 거야, 곧 죽겠지." 나는 마음속으로 외쳤다. "너는 무덤 속에서 악취를 풍기며 썩어갈 거야. 신이 나에게 그렇게 하도록 해줄 거야. 너의 뼈는 녹아 흐르고 너의 피는 화염에 휩싸일 거야. 나는 너를 갈기갈기 찢어서 개들에게 먹이로 줄 거야. 성경에 쓰인 대로, 마땅히 그래야 하는 대로, 신은 너를 나에게 맡길 거야. 신은 너를 나에게 맡길 거야!"
— 도로시 앨리슨, 《캐롤라이나의 사생아》

복수는 정말 달콤한 생각입니다. 한 여성이 딸에게 오래전에 강간 당한 이야기를 했는데, 엄마의 강간 사실을 알게 된 딸은 강간범을 찾아내 죽이고 싶어 했습니다. 폭력과는 무관한 삶을 살았던 나의 어머니는 나를 강간한 남자들에게 뜨거운 기름을 부어버리고 싶다고 울부짖었습니다. 2013년에 내 기사를 읽은 한 여성은 나에게 이런 글

---

* 원문의 The quality of mercy는 셰익스피어의 《베니스의 상인》 중 한 구절로 자비심에 관한 가장 유명한 인용구이다. "자비심의 본질은 강압할 수 없는 것이오."

을 보내왔습니다.

"당신에게 몹쓸 짓을 한 그들은 돌에 맞아 죽어 마땅합니다."

오래전에 도로시 앨리슨의 책을 접하고 전율을 느꼈습니다. 지금 읽어도 마찬가지입니다. 분노는 과소평가되는 경향이 있지만 감정이 살아 있는 한 가치는 금방 되살아납니다. 그래서 용서에 대한 이야기는 그다지 달갑지 않습니다. 용서를 강조하는 종교는, 내가 보기에 인간의 나약한 감성만을 자극할 뿐입니다.

그러나 사악한 세상을 둘러보면 다른 사람과 자신을 용서할 줄 아는 진정한 영웅들이 있다는 사실을 인정할 수밖에 없습니다. 그런 이유로 나는 토르디스 엘바와 톰 스트레인저의 이야기에 깊은 인상을 받았습니다.

토르디스는 아이슬란드의 열여섯 살 고등학생이었습니다. 톰은 오스트레일리아에서 아이슬란드로 유학 온 교환 학생이었습니다. 그들의 낭만적인 연애는 톰이 토르디스를 강간하면서 급작스럽게 끝이 났습니다. 몇 년 뒤 트라우마로 힘든 나날을 보내던 토르디스가 톰에게 큰 기대 없이 이메일을 보냈습니다. 기대와 달리 톰은 답장을 보냈고 자신의 죄를 인정하며 극심한 죄책감에 시달렸음을 고백했습니다.

둘은 문자 그대로 둘 사이의 중간 지점이라 할 수 있는 남아프리카에서 재회했습니다. 그들은 상처를 회복하기 위해 함께 고민했습니다. 둘은 자신들의 이야기를 담은 책 《용서의 남쪽》[1] (한국어판 제목은 《용서의 나라》.—옮긴이)을 함께 집필하고 출판했으며, 2017년 2월에는

테드에서 강연을 했습니다.[2]

그들의 강연은 흥미로웠습니다. 상상해보세요. 강간범이 자신의 죄를 인정하고 책임을 진다니요. 나는 상상이 가지 않았습니다. 우리는 강간범이 어떻게 생각하든 상관없다고 주장했지만 막상 톰의 이야기는 놀라웠습니다.

강연에서 토르디스는 이렇게 말합니다.

"내가 자란 사회에서는 여자가 강간을 당하는 데 그럴 만한 이유가 있다고 말합니다…. 나는 그것이 강간이 아니라 섹스였다고 스스로 설득하며 진실을 외면했습니다."

톰은 이렇게 말합니다.

"나는 그날의 기억을 묻어버리고 떠올리지 않고 싶었습니다. 내가 그렇게 나쁜 사람이 아니라는 생각에만 집중했습니다. 내 안에 내재된 모습이 아니라고 부인했습니다. 나는 나 자신이 전혀 다른 사람이라고 생각했습니다."

다음은 책 내용 중 일부입니다.

톰은 내 상태는 신경 쓰지도 않고 자신이 내 몸을 가질 자격이 있다고 여기며 그것은 강간이 아니라 섹스라고 생각했다고 했습니다. 그렇게 9년 동안 부정하며 최선을 다해 과거로부터 도망치던 그는 내가 보낸 한 통의 편지 때문에 진실을 마주하게 되었고 그 편지는 우리의 삶을 완전히 바꿔버렸습니다.

토르디스가 그날 밤의 일을 극복하기 위해 애를 쓰고 있는 동안 톰은 아이슬란드의 사법 제도가 미치지 않는 지구 반대편으로 돌아가버렸습니다. 더욱이 아이슬란드에서 강간 사건은 증거가 확실하다고 해도 기각률이 70퍼센트에 달합니다.

토르디스와 톰은 자신들이 하고 싶은 이야기의 본질은 용서가 아니라 책임이라고 말합니다. 그들은 피해자에게 향하는 시선을 가해자의 책임으로 돌리는 데 중점을 두어야 한다고 말합니다.

그들도 책을 쓰면서 고심했겠지만, 나도 이 지점에서 조심스럽게 이야기하고 싶습니다. 어쨌든 나는 대단하다고 생각합니다. 톰이 대단하다는 것이 아니라, 자신이 감당해야 할 일을 인정하고 자백을 했다는 사실이 대단하다는 것입니다. 그는 여전히 강간을 저지른 사람이고 자신을 좋아하는 사람을 의도적으로 상처 입힌 사람입니다. 하지만 나는 늘 발전하고 진실을 대면할 수 있는 사람을 존중하기에 톰에게 경의를 표합니다.

하지만 그보다는 토르디스가 더 대단하다고 생각합니다. 테드 강연을 보고 나는 뜻밖의 감정을 경험했습니다. 질투심이었습니다. 자신에게 닥친 일을 바로 대면할 수 있는 용기, **원인을 제공한 사람과 함께** 문제를 해결해나가는 행운을 누리는 것에 질투가 났습니다.

나를 강간한 네 남자와 한 공간에 있게 된다면 나는 어떤 복수를 하고 싶을까요? 토르디스가 한 것처럼 대화를 하고 싶을 것입니다. 하지만 대화는 실패로 막을 내리겠지요. 나는 그들이 변화하거나 잘못을 뉘우칠 거라 기대하지 않습니다. 강간범들은 자신들의 행위가 나에게 얼마나 큰 피해를 입힐지 뻔히 알고 있었습니다.

그럼에도 나는 그들에게 듣고 싶었습니다. 물어보고 싶은 게 많았습니다. 궁금해하지 않는 게 좋겠지만 그래도 알고 싶었습니다. 다른 사람에게 입이라도 뻥긋하면 죽여버리겠다고 했는데 진심이었을까? 그냥 아무에게도 말하지 말고 두려움 속에서 숨죽이고 살아야 했을까? 나를 계속 주시하고 있었을까? 자신들이 한 짓을 어떻게 생각할까? 그날 밤 일에 대해 생각이나 해봤을까?

그렇다면 나는 어떤가요? 몽타주를 그려서 범인을 찾아내 죄악을 낱낱이 밝히고 처벌을 하고 싶었을까? 너희들이 나를 짓밟으며 가르치려고 했던 것은 아무 소용이 없었다고, 나는 이렇게 잘 살아남았다고 보여주면 속이 시원했을까?

마음을 치료할 수 있는 '정답'은 없습니다. 누군가 도로시 앨리슨의 소설처럼 자신을 망가뜨린 사람을 갈기갈기 찢어서 개의 먹이로 내던지겠다고 한다면 나는 말리지 않겠습니다. 흠씬 두들겨 패거나, 사진을 길거리 전봇대마다 붙이거나 인터넷에 퍼뜨리거나, 그 사람이 먹는 음식에 독을 풀거나, 현관 앞에 똥을 투척하거나, 실컷 욕을 하고 저주를 퍼붓거나, 모욕을 주거나, 인생을 망가뜨리거나, 그 밖에 무엇이든 하고 싶다면 그렇게 하길 바랍니다. 용서는 그저 우리가 고려해볼 만한 여러 선택지 중 하나일 뿐입니다.

"나는 용서가 유일한 방법이라고 스스로에게 말합니다. 톰이 용서를 받을 자격이 있든 없든, 나는 평화를 얻을 자격이 있기 때문입니다."

테드 강연에서 토르디스가 한 말입니다. 토르디스와 톰의 책은 사람들에게 분노와 반발을 사기도 했습니다. 그들이 런던의 로열페스티벌홀에서 강연을 할 때 건물 밖에는 항의 시위가 펼쳐졌습니다. 시위대가 든 플래카드에는 "저 안에 강간범이 있다! 강간범을 끌어내라!"고 쓰여 있었습니다. 트위터에도 이런 글이 올라왔습니다.

"그들은 생존자를 모욕하고 있으며, 우리는 강간범이 인간적인 대접을 받는 사회에서 살고 싶지 않다."

나는 이들의 주장에 동의하지 않습니다. 우리가 먼저 강간범을 인간적으로 대하는 것부터 시작해야 한다고 생각합니다. 그들의 범죄가 별것 아니기 때문이 아니라 강간범들이 자신도 인간이라는 사실을 깨달아야 하기 때문입니다. 그렇지 않다면 범죄는 계속 심각해질 것이며 상황은 나아지지 않을 것입니다. 강간은 인간이 하는 선택 중에서 가장 끔찍한 범죄입니다.

나는 항의 시위를 이해할 수 없었습니다. 톰은 스스로 "내가 강간을 했다"고 밝혔습니다. 이는 주목할 만한 가치가 있습니다. 강간을 당한 여성들조차 사실 그대로 말하지 못하는 현실에서 데이트 강간을 저지른 남자가 자신이 한 일을 인정하는 것은 훨씬 드물기 때문입니다.

나는 톰 스트레인저에게 조금의 연민도 느끼지 않습니다. 사람들이 야유를 보내는 것도 공감합니다. 그가 자신의 죄를 인정했다고 해서 그가 초래한 고통이 없어지는 것은 아니니까요. 많은 남자들이 항의 시위하는 사람들의 외침에 귀 기울였기를 바랍니다. 그 건물에 있는 강간범은 비단 톰뿐만이 아니었을 것입니다. 일을 하다가, 길을 지나가다가, 또는 영상을 보다가 시위대의 목소리를 들었다면 절대 인정하지 않았던 자신의 범죄를 돌이켜보는 계기가 되었기를 바랍니다.

평범한 남자가 "나는 강간을 저질렀습니다"라고 고백하는 장면을 보니 두렵기도 하고 흥분되기도 합니다. 두려운 이유는 가해자를 '별개의' 존재로 간주하는 강간의 '괴물' 이론이 뿌리째 흔들리기 때문입니다. 그날 나를 파괴했던 술 취한 야만인 네 명은 나와는 전혀 다른 세상에서 온 괴물이라고 생각하고 싶었지만, 그들에게도 돌아갈 가족이 있고 존경하든 않든 부모님이 있고 한때나마 꿈이 있었으며 공허와 망상의 감정을 느낄 줄 아는 사람일 것이라는 생각을 떨쳐낼 수 없었습니다. 그 난폭한 괴물들은 우리가 일상에서 마주칠 수 있는 보통 소년들이었습니다. 보통 남자들이었습니다. 그래서 겁이 납니다.

한편으로 흥분되기도 하는 것은, 그 괴물이 평범한 인간이라면 배우고 성장하는 것이 가능하다는 뜻이기 때문입니다. 강간을 저지른 대다수 남자들이 스스로 떳떳하다고 여기거나 잘못을 부인하는데, 이 남자 톰은 자신이 한 일을 인정하고 미안해하고 있습니다. 그것은 일말의 희망을 부여합니다.

나는 사람들이 강간에 대해 전혀 다른 두 가지 반응을 보인다는 사실을 깨달았습니다. 세상에는 한 가지 문제에 대한 완전히 다른 두 가지 태도가 존재합니다. 어떤 사람들은 강간을 '심각한' 범죄로 보지 않습니다. 어떤 사람들은 강간 이야기를 들으면 폭력적으로 반응합니다. 목을 매달고 화형을 시키고 거세해야 한다고 말합니다. 다른 생존자들은 어떻게 느끼는지 모르겠지만, 나는 특히 남성들이 격한 분노를 표출할 때 속이 메스껍습니다. 나 자신이 폭력을 당해봤기 때문에 누군가가 그런 폭력을 당한다고 상상하는 것 자체가 거북했습니다. 격한 분노는 오히려 나에게 위협처럼 들렸으며, 기이하지만 강간범들에게 물건 취급을 당했던 순간과 같은 기분을 안겨주었습니다. 남성들의 분노는 또한 나를 통해 뭔가를 해결하고 싶어 하는 것처럼 느껴졌습니다. 나는 그런 일에 연루되고 싶지 않습니다. 나의 아버지역시 복수에 대해 한마디도 언급하지 않으셨습니다. 대신 아침에 나를 깨울 때마다 머리를 쓰다듬어주며 안정감을 주기 위해 노력하셨습니다.

250명이 넘는 어린 소녀들이 국가대표팀 주치의인 래리 나사르를 성폭행 혐의로 고소했습니다.[3] 자신의 주치의를 믿었던 소녀들에게 돌아온 것은 엄청난 배신감이었습니다. 피해 여성들이 법정에서 나사르와 정면으로 마주 보며 가슴속 말들을 꺼내는 장면은 깊은 울림을 주었습니다.

"당신은 나의 순수함과 신뢰를 이용했습니다. 당신은 내 주치의였습니다. 왜 그랬나요?"

나사르는 판사에게 보낸 편지에서 이렇게 말했습니다.

"여자가 한을 품으면 오뉴월에도 서리가 내린다고 합니다."

그가 비참한 인생을 보내야 마땅한 비열한 얼간이라는 데에는 의심의 여지가 없습니다. 하지만 **그럼에도 불구하고** 그도 똑같이 감옥에서 강간을 당해봐야 한다고 말하는 사람들에게 나는 동조할 수 없습니다. 이 세상에 강간을 당해도 싼 사람은 없으며, 그가 래리 나사르라 할지라도 마찬가지입니다.

테드 강연 중에 토르디스는 피해자가 사람이듯 강간범도 사람이라는 사실을 이해하는 것이 얼마나 중요한지 설득하기 위해 이렇게 말했습니다.

"우리가 폭력을 저지르는 사람들의 인간성을 인정하지 않는다면, 인간 사회에서 무엇이 폭력을 만들어내는지 어떻게 이해할 수 있겠습니까? 그들을 '인간 이하'로 만들어버리면 생존자들에게 어떤 도움을 줄 수 있을까요? 우리가 사용하는 바로 그 단어들이 문제의 일부라면, 어떻게 그런 단어로 전 세계 여성과 아이들의 삶에 가장 큰 위협이 되는 강간에 대한 해결책을 논의할 수 있을까요?"

24
당신의 경험이 내 경험보다 더 끔찍해요

특이한 역사를 갖는 것만큼 고립되는 것은 없다. 적어도 내 생각에
는 그렇다. 이제 나는 안다. 모든 고통은 같다. 세부 사항만 다를 뿐.
— 케빈 파워스, 《노란 새》

나는 뭄바이 교외에서 칼키 코이클린을 만나 그녀가 어릴 적 겪었
던 성폭력에 대한 이야기를 들었습니다. 나는 그녀의 이야기를 듣고
경악했습니다.

"이야기를 들려주셔서 감사합니다. 어떻게 그런 삶을 헤쳐 나왔는
지 상상이 안 가네요. 얼마나 끔찍했을지 짐작하기도 어렵네요."

"나는 **당신이** 겪은 일을 상상하기 힘드네요. 그보다 더 나쁜 일은
없겠는 걸요."

이 장면에는 다소 혼란스러운 부분이 있습니다. 두 성인 여성이 '최
악의 강간'을 두고 서로 양보를 하고 있습니다.

어떤 강간이 다른 강간보다 더 나쁘다고 말할 수 있을까요? 괴상한 질문입니다. 그런데 우리는 왜 강간의 순위를 매기고 있을까요? 생존자들은 대부분 다른 사람이 자신보다 끔찍한 일을 겪었다고 생각합니다. 나는 강간 생존자를 돕기 위한 모임에 참석해 사례들을 들으며 '내가 당한' 강간이 다른 피해자들만큼 나쁘지 않았다고 생각했습니다.

아무리 많은 이야기를 듣고 아무리 많은 피해자들을 만나도 충격은 늘 새롭습니다. 모든 것이 끔찍하게 들립니다. 언제나 '내가 당한 강간'은 그에 비할 바가 못 됩니다.

이유는 잘 모르겠지만 이상하게도 이 기괴한 현상은 계속 반복됩니다. 경험에 비춰보면 이런 현상은 개인적인 경우에만 적용됩니다. 단체로 피해를 입은 경우에는 자신의 피해가 가장 크다고 호소합니다. '집단 피해' 심리가 이를 잘 보여줍니다.[1] 하지만 8월의 어느 오후 방에 앉아서 동료 생존자의 강간 피해 이야기를 듣고 있으면 항상 그렇듯 소름이 돋고 화들짝 놀라면서 상대방이 나보다 더한 고통을 겪었다고 확신하게 됩니다.

아마도 여기에는 어떤 방어기제가 작동하는 것 같습니다. 다른 사람의 상황이 더 안 좋다고 느끼면, 내 상처는 그리 나쁘지 않다고 스스로 위로하고 설득하게 됩니다. 물론 방어기제가 항상 효과가 있는 것은 아닙니다. 내가 두 번 유산을 했다고 말하자 한 남자는 자신의 아내는 여섯 번이나 유산했다고 했습니다. 내 머리를 압력솥에 넣고 아무리 많은 이야기를 듣고 아무리 많은 피해자들을 만나도 충격은 늘 새롭습니다. 모든 것이 끔찍하게 들립니다. 언제나 '내가 당한 강간'은 그에 비할 바가 못 됩니다.

취사 버튼을 누르고 싶은 심정이었죠. 하지만 이렇게 객관적으로 비교할 수 없는 경우가 더 많습니다.

나는 나의 방어기제가 어떻게 작동하는지 완벽하게 알지 못합니다. 나는 내 강간이 얼마나 끔찍했는지 알지만, 다른 사람들도 여전히 끔찍해 보입니다. 내 경험을 가볍게 생각하기 때문이 아니라 나 자신이 나의 경험을 너무 잘 **알고** 있기 때문입니다. 나의 이야기는 내가 지금까지 쓴 문장들, 또는 수년간 많은 사람들에게 그 경험을 설명하기 위해 사용한 단어들을 넘어선다는 것을 알고 있습니다. 아주 사소하고 미세한 부분까지도 나는 다 알고 있습니다(물론 시간이 약이라는 말처럼 조금 흐려지긴 했지만요). 나는 그들이 저지른 일을 알고, 내가 어떤 느낌이었지 알고, 그것이 얼마나 끔찍했는지 알고 있습니다. 하지만 내가 극복해냈다는 것도 알고 있지요. 우리는 무언가를 직접 경험할 때 그것의 색깔과 냄새와 발목을 잡아끄는 공포를 알게 됩니다. 그와 동시에 고통과 괴로움의 한계도 인식하게 되지요. 의심의 여지는 없습니다. 그리고 아무리 최악일지라도 직접 겪어본 현실은 겪어보지 못한 공포보다 다루기가 쉬운 법입니다. 그러니 칼키의 상황에 처해보지 못한 내가 살아남았을 거라는 걸 어떻게 알 수 있겠어요? 내가 **아는** 것은 나에게 일어난 일로부터 내가 살아남았다는 것뿐입니다. 그게 얼마나 끔찍했든 간에 나는 이곳에 있습니다. 창밖으로는 이스트강이 흐르고, 오목한 그릇에 탐스러운 선홍빛 석류가 담겨 있는 이곳. 남편이 처음 만났을 때 준 작은 돼지 인형이 놓여 있고, 왠지 모르게 가슴 시리게 하는, 양복에 넥타이를 매고서 나를 바라보는 동생의 사진도 이곳에 있습니다. 이곳에 내가 있습니다. 무슨 일이 일어났든 간에 나는 이곳에 있어요.

이유가 어떻든 강간 순위 매기기는 강간 주위를 맴도는 마법적 사고 중에서 대표적인 예라 할 수 있습니다. 아무리 이성적인 사람처럼 보여도 죽음, 고통, 탄생, 사랑과 같은 인생의 큰 일들 앞에서는 기도를 하고 마법의 순간을 갈구합니다. 그런데 마법이 작동하지 않으면 어떻게 될까요?

강간의 실질적인 통계를 알기 전, 잠시나마 나는 모든 일을 겪었고 내 차례는 끝났기에 이제 안전하다고 생각했습니다. 나는 도망쳤고 치를 만큼 다 치렀다고 생각했습니다. 그것이 큰 위안이 되었습니다. 하지만 다시 도망쳐야 한다는 것을 이내 깨닫고 말았습니다. 강간범들은 피해자에게 그들의 차례가 지나갔는지 물어보지 않습니다.

미셸 해팅은 자신의 고향인 남아프리카의 강간에 관한 논문을 썼습니다. 어느 날 오전 그녀는 남아프리카 여성은 글을 배울 확률보다 강간을 당할 확률이 더 높다는 주제로 강연을 했습니다. 그날 저녁 그녀는 성공적으로 마친 강연을 기념하기 위해 외출했다가 파티 장소 근처 해변에서 강간을 당했습니다.

해팅은 자신의 경험을 책으로 썼습니다.[2] 나는 그녀가 논문을 쓰면서 강간을 다루는 글이 자신의 안전을 보장해줄 거라는 마법적 사고에 약간 빠져 있었을지도 모른다고 짐작했습니다. 그녀가 어떤 생각을 했는지 알 수는 없지만 나 역시 대학과 대학원에서 논문을 쓸 때 나 자신의 일부가 그렇게 생각했던 것을 알고 있었고, 지금도 알고 있기 때문입니다. 즉 나는 강간을 당했고, 그것이 어떤 것인지 알고 있으며, 극복해냈으므로 나에게 또다시 그런 일이 생기지 않을 거라는 생각이었지요.

마법적 사고의 극단적인 예는, 내가 이미 겪었기에 내 딸에겐 그런 일이 일어나지 않을 것이라는 믿음입니다. 아이들을 완벽하게 보호할 수 없다는 사실을 아는데도, 우리는 그런 척 가장합니다. 그럴 수밖에 없지요. 하지만 아이를 갖게 되면 내가 겪은 어떤 일보다도 훨씬 나쁜 일이 아이에게 일어날 수도 있다는 현실을 마주하게 됩니다. 나를 전적으로 의지하고 있는 이 작고 엄청난 존재에게 누군가 해를 입힐 수 있는 것입니다.

고통에 순위를 매기는 것은 도움이 되지 않지만 우리는 그렇게 합니다. 물론 강간에도 여러 범주가 있습니다. 전쟁터에서 군인에게 당하거나 집단 강간을 당하는 것은 집 근처에서 낯선 사람에게 강간을 당하고 곧바로 병원에 실려 가는 것과는 차원이 다릅니다. 하지만 어떤 피해자가 더 빨리 회복할지는 예측할 수 없습니다. 부부 강간 생존자가 근친 강간 생존자보다 더 빨리 새 삶을 건설할 수 있을까요? 꽃 농장 관리인에게 성폭행당한 케냐의 젊은 여성 노동자가 집에 몰래 침입한 강간범에게 성폭행을 당한 예순다섯 살의 백인 여성보다 더 빨리 평화를 찾을 수 있을까요?

강간은 모두 끔찍합니다. 어느 강간이라도 끔찍한 것들 중 하나일 뿐입니다. 인도의 변호사이자 활동가인 플라비아 아그네스는 부부 강간(부부 사이에 강간이 성립하는지에 대한 이야기로 지면을 낭비하지 않겠습니다. 현실을 직시해야 합니다)에 대해 이렇게 썼습니다.

> 나는 부부 강간을 부부 사이에서 벌어지는 권력 다툼의 일환이라고 보지 않는다. 두개골이 깨지고 척추가 부러지고 각막이 손상되고 간이 상하고 성기가 찢기는 것 모두 똑같은 폭력일 뿐이다. 여성들이 반대하는 것은 이 모든 폭력이다.[3]

어쩌면 우리는 무언가에 순위를 매기려는 본능을 가지고 있는지도 모르겠습니다. 엄마의 남자친구 프랭크에게 수년 동안 성적 학대를 당한 케빈 오도넬이라는 남성은 자신의 경험을 다른 범주에서 이야기합니다. 그는 자신의 어린 딸의 죽음에 대해 이렇게 말했습니다.

"나는 우리의 첫 아이가 죽는 것을 보고, 9개월밖에 안 된 아이의 시신을 영구차에 실어 보내려고 시체 가방에 넣으며 내 생에 이보다 더 힘든 경험은 없다고 생각했습니다. 나는 또 틀렸습니다. 그보다 더 최악인 것은 있었고, 그 순간에 내가 미처 깨닫지 못했던 것이지요. 프랭크에 관한 작은 비밀을 품고 살아가는 것 말입니다."

나는 잠시 충격에 빠졌습니다. 강간은 자신에게 일어날 수 있는 일 중에 최악의 일이 아니라고 말해왔고 강간 생존자들을 '살아 있는 시체'라고 부르는 문화와 싸워왔기에, 나는 아이의 죽음보다 자신의 경험이 더 최악이라는 생각을 절대 하지 못했던 것입니다. 하지만 케빈에게는 그랬습니다. 그것이 그의 진실, 사회가 그에게 강요할 수 없는 **그의** 진실입니다.

케빈은 나에게 더 자세히 설명해주었습니다. "딸아이의 죽음이 불가피했던 것이었음을 알았을 때 내 주변에는 고통과 슬픔을 함께 나눌 가족과 친구들이 있었습니다. 하지만 성적 학대로 인한 고통과 슬픔과 고립감은 25년 동안 누구와도 나눌 수 없는 감옥 같은 삶을 나에게 안겨주었습니다."

부모를 잃은 슬픔과 자식을 잃은 슬픔이 같을 수는 없겠지만, 나는 나 자신이 강간을 당했던 것보다 아버지가 돌아가셨을 때가 더 슬펐습니다. 하지만 케빈과 달리 나는 나를 보살펴주어야 할 누군가로부터 수년 동안 성적 학대를 당하지는 않았지요. 아이의 죽음은 사람의 힘으로 어떻게 해볼 수 없었던 반면에 어린 시절의 강간은 악의적이었으므로 어쩌면 더 나쁠 수 있습니다. 그리고 어쩌면… 이런, 내가 또 비교를 하고 있네요. 왜 우리는 무엇이 더 나쁜지 비교하느라 시간을 낭비하는 걸까요? 무의미한 일입니다.

한 가지 절대적인 사실이 있습니다. 최악의 강간은 살아남지 못하는 것입니다. 조티 싱은 강간범들과 싸웠고, 그 사실은 그녀를 마땅히 영웅으로 만듭니다. 나는 그녀가 거기에 누워서 자신이 처한 상황을 받아들여야 했다고 말하지도 생각하지도 않을 것입니다. 어느 쪽을 택했든 그녀는 죽었을 테니까요. 나의 요점은, 잘못된 대응 방법은 없지만 최악의 결과는 있다는 것입니다. 더 이상 말할 기회를 갖지 못하게 되는 것이지요.

앨리스 세볼드의 유명한 소설 《러블리 본즈》는 강간을 당한 뒤 살해당한 주인공 수지 새먼의 관점에서 이야기가 전개됩니다. 평론가의 찬사를 받았고 나도 재밌게 읽었습니다. 하지만 이 책에는 치명적인 결함이 있습니다. 멋진 여주인공이 **죽었다는** 것입니다. 아무리 활기차고 총명하고 똑똑하고 매력적이라도 죽으면 모든 게 끝나는 것입니다.

부부 강간, 근친 강간, 술 취한 남자친구, 가족의 친구. 모든 상황들이 산속에서 약에 취한 남자들에게 강간을 당하던 내 상황보다 훨씬 끔찍하게 느껴집니다. 미친 소리 같지만 사실입니다. 내가 강간당했던 그 산은 이미 과거이며 현재의 안전한 삶 속에서는 아무 일도 일어나지 않을 거라고 되뇝니다. 내가 칼키의 이야기를 듣고 그랬듯이, 또 다른 사람은 내 이야기를 듣고 경악할지 모릅니다. 그럼에도 나는 여전히 다른 사람이 겪은 일이 내 경험보다 더 끔찍하다고 생각합니다.

25
착한 여자는 안 그래

"이런!" 의사가 소리쳤다. "내 흰 조끼에 단추를 바꿔 달아달라고 했더니 마누라가 또 깜빡했군. 여자들이란!"
— 마르셀 프루스트,《잃어버린 시간을 찾아서》4편, '소돔과 고모라', 2부 2장.

짧고 형편없던 시절에 대해 이야기하자면, 나는 매사추세츠에서 고등학교를 다니고 있었습니다. 정서적인 친밀감을 느끼지 못하고 늘 겉돌았지만 몇 가지 인상은 깊이 남아 있습니다. 바비라는 귀여운 소년, 영어 선생님이 나에게 뭐든 봐도 좋다고 열어주신 책으로 가득 찬 방, 조회 시간에 본 강간당하지 않는 법에 관한 짧은 영상입니다. 영상에서 흘러나오는 남성적인 목소리의 해설은 강간의 위협을 느끼면 바로 도망가고, 도망갈 수 없다면 구토하고 대변을 보라고 말했습니다. 그들의 비위를 상하게 하여 강간범의 욕구를 꺾을 수 있다는 것입니다.

　몇 달 후 강간범들에게 붙잡혀 살아남기 위해 발버둥 칠 때 이 영상이 기억났습니다. 이것은 내가 강간과 관련해 아는 유일한 정보였기 때문입니다. 어쨌든 나는 위협을 느낄 때 장이 느슨해지는 사람이 아닌 것은 분명했습니다. 오히려 스트레스로 인한 변비로 고생하는 사람들을 모은다면 몇 손가락 안에 들지도 모릅니다. 토하는 것도 마찬가지입니다. 어지간해서는 토하기 힘듭니다. 사건 당시 내가 아는 유일한 두 가지 방법을 써먹지 못했다는 사실에 실패자처럼 느껴졌습니다.

　지금 와서 돌이켜보면 다행입니다. 구토와 대변이 실제로 강간을 멈추게 할 수도 있었겠지만 그 때문에 더욱 분노한 강간범들이 우리를 죽였을지도 모르니까요. 아무리 이런저런 방법으로 살아남는다고 해도 변하지 않는 사실은, 강간을 예방하는 데 진정으로 책임이 있는 사람은 강간범 자신밖에 없다는 것입니다.

　누가 강간을 당할까요? 누가 강간을 당한다고 **생각**할까요? 몸에 명령을 내려 대변을 보고 토할 수 있는 소녀들인가요? 아니면 매춘부인가요? 누구나 강간당할 수 있다는 것을 인정한다 해도, 강간을 **당해도 싼** 사람이 있을까요? 어떤 상황에서 강간이라고 부를 수 있나요? 어떤 때 강간을 당해도 괜찮다고 생각하나요? 술에 너무 취했을 때? 섹스 경험이 많을 때? 또는 그냥 착한 여자가 아니면 무조건 강간을 당해도 된다고 생각하나요?

리다는 열 살이 되기도 전에 성인 남성에게 성폭행을 당했는데 나에게 이렇게 물었습니다.

"나는 늘 짧은 바지를 입고 다녔어요. 그게 잘못이었을까요?"

오드리는 자신의 강간 고소가 기각된 이유를 설명하면서 이렇게 말했습니다.

"가해자의 변호사가 양쪽 모두 책임이 있다고 하더군요. 내가 성경험이 많다는 사실을 들면서요."

이 책을 쓰기 시작한 뒤 #미투 운동이 크게 확산되었습니다. 모두는 아니지만 그래도 어느 사회에서는 분명히 강간을 당한 사람에 대한 인식이 바뀌고 있을 겁니다. 머지않아 더 많은 침실에서, 회의실에서, 법정에서 그렇게 되기를 바랍니다. 언론에 쏟아지는 강간 생존자들에 대한 미묘한 해석에는 여전히 성차별과 여성 혐오적 관점이 극명하게 드러납니다. 영국의 TV 범죄 드라마 〈브로드처치 Broadchurch〉는 한 시즌 전체를 강간 사건으로 채웠습니다. 강간을 당한 피해자는 대부분 술에 취해 있었고 드라마 속 경찰관은 그 점을 미묘하게 강조합니다.

아주 민감한 부분입니다. 강간을 '예방'할 수 있다는 말은 위험합니다. 강간을 저지른 남자가 잘못인데 왜 여성과 소녀들의 태도가 문제가 되나요? 우리의 딸(아들)들에게 자신을 보호하는 방법을 가르치는 이유가 무슨 일이 생기면 그건 너희 잘못이라고 말하기 위해서인가요?

오랫동안 마음고생을 한 오드리는 이제 말합니다.

"여자는 인간입니다. 인간은 완벽할 수 없습니다. 형편없는 선택을 할 때도 있습니다. 강간에 책임이 있는 사람은 우리가 아니라 강간을 선택한 사람들입니다."

보스턴강간피해자센터에서는 여성들에게 자기방어술을 가르칩니다. 하지만 나는 선뜻 그 수업을 듣는 것이 겁이 났습니다. 자신을 방어하는 법을 배운다는 것은 내가 강간을 스스로 방어하지 못했다는 뜻이고, 강간에 대한 책임이 나에게 있다는 의미가 되니까요. 자신을 지키지 못해 산속에서 강간이나 당한 미련한 바보라고 생각하게 만들 테니까요. 자신을 지키면 옷자락이 눈에 보이지도 않을 만큼 빠른 돌려차기로 강간범들의 성기를 공격한 다음 주머니칼로 목을 긋고 칼날에 침을 뱉어 피를 닦고 한 치의 빈틈도 보이지 않고 위풍당당하게 집으로 돌아올 수 있을 테니까요.

결국 나는 자신을 보호하는 방법을 배운다고 해도 강간을 방어하지 못한 책임이 나에게 있다는 뜻은 아니라고 스스로를 설득한 뒤 그 수업을 들었습니다. 물론 껄끄러운 감정이 사그라든 것은 아닙니다. 어떻게 하면 딸에게 안전하게 자신을 지키는 법을 가르치면서 동시에 불행에 대해 자책하지 않는 페미니스트로 키울 수 있을까요?

우리는 우리의 딸들에게 자신의 운명을 스스로 개척하라고 가르치고자 합니다. 그런데 그것 때문에 나쁜 일이 일어났을 때 아이들이 자기 자신을 탓한다면 무슨 일이 벌어질까요? 소아 성애자가 지인의 사춘기 딸에게 벌거벗고 포즈를 취하게 한 뒤 사진을 찍어 온라인에서 팔았습니다. 그는 감옥에 갔는데, 그 딸은 **자기가 그 남자를** 유혹한 것이라고 주장하면서 부모에게 그를 빼내달라고 항의합니다. 딸이 그 남자를 만난 건 열두 살 때였습니다.

2017년 9월 《바이스》에는 나이로비의 빈민가 코로고초와 키베라에서 자기방어 수업을 듣는 중년 이상 여성 70명의 이야기를 담은 사진 에세이가 게재되었습니다.[1] 나이로비의 빈민가에서는 강간이 자주 발생하는데 특히 나이 든 여성을 겨냥한 범죄가 많습니다. 50대, 60대, 70대 여성들이 발차기를 하고 펀치를 날리는데 주름진 피부에서 활기가 느껴지는 강한 모습이 인상적이었습니다. 무적의 할머니가 젊은 불량배를 발로 차서 시궁창에 빠뜨리는 상상은 너무 짜릿하고 멋집니다. 하지만 내 마음 한구석에서는 왜 우리가 이런 걸 배워야할까, 무장한 강도를 만나면 빠른 발차기가 무슨 소용 있을까 하는의문이 사라지지 않았습니다. 오히려 이런 수업 대신 남자아이들에게 강간을 저지르지 않는 법을 가르치는 게 낫지 않을까요?

여자와 남자 모두 배워야 하지 않을까요? 실제로 남자아이들을 위한 강의가 있기는 합니다. NGO 우자마 아프리카Ujamaa Africa는 〈진실의 순간Your Moment of Truth〉이라는 프로그램을 운영합니다. 남자아이들에게 어떻게 동의를 구하는지, 여성 폭력에 어떻게 맞서야 하는지 가르칩니다.

궁극적으로 어떤 강의든 자신감을 갖게 하고 자긍심을 심어준다면 좋다고 생각합니다. 만약 내 딸아이가 공격당할 것에 대비해 자기

방어 수업을 듣겠다고 하면 나는 허락해줄 것입니다. 하지만 대변을 보거나 토하거나 발차기를 해야 한다는 내면의 목소리는 아니어도 위험한 상황에서 어떻게 본능을 믿어야 하는지 가르쳐주는 길고 난해하고 혼란스러운 강의일 것입니다. 그리고 그런 다음에는, 강간을 예방해야 할 책임은 여성이 아니라 남성에게 있다고 가르쳐주는 게 아니라 자기방어 수업은 다 괜찮은 거라고 말하는 또 다른 강의를 듣게 되겠지요. 그리고 그런 다음에는… 나를 노려보는 눈동자와 "엄마, 그만!"이라는 소리를 듣게 될 것입니다.

부모들은 자녀에게 자기 자신과 타인을 존중하도록 가르치고 싶어 합니다. 자기 자신을 위해, 타인을 위해, 올바른 정의를 위해 맞서 싸우는 법을 가르치고 싶어 합니다. 이런 일은 혼자 할 수 없으므로 사회와 학교, 기관이 힘을 합쳐야 합니다. 하지만 가끔은 가장 중요한 곳에서 어이없는 일이 벌어지기도 합니다.

나는 뭄바이에서 수녀원이 운영하는 학교에 다녔습니다. 딸에게 좋은 교육을 시키고 싶어 하는 무슬림 부모들이 선호하는 곳이었습니다. 학교 규율은 엄격했습니다. 수녀님들은 우리의 지식과 더불어 치마 길이를 늘이기 위해 온 힘을 다했습니다. 또한 도덕과 평판에 엄청난 관심을 기울였습니다. 나는 수녀님들을 사랑했습니다. 그분들에게 배운 성실함과 도덕성은 지금까지도 나를 지탱해주는 원동력이 되고 있습니다. 하지만 강인한 소녀로 자라는 데 도움은 됐어도, 수녀님들의 젠더 정치적 견해는 매우 의심스러웠습니다.

학교에는 학생들의 행실을 가르치는 '윤리학' 수업이 있었습니다. 우리는 수업 시간에 남자아이들이 얼마나 무서운 존재인지 배웠습니다. 소책자에는 남자는 무슨 일이 있어도(특히 성인이 되었을 때) 무조건 피하라고 쓰여 있었습니다. 생리에 대한 설명도 있었습니다. 여러 가지 색깔이 어우러진 화려한 표지가 기억납니다. 그 시절 인도의 출판물은 모두 싸구려 신문 인쇄용지를 사용했는데 해외에서 수입한 이 소책자는 양 갈래로 머리를 딴 백인 소녀가 몽환적인 분위기를 풍기는 반짝이는 표지였습니다. 나는 그 소책자를 몇 년 동안이나 갖고 있었습니다. 양 갈래 머리 소녀에게 살짝 빠져 있었던 듯합니다. 윤리학을 가르치던 수녀님은 단호한 어조로 우리가 남자애들과 어울리는 순간 타락한다고 말했습니다. 우리는 남학생이 보이면 무조건 피해야 했습니다. 남학생들과 같이 있는 모습이 발각되면 변명의 여지 없이 즉각 퇴학이었습니다.

수업의 요지는 분명하고 강렬했습니다. 남자아이들에게 어떤 일이라도 당하게 된다면 그건 우리의 잘못이라는 것입니다. 수업은 그게 다였습니다.

카시아 어바니악은 수녀가 아니었습니다. 그녀는 강단에 가죽 부츠를 신고 올라왔는데, 수녀 교사들에게서 절대 볼 수 없는 모습이었습니다(적어도 수녀님들이 우리 앞에서 입던 옷과는 달랐습니다). 나는 뉴스에서 어바니악의 이야기를 읽었습니다. 그녀는 17년 동안 BDSM 여성 지배자Dominatrix(성적 쾌감을 주기 위해 가학적인 성행위를 주도하는 여성.—

옮긴이)로 일했으며, 지금은 여성들을 위한 강의를 하고 있습니다. 그녀는 커피를 타달라고 당연한 듯 요구하는 남성부터 사람들이 다 퇴근하고 난 뒤 치근덕대는 남성까지, 여성을 불편하게 만드는 남성들을 어떻게 다루는지 가르칩니다. 이처럼 우리가 일상에서 겪는 "신경근육이 굳어버리고 말문이 막히는"[2] 순간을 어떻게 극복해야 하는지, 어바니악은 지하 던전에서 자신의 직업을 통해 기술을 연마했던 것입니다.

나는 존경하는 수녀 선생님들의 가르침과 한때 뉴욕에서 채찍을 휘두르던 성노동자의 말을 다시 생각해보았습니다. 내 딸이나 조카에게 성평등과 정의로운 행동을 가르친다면, 나는 성노동자의 강의를 택하겠습니다.

내가 이런 말을 하다니, 지옥에 가지 않기를 바랍니다. 용서하세요, 우르술라 수녀님.

그렇습니다. 난처한 문제입니다. 누가 강간을 당할 수 있다고 생각하겠어요?

야스민 엘리패는 곧 책으로 출간할 원고에 경찰과 변호사가 집단 강간을 당한 피해자에게 처녀성 검사를 요구하는 장면을 묘사합니다.

　　"이해가 가지 않네요. 처녀성을 검사하다니, 도대체 그런 게 왜 필
　　요하죠?" 사라가 항변했다.
　　"어느 쪽으로든 효과가 있을 것으로 생각됩니다. 처녀성이 지켜졌

다면 아무 일도 없던 것이니까요." T가 말했다.

"없다고 해도 여전히 좋은 일이겠군요. 처녀가 아니면 강간도 의
미 없는 것이니까요." 사라가 대답했다.

아, 햄릿의 말처럼 그것이 문제입니다! 우리는 아직도 강간이 성립
될 수 없는 경우가 있다고 생각합니다. 소위 '나쁜 여자'에게는 말입
니다. 나쁜 여자가 강간을 당하면 우리가 상상하는 피해자 서사에 맞
지 않는다며 아예 무시해버립니다. 단순히 섹스에 불과하다고 판단
해버립니다.

나는 강황과 사탕수수, 그리고 한때 에이즈로 악명 높았던 인도
마하라슈트라 상글리에서 일하는 성노동자들을 만났습니다. 거의
모든 사람, 즉 남자, 여자, 트랜스젠더, 유연한 젠더, 게이, 이성애자,
양성애자 등이 다양한 강간 경험을 지니고 있었습니다. 애인의 친구
11명에게 호텔 테라스에서, 오빠의 반대 세력 10여 명에게 숲속에서,
아이들을 굶기지 않기 위해 감옥에 가지 않는 대가로 경찰관들에게
집단 강간을 당했습니다. 한 여성은 이렇게 말했습니다.

"경찰이 그러더군요. 맨날 섹스하는 여자가 어떻게 강간을 당할
수 있냐."

남성이 강간당한 경우는 더 높은 장벽이 있습니다. 인도에서는 어
떤 경우에도 동성애는 불법이며, 강간은 법적으로 생물학적 성과 성
정체성이 일치하는 여성, 즉 태어날 때 여성으로 배정받은 사람에게

만 적용되기 때문입니다.

《정당한 증거》[3]의 공동 저자 미나 세슈는 2015년 아시아의 성노동자(여성, 남성, 트랜스젠더)들이 일상과 삶에서 경험하는 성폭력을 취재했습니다. 나는 인도의 경제 일간지 《민트》에 쓸 칼럼에 그녀가 취재한 내용을 다루면 좋겠다 싶어서 기대감을 안고 미나 세슈를 만났습니다. 하지만 내 기대보다 더 엄청난 이야기를 들었습니다. 그녀가 마주한 것은 언론의 무반응, '절대적이고 완전한 침묵'이었습니다. 다음은 내 칼럼의 일부 내용입니다.

"방콕에서 인터뷰를 했는데 아무도 기사를 쓰지 않았습니다. 미얀마에서도 인터뷰를 했는데 아무도 기사를 쓰지 않았습니다. 유엔이 기사를 배포했지만 아무도 쓰지 않았습니다. 모든 미디어가 취재를 왔습니다. 방송국, 신문사 등에서 온 사람들은 성노동자들을 마치 면접 보듯이 인터뷰했습니다. 그래놓고 아무도 기사를 쓰지 않았습니다."
(…) 미얀마에는 훌륭한 언론사가 있고 기사를 제공한 성노동자와 전문가도 있었는데 한 줄도 보도되지 않았습니다. 세슈는 묻습니다. "그들은 뭘 두려워하는 걸까요?"[4]

키란은 번들거리는 멋진 초록색 블라우스를 입고 있었습니다. 키란은 성노동자들과 함께 일하고 생활하는 고쿨나가르에 나를 데려갔습니다. 고쿨나가르에는 개발되지 않은 허허벌판을 뒤로하고 화려한 색상의 집들이 일렬로 늘어서 있었습니다. 아이들은 뛰어놀고, 여자들은 잠들어 있는 갓난아기 주변에서 이야기를 나누었습니다. 식욕을 자극하는 요리 냄새가 길에 풍기는 전형적인 평화로운 아침이었습니다. 아기가 너무 예뻐서 사진을 찍으려고 카메라를 꺼내 들었지만 이내 마음을 접었습니다. 눈을 감고 있는 아기를 찍은 사진은 운이 좋지 않습니다.

키란은 이곳에서 멀리 떨어진 마을의 상류층 힌두교 집안 출신입니다. 그녀의 집안은 정치적으로 영향력이 있었습니다. 오빠는 마을 촌장으로 지역 사회에서 최고 지위에 있었습니다. 그녀의 오빠가 정치적인 논쟁에 휘말리게 되었는데 반대 세력이 당시 열다섯 살이던 키란을 납치해 숲으로 데려가서 강간했습니다.

그들은 키란을 강간한 뒤 발로 차고 몸 위에 소변을 봤습니다. "견디기 힘들 정도로 고통스러웠어요." 키란의 살갗에는 강간을 당할 때 가시덤불에 찢긴 상처가 고스란히 남아 있습니다. 강간범들은 그녀를 숲속에 버린 뒤 괴성을 지르며 떠났습니다. 정신을 차린 키란은 집으로 돌아가려고 했지만, 그랬다가는 가족에 의해 살해되거나 자살을 종용받을 것임을 깨달았습니다. 결혼도 하지 못할 것은 뻔한 사실이었습니다. 키란은 살아남았지만 집으로 돌아가지 않았습니다. 반대 방향으로 걸었습니다. 지금 그녀는 생계를 위해 성노동을 합니다. 그녀의 아이들은 다 컸고 잘 지내고 있습니다. 애인도 여러 명 있고 자신의 삶에 만족하고 있습니다. 키란은 어떤 삶도 다 받아들이고 있습니다.

이곳의 성노동자들은 그들을 불쌍하게 여기거나 '구해주려는' 사람들을 적대합니다. 고쿨나가르를 둘러보고 있는데 두 남자가 차를 타고 왔습니다. 한 명은 경찰이고 다른 한 명은 법원 공무원이었습니다. 그들은 몇 주 전에 프리덤펌Freedom Firm의 제보를 받고 구금시킨 한 성노동자에 대한 정보를 캐고 있었습니다. 프리덤펌은 노예제 반대 운동을 하는 단체로, 독실한 미국인들의 지원을 받고 있습니다. 이들이 구체적으로 하는 일은 여성을 '구출'하여 격리하고, 아이를 떼어놓습니다. 인신매매와 자발적인 성노동 사이의 미묘한 구분에 대해서는 눈을 감아버립니다.

인신매매는 섹스나 기타 노동을 위해 사람을 속이거나 강압하여 사고파는 행위입니다. 성노동은 자신의 성을 팔겠다고 자발적으로 선택한 직업입니다.

멜리사 디트모어[5]는 많은 나라의 인신매매를 연구해온 전문가로 인신매매와 성노동에 대해 이렇게 말합니다.

"인신매매는 본질적으로 분야를 막론하고 폭력, 사기, 강제성을 띱니다. 어업, 농업, 가사 등 다양한 노동에서 일어나며, 나이와 성별을 가리지 않습니다. 성노동은 무엇보다도 소득을 창출하기 위한 행위입니다. 매춘, 스트립쇼, 포르노와 같은 성적 서비스를 제공하는 대가로 돈을 받는 것입니다. 성노동자는 무엇을 할지, 얼마를 받을지, 어떤 부분을 허용하지 않을지 협상합니다. 인신매매로 팔려 온 사람들은 성매매를 할 때 이런 협상을 하지 못합니다. 성매매를 위해 팔려 온 사람들은 탈출에 성공하더라도 성노동 시장으로 다시 들어옵니다. 성노동은 다른 어떤 일보다 돈을 쉽게 벌 수 있는 기회를 제공하기 때문입니다.

성노동을 인신매매와 구별하지 못하면 어떤 희생자도 도움을 받을 수 없습니다. 인신매매를 막기 위한 목적으로 성매매 단속을 하면, 인신매매가 광범위하게 벌어지는 다른 분야는 방치됩니다. 또한 자발적으로 성노동을 하는 사람들은 경찰의 단속에 시달릴 수밖에 없습니다. 설령 인신매매로 팔려 온 사람도 인신매매 피해자라는 사실을 인정받기 쉽지 않습니다. 실제로 인신매매로 끌려온 피해자가 열 번이나 성노동 단속으로 체포되었음에도 인신매매 피해자로 인정받지 못한 경우도 있습니다.

미성년자는 자발적으로 성노동을 할 수 없다고 생각합니다. 그래서 18세 이하 성노동자는 모두 인신매매 피해자로 간주합니다."

프리덤펌 같은 '반노예' 단체는 인신매매와 성적으로 학대받는 미성년자들을 구출한다고 하지만 인신매매와 성노동의 차이도 이해하지 못하고, 그들을 기본적으로 존중하지도 않습니다. 성노동자를 '구출'의 대상으로만 보고 그들의 아이들을 빼앗고 생계 수단마저 박탈함으로써 그들의 삶을 더 나락으로 떨어뜨립니다. 감옥을 들락거리며 삶이 완전히 망가질 수밖에 없습니다.[6] 그들의 열정적인 선교 활동은 여성에 대한 차가운 경멸과 얄팍한 독선을 시전하기 위한 포장에 불과합니다. 그들의 '구출'은 또한 실제 인신매매 피해자에게 도움을 주지도 못합니다. 성노동과 강간을 동일시하는 것은 누구에게도 도움을 주지 못합니다.

상기타는 대를 이어 성노동을 하고 있습니다. 그녀는 이렇게 묻습니다.

"누가 법을 만들었습니까? 우리에게 물어봤습니까? 그들은 우릴 '베차레bechaare'(불쌍한 사람)라고 부릅니다. 우리보다 더 불쌍한 사람들이 있는데 그들은 왜 돌봐주지 않나요?"

상기타는 다른 직업을 구하고 싶었지만 성노동자의 딸이라는 이유로 학교도 제대로 마치지 못했습니다. 그녀의 선생님은 상기타를 산 채로 태워버리겠다고 협박했고 결국 그녀는 학교에서 쫓겨나 열두 살에 성노동자가 되었습니다. 상기타는 자신이 낳은 아이들과 여동생과 함께 삽니다. 그녀는 성매수자의 집을 방문하지 않고 자신의 집에서 일하는 것을 좋아합니다. 훨씬 안전하기 때문이죠.

"성매수자가 불러서 갔는데 네다섯 명이 나타나면 그건 강간입니다. 내 목숨을 구해야만 합니다."

이것은 실제로 상기타에게 일어난 일입니다. 이제 그녀는 상그람 자매의 일원으로 서로 도우며 삽니다. 오랫동안 그들을 괴롭히던 한 남자를 힘을 합쳐 제지하기도 했습니다.

"걸핏하면 지나가면서 욕을 하고 침을 뱉고 여자들을 발로 찼죠. 우리는 그 사람을 묶어서 눈에 고춧가루를 뿌리고 흠씬 패주었어요.

그 뒤론 더 이상 우리를 괴롭히지 않더군요."

사회적인 기준에서 보면 이 여성들은 '착한 여자'는 아닐지 몰라도 그들은 이제 막강합니다. 어쩌면 그렇기 때문에 사람들이 두려워하는 것일 수도 있습니다.

인도에서는 결혼을 할 때 아내가 처녀성을 가지고 있어야 합니다. 이는 여성을 위한 것이 아니고 남자의 즐거움을 위한 것입니다. 한 여성이 남편과의 섹스 도중에 흥분했던 이야기를 해주었습니다. 그녀는 격렬한 섹스를 즐기다 흥분해서 남편의 위로 올라갔습니다. 다음 날 남편은 그녀가 섹스의 즐거움을 알고 있다는 것은 경험이 있다는 것이기에 '망가진' 몸이라며 그녀를 버렸습니다.

착하든 나쁘든 간에 모든 여자들이 모든 남자들에게 강간당한다는 말을 인정하는 것은 착한 여자만 강간 피해자가 될 수 있다는 편의적인 서사를 엉망으로 만드는 것일지도 모릅니다. 오! 하지만 그 서사에는 착한 여자는 강간당하지 **않는다**고도 쓰여 있잖아요. 그러므로 착한 여자만 강간 피해자가 된다는 것, 착한 여자는 강간당하지 않는다는 것 둘 다 진실이 될 수 없습니다. 성노동자가 착한 여자가 아니라서 강간 피해자가 될 수 없는데, 만약 그들이 강간을 당해서 인간으로서 상처를 입는다면 우리는 적당한 말을 찾지 못할 것입니다. 차라리 그냥 눈을 감고 이 혼란스러운 상황이 끝나기만을 기다려야 할지도 모르지요.

'착한 여자'란 과연 어떤 사람을 말하나요? 고분고분하고, 수동적이고, 의심하지 않고 맡은바 의무를 수행하는 여자를 말하나요? 그렇다면 새로운 시대는 '나쁜 여자'의 시대입니다. 내면의 소리에 귀 기울이고 심장이 시키는 대로 행동하는 사람이 주인공입니다. 흥이 나면 일어나 올라타세요.

내가 만난 시골의 성노동자들은 우리가 머릿속으로 그리던 모습과 많이 달랐습니다. 그들은 조직되어 있었습니다. 그동안 수많은 성노동자들은 무지막지한 학대, 억압, 착취를 참아왔습니다. 그들은 어떤 강인한 인간도 쉽게 무너질 수밖에 없는 모진 억압을 견뎌왔습니다. 지속적인 구타와 폭력과 억압 속에서 타인은 물론 자신도 마땅히 존중받아야 할 인간이라는 믿음과 가치를 깨닫지 못했습니다. 그럼에도 그들은 살아남았고 서로 힘을 모아 연대함으로써 자신에 대한 믿음과 가치를 터득했습니다. 이제 그들은 특권을 가진 여성도 해내기 어려운 일을 섹스를 무기로 해결해나가고 있습니다.

미나는 이런 상황을 이렇게 표현했습니다.

"가부장제는 금덩어리로 만들어진 개념입니다. 하지만 우리 성노동자들은 그 개념을 발로 차버렸습니다."

그들은 의지에 따라 애인도 만들 수도 있고, 콘돔을 사용하지 않는 남자에게 섹스를 하지 않겠다고 거부할 수 있고, 거칠게 대하는 상대가 나타나면 동료 여섯 명이 함께 출동하고, 당당하게 자신의 성적 즐거움을 상대에게 요구할 수 있습니다. 부유한 기혼 여성들보다 그녀들은 더 성적인 힘을 갖습니다. 반직관적으로 보이지만 실제로

'착한 여자'란 과연 어떤 사람을 말하나요? 고분고분하고, 수동적이고, 의심하지 않고 맡은바 의무를 수행하는 여자를 말하나요? 그렇다면 새로운 시대는 '나쁜 여자'의 시대입니다.

그렇습니다. 궁지에 몰려 학대받는 사회의 밑바닥 여성들, 강간의 위험에 늘 노출되어 있는 여성들, 그들은 어떻게든 숨을 쉬고 살아갈 길을 개척하고 성적 자유를 만끽하고 있습니다. 그들은 성적 욕구를 충족시키기 위해 상대방에게 요금을 지불할 필요가 없습니다. 그들은 자신의 욕망과 판타지를 숨길 필요가 없습니다. 그들은 '착한 여자'가 될 필요가 없습니다.

그럼에도 그들은 수녀원의 소녀처럼, 나이트클럽을 찾는 여자처럼, 나이로비의 할머니처럼, 도시의 불빛을 피해 사는 트랜스젠더와 마찬가지로 똑같은 서사에 갇혀 있습니다. 누구든 자신의 의사에 반해 강압적으로 섹스를 했다면 그것은 **강간**이라는 당연한 사실을 인정받지 못하고 있습니다. 착한 여자는 강간을 당하지 않으며, 나쁜 여자는 강간을 당할 수가 없다고 말합니다. 어떤 경우에도 형편없는 남자들에게는 책임을 묻지 않습니다. 그렇게 함으로써 나에게는 어떤 일도 일어나지 않을 것이며, 일어났다면 그럴 만했다는 서사가 탄생하는 것입니다.

26
초보자를 위한 강간 예방법

그래도 강간을 당하지 않기 위한 비결이 궁금한 사람들을 위해 몇 가지 조언을 목록으로 작성했습니다.

* 집에만 있어라. 낯선 사람을 피하라.
* 밖으로 나가라. 가족을 피하라.
* 사납게 굴어라.
* 착하게 굴어라.
* 소리를 질러라.
* 조용히 있어라.
* 웃어라.
* 웃지 마라.
* 친절하게 대하라.
* 친절하게 대하지 마라.

* 용감하게 행동하라.
* 차갑게 대하라.
* 어려 보여라.
* 늙어 보여라.
* 정조대를 차라.
* 아이들을 가둬라.
* 생각을 가둬라.
* 방어하라.
* 사라져라.
* 죽어라.

27
그 남자의 상식

판사들을 비롯한 많은 사람들은 "평범한 남자가 어떻게 범죄자가 될 수 있겠냐"고 묻습니다. 하지만 평범한 남자가 강도짓을 하면 그가 바로 강도입니다.
— 오드리

남자들이여, 자신이 페미니스트라고 말하고 싶다면 페미니스트처럼 섹스하라.
— 사만다 비

누가 강간을 할까요? 피해자에 대한 고정관념이 있다면 가해자에 대한 고정관념도 있을 것입니다.

남자는 누구나 강간을 저지를 수 있을까요? 내가 살아온 삶에 비추어보자면, 나는 이 말에 동의할 수 없습니다. 한 남성에게 누군가를 강간하는 자신의 모습을 상상할 수 있냐고 물었더니 그는 이렇게 대답했습니다. "저라면 못할 것 같습니다. 제 공감의 수준으로는 강간이 불가능해요." 나는 그의 말을 믿습니다.

나는 살인을 상상할 수는 있지만 강간은 아닙니다. 살인은 강간보다 훨씬 나쁩니다. 하지만 살인에는 다양한 이유가 있습니다. 너무 분노해서 통제할 수 없는 상태라면, 또는 누군가가 나 또는 주변 사람을 해치려고 든다면, 끔찍한 재앙을 피하기 위해 선택할 수 있는 것이 살인밖에 없다면요. 물론 너무 극단적인 상상이죠. 하지만 생각해보세요. 강간에는 **타당한 이유**가 없습니다. 상대방에게 피해를 주기 위해 노골적으로 하거나 또는 상대방이 원하지 않는다는 사실은 이해하지도 신경 쓰지도 않은 채 자신이 섹스를 하고 싶기 때문입니다.

정당화될 수 있는 살인은 존재합니다(예컨대 강간으로부터 벗어나기 위해 상대방을 죽일 수밖에 없었다면요). 하지만 정당화될 수 있는 강간이 존재할까요? 다른 범죄를 막기 위해 강간을 하는 경우가 존재할 수 있을까요? 공공연하게 강간을 정당화하는 사람들은 노골적으로 여성 혐오를 조장하고 여성을 물건 취급합니다.

말이 나온 김에 사람을 물건 취급하는 것에 대해 이야기해볼까요. 대학 시절 나는 성실하고 바른 학생들이 그렇듯, 남자들이 여자를 물건 취급하는 것은 언제든 강간을 하기 위한 준비라는 전통적인 페미니즘의 지혜를 전적으로 믿었습니다. 논리는 이렇습니다. 누군가의 인간성을 부정하면 그들을 학대할 수 있다는 것입니다.

정당화될 수 있는 강간이 존재할까요? 다른 범죄를 막기 위해 강간을 하는 경우가 존재할 수 있을까요? 공공연하게 강간을 정당화하는 사람들은 노골적으로 여성 혐오를 조장하고 여성을 물건 취급합니다.

하지만 그렇다면 자기 **자신의** 인간성도 부정해야 할지 모릅니다. 적어도 자신의 긍정적인 인간성을 부정해야 합니다. 잔인함과 가학성도 매우 인간적인 성향입니다.

사회학자 앨런 피스크와 타지 라이는 폭력의 도덕적인 동기를 연구했습니다.[1] 강간은 대개 비뚤어진 가치 요소를 가지고 있습니다. 피해자보다 자신의 욕구를 우선시합니다. 누군가에게 훈계를 하고 싶어 합니다. 자신이 강하다는 것을 느끼고 싶어 합니다. 자신은 남에게 굴욕을 줄 자격이 있다고 생각합니다. 이런 가치와 감정은 사람에게만 적용되는 것입니다. 물건을 모욕하고 싶은 충동을 느끼는 사람은 많지 않습니다. 상대가 인간이기 때문에 어떻게 대하는가가 중요한 것입니다.

폴 블룸은 《뉴요커》에 피스크와 타지의 분석에 대해 이렇게 썼습니다.

> 많은 경우에, 폭력은 문제에 대한 냉철한 해결책도, 자제심의 부족도 아니다. 무엇보다도 폭력은 도덕적 숙고에 대한 무지 때문에 생기는 것이 아니다. 반대로 도덕성은 종종 폭력에 동기를 부여하는 힘이 된다. 도덕적 폭력은 법적 처벌의 결과이든, 전쟁터에서 적을 죽이든, 도덕률을 위반한 누군가를 처벌하든 간에 그 희생자가 도덕적 행위자, 온전한 인격체라는 인식에서 비롯된 것이다.[2]

　나를 강간한 남자들은 나에게 화가 나 있는 게 분명해 보였습니다. 왜 그렇게 생각하는지는 묻지 말길 바랍니다. 지금은 그들에게 물어볼 수도 없습니다. 어쨌든 나는 그들이 분노에 차 있다는 사실을 감지할 수 있었습니다. 그들은 나에게 남자와 함께 밖을 돌아다닐 권리가 없다고 말했습니다. 그들은 나를 가르치려고 했습니다. 바로 이런 것이 나쁜 여자에게 일어나는 일입니다. 나는 절대 물건 취급을 받은 것이 아닙니다. 나쁘게 말하면 나는 자리를 깔고 누워 있어야 하는 창녀였고, 좋게 말하면 그들의 가르침을 새겨들어야 할 바보였습니다. 어쨌든 나는 그들에게 분명 **사람**이었습니다.

　나는 그들에게 일말의 동정심이라도 얻기 위해 고통 속에서 쉬지 않고 앵무새처럼 지껄였습니다. 내 자신과 삶에 대해 이야기하면서 내가 동정할 만한 가치가 있는 사람임을 보여주기 위해 혼신의 힘을 다했습니다. 하지만 그 모든 노력은 아무 소용이 없었습니다. 나는 그들에게 가르침을 받아야 하는 못돼먹은 멍청한 계집애에 불과했습니다. 하지만 한 가지는 영향을 미쳤습니다. 내가 **그들**에 대해 이야기하기 시작했을 때였습니다. "우리는 모두 형제이고 자매예요." 나는 외쳤습니다. "당신들은 내 남동생이나 마찬가지예요." 그 말은 그들을 더 격분시켰습니다. 자신들의 인간성이 되살아나게 하고 싶지 않았던 것입니다.

　이건 그저 이야기일 뿐입니다. 하지만 나는 강간범들이 자기 자신과 피해자에게 왜곡된 견해를 갖는다는 것에 주목할 필요가 있다고 생각합니다.

이탈리아에서 집단 강간을 당한 영국 여성 오드리의 경우, 경찰서에서 강간범 중 한 명이 이렇게 진술했다고 이야기해주었습니다.

"난 얼굴이 잘생겨서 여자들이 먼저 접근해오는데, 뭣 때문에 여자를 강간하겠어요?"

그 남자의 상식으로 오드리에게 한 일은 강간이 아니었습니다. 그녀가 그냥 거기에 누워 있었을 뿐이고 함께 즐겼을 뿐인데 뭐가 문제라는 건지 이해하지 못했습니다. 이처럼 강간의 정의조차 합의할 수 없으니 가야 할 길은 아직도 먼 듯합니다. 오드리는 판사가 강간범들의 편을 들었다고 말합니다.

"판사와 검사 모두 어느 정도 같은 시각을 가진 듯 보였어요. 강간은 진짜 사이코들 또는 다른 방법으로는 도저히 섹스를 할 수 없는 루저들이나 하는 거라고 생각하는 듯했어요. 잘생기고 옷을 잘 입는 젊은 남자는 강간할 리 없다는 거죠. 강간은 성적 매력이나 섹스에 대한 이야기가 아니라는 것을 먼저 짚고 넘어가야 한다고 생각해요. 특히 집단 강간은 피해자를 더 모욕적으로 대하고 열등하게 취급했다는 뜻입니다. 적어도 내가 얻은 결론은 그렇습니다."

스탠퍼드에서 발생한 강간 사건을 떠올려봅시다. 브록 터너는 술에 취해 의식을 잃은 여자를 성폭행하고는 그대로 방치했습니다. 같은 대학의 한 여학생이 판사에게 이런 편지를 보냈습니다.

"어디서 선을 그어야 할까요? 매 순간 정치적 올바름에 대해 걱정하는 것은 어디서 멈출 수 있을까요? 강간을 할 만한 사람과 하지 않을 사람이라는 시선은 어디서 나뉘는 것일까요?"

대학가 강간도 강간범 때문에 일어나는 것입니다. 우리는 평범한 남자가 강간을 할 수 있다는 진실, 또 강간을 하는 사람도 평범한 남자라는 불편한 진실에 대해 눈을 감고 싶을 뿐입니다. 칼키 코이클린은 사람들이 언제쯤 이런 진실을 받아들일까 궁금해합니다.

"강간을 즐기는 사람이 있나요? 그런데 왜 강간은 계속되는 거지요?"

작가 벨 훅스는 가부장제가 모든 문제의 원인이라고 말합니다.

이란의 도덕 경찰morality police은 도발적인 여성이 문제라고 말합니다.

미국 법무부의 대학가 성폭행 연구는 술이 문제라고 말합니다.[3] 산타클라라의 대법원 판사 아론 퍼스키는 브록 터너에게 터무니없이 가벼운 형을 판결하여 지탄을 받았습니다(그는 결국 2년 후에 직위를 박탈당했습니다). 피해자는 법정에서 매우 인상적인 편지를 낭독했습니다. 그녀는 술에 대해 이야기합니다.

술은 핑계가 될 수 없습니다. 그게 원인이라고요? 맞습니다. 하지만 술이 내 옷을 벗기고, 나를 만지고, 발가벗겨진 나를 땅바닥에 머리가 끌리도록 질질 끌고 간 것은 아닙니다. 술을 너무 많이 마신 것은 나의 실수라고 인정하지만 그것은 범죄가 아닙니다. 이 법정에 있는 사람들 모두 술을 많이 마시고 후회해본 경험이 있거나, 가까운 사람 중에 그런 경험을 한 사람이 있을 것입니다. 술을 먹고 후회하는 것은 성범죄를 후회하는 것과 같지 않습니다. 우리는 둘 다 취했습니다. 그와 내가 다른 점은 나는 다른 사람의 속옷과 팬티를 벗기고 마음대로 농락한 뒤 도망치지 않았다는 것입니다. 그것이 바로 다른 점입니다.[4]

브록 터너의 아버지도 판사에게 편지를 썼습니다. 우리 사회에 만연한 강간 문화의 일면을 고스란히 드러내고 있습니다.

아이가 음식도 거의 먹지 못한 채 연명하고 있습니다. 배심원들이 내린 판결로 터너는 완전히 망가졌고 우리 가족은 산산조각 났습니다. 제 아들의 인생은 성실하고 열심히 살았던 과거로 절대 돌아가지 못할 것입니다. 20분간의 실수로 20년 이상의 삶을 망가뜨리는 것은 너무나 가혹합니다.

강간범 중에는 평탄하고 풍족한 삶을 산 사람도 있습니다. 또 어떤 강간범 중에는 학대와 절망으로 끔찍한 삶을 산 사람도 있습니다. 후자에 속하는 남자에게 강간을 당한 한 친구는 이렇게 말했습니다. "그동안 똥만 먹고 살았으니 그게 영향을 미친 거지." 환경이 변명거리가 되어서는 안 되지만 가정 폭력을 보고 자란 아이들이 배우자를 때리는 어른이 되는 것은 엄연한 현실입니다. 하지만 행복한 가정에서 건강하게 자란 남자도 강간을 합니다. 그들은 뭐죠? 워싱턴과 할리우드에 비일비재한 권력자들의 성기가 바지 밖으로 나와 있는 시간이 과도하게 많은 이유는 뭘까요?

이제 바보 같은 관념은 떨쳐버릴 때가 되었습니다. 남자는 성적으로 흥분하면 돌이킬 수 없다는 사고방식은 버려야 합니다. 여성이 자극했다고 계속 이야기하지만 이런 자극은 남성이 스스로 통제할 수 있습니다. 남성들이여, 대답해보세요. 한참 섹스에 몸이 달아 있는데 할머니가 방에 들어와 안경 너머로 물끄러미 쳐다보고 있다면 멈추시겠습니까, 계속하겠습니까?

강간을 고상한 취미처럼 여기는 사람들도 있습니다. 고아Goa의 성직자들.[5] 덴마크의 아빠들. 탄자니아의 선생님들. 영국의 남자친구들. 스위스의 스키 강사들. 프라하의 사제들이 그러한 예입니다.

이것은 강간범들은 스스로 비인간적이 되고 싶어 한다는, 앞에서 내가 주장한 말과 모순되지 않습니다. 폭력의 동기는 다양합니다. 강간은 두 가지 부류로 나눌 수 있습니다. 고통을 주고자 하는 상해 강간과 성욕을 해소하고자 하는 우발적 강간입니다.

성범죄를 전부 살펴보면 성학대자들이 공통적인 혐오를 가지고 있다고 보기 어렵습니다. 터무니없이 인간적인 사람도 있습니다. 머리가 열다섯 개 달렸거나 툭 튀어나온 붉은 눈으로 침을 질질 흘리지도 않습니다. 한 치료사가 열두 살 자폐아를 성폭행한 열네 살 소년

이야기를 해주었습니다.

"상담 센터 사람들은 그 이야기를 듣고 괴물 같은 남자아이를 떠올렸죠. 누구도 그 아이를 맡고 싶어 하지 않았어요. 그런데 귀엽게 생긴 남자아이가 걸어 들어왔습니다. 그 아이는 어릴 적부터 끔찍한 성폭행을 당해서 자신을 짐승처럼 학대하고 있었습니다. 강간은 그 아이가 알고 있는 유일한 행동이었습니다."

나는 성범죄자가 왜 그런 짓을 하게 되었는지도 궁금하지만, 그보다도 왜 인간적인 상호작용은 진화하지 않는 걸까 궁금합니다. 강간범의 동기에 대해서는 신경 쓰고 싶지 않습니다. 그들은 스스로 멈출수 있는 능력이 있습니다. 무엇인가에 사로잡혀 있었든, 어릴 적 아버지에게 교육을 받지 못했든, 우발적 실수였든, 성적인 좌절감 때문이었든, 할 수 있었기 때문이었든 하지 않을 수 없었기 때문이었든, 그들이 정상이든 비정상이든 알 바 아닙니다. 유치원에서 아이들을 다루는 수준의 행동만으로도 그들은 멈출 수 있었습니다.

안타깝게도 강간을 막을 수 없다면, 우리는 상황을 이해할 수라도 있어야 합니다. 남자들이 강간을 하는 이유에 대해 이야기하지 않고서는 강간에 대해 이야기할 수 없기 때문입니다.

28
아주 잠깐 동안의 테러

나는 해 질 녘 해변을 걷고 있습니다. 눈을 감고도 집에 찾아갈 수 있을 만큼 익숙한 장소입니다. 주위의 사촌들과 함께 어릴 적부터 놀던 곳입니다. 진정한 고향이죠. 나는 홀로 느긋함을 즐기고 있습니다. 저물어가는 태양이 빚어내는 아름다운 장관은 너무도 완벽합니다. 바다, 석양, 울창한 나무숲 뒤에서 근사하게 떠오르고 있는 둥근 달, 멀리서 들려오는 새소리. 나는 무심코 나무숲을 바라보다가 나무를 베고 있는 남자를 발견합니다.

몇 분 걷다가 무심코 뒤를 힐끔 돌아봅니다. 남자는 여전히 그 자리에 있습니다. 그의 형체는 훨씬 작아졌고 도끼질 소리도 이제 거의 들리지 않습니다. 모든 것이 평화로웠고 나는 행복한 저녁 산책이라고 되뇌며 다시 걸음을 옮깁니다. 그는 아마도 내가 거기 있는지도 몰랐을 겁니다.

나는 별 뜻 없이 한번 더 뒤를 돌아봅니다. 흠. 그가 보이지 않았습니다. 집에 갔나 봅니다. 이제 뒤를 돌아볼 필요도 없습니다. 나는 계속 걷습니다.

나를 강간하고 내 친구를 폭행한 남자들은 우리를 산 아래까지 데려다주었습니다. 말도 안 되는 소리 같지만, 그들이 그렇게 해주겠다고 해서 우리는 받아들였습니다. 만신창이가 된 상태에 너무 어두워서 어디가 어딘지 분간할 수도 없었습니다. 길이 나타나자 그들은 우리를 풀어주었지만, 오랫동안 우리 뒤를 따라왔습니다. 이때 나는 가장 두려운 공포를 느꼈습니다. 그들이 우리를 농락하고 있다고 생각했고, 우리가 뛰어가는 순간 곧바로 달려와 우리를 죽일 거라고 생각했습니다. 그 뒤로 몇 년 동안 내 뒤에서 발자국 소리만 들려도, 심지어 누가 내 등 뒤에 있기만 해도 무서워 견딜 수 없었습니다. 뭄바이나 뉴욕은 나 같은 트라우마를 가진 사람이 살기에는 너무나 부적절한 장소였습니다. 하지만 오랜 시간이 흐른 뒤 서서히 나아졌습니다. 지금은 괜찮습니다. 괜찮아요. **괜찮고말고요.**

아무 이유 없이 나는 또 뒤를 돌아봅니다. 이제 태양이 완전히 져서 어둑해졌습니다. 나뭇잎 사이로 뭐가 움직였나? 오늘따라 가족들은 왜 아무도 산책에 나서지 않았지?

해변은 완벽하게 평화롭고 아름답습니다. 달은 시시각각 위치를 바꾸고 있습니다. 나는 나무 틈에 몸을 감춘 남자가 나를 스토킹하고 있을지 모른다고 상상합니다. 조용히 따라오다 정확한 때를 노려 해변으로 뛰쳐나와 나에게 올라타 내 삶을 망치는 걸 상상합니다.

젠장, 평화로운 산책이 망가졌네요. 아무 일도 없을 거예요. 뛰는 건 바보 같은 짓입니다. 오히려 공포심만 더 부추길 뿐입니다. 미칠 것 같은 광기에 굴복하는 것은 바보 같은 짓입니다.

걸음이 점점 빨라지기 시작합니다.

거의 뛰다시피 합니다. 이러는 내 모습이 못마땅합니다. 갑자기 밀려드는 공포에 쓰러지기 일보 직전입니다. 끔찍한 상상은 이제 몸으로 느껴지기 시작합니다. 온 세상이 미친 듯이 흔들립니다. 친근했던 나무는 괴물로 변하고 포근했던 바다는 으스스한 보랏빛이 되고 붉은 달은 내가 어딜 가든지 따라옵니다. 나는 죽을힘을 다해 뛰다가 불이 켜져 있는 이모 집이 눈앞에 보인 다음에야 비로소 멈춥니다.

나는 평소 걸음으로 다시 집을 향해 걷습니다. 달이 다시 온화해 보이기 시작하고 밤은 다시 부드럽고 달콤해졌습니다.

29
강간. 구원. 대재앙

죽음에 대해 쓰고 싶었는데, 늘 그렇듯 인생만 산산조각 나고 말
았다.
— 버지니아 울프, 1922년 2월 17일 일기

열세 살 때 남동생과 나는 여행을 갔다가 큰 두루미 알 두 개를 얻
어왔습니다. 알을 집에 가지고 와서 아버지에게 보여주자 그 알을 부
화시켜주겠다고 장담하셨습니다. 그리고 정말로 그렇게 하셨습니다.
두 마리 중 살아남은 한 마리에게 우리는 하티라는 이름을 지어주었
고, 몇 년 동안 함께 살았습니다. 하티가 둥근 황금색 알을 깨고 나와
처음 마주한 사람은 아버지였습니다. 아버지는 하티의 부모님이자
남편이었고 모든 것이었습니다. 하티가 다 자라자 키가 우리랑 비슷
해졌는데 하티와 아버지는 꽥꽥 소리를 지르며 서로를 불러댔고, 마
당에서 왔다갔다 경주를 하기도 하고, 짝짓기 춤을 흉내 내며 날개를

퍼덕이곤 했습니다.

강간에 대해 이야기를 하다가 왜 이런 이야기를 하는 걸까요? 세상에는 광기와 마법이 있고, 종을 넘나드는 소통이 가능한데 왜 인간은 같은 종끼리 그렇게 하지 못할까요? 공감과 친절, 비논리적인 사랑의 가능성이 여기 있습니다.

마나사 브래들리는 사람들에게 자신을 소개할 때 이렇게 말합니다.

"안녕하세요, 마나사입니다. 강간을 당했지만 행복하게 살고 있습니다. 강간을 당한 게 행복한 건 아니지만 그래도 난 행복합니다."

마나사는 이렇게 인사를 하는 것이 자신에게 매우 중요하다고 말합니다. 강간 후유증으로 오래 고생을 했고 자신이 불완전하다고 느껴 아이를 갖는 것도 포기하며 엄청난 돈을 써가며 치료에 매달렸습니다. 이제 그는 행복하다고 말할 수 있게 되었습니다.

"사람들은 내가 강간당했다는 이야기를 하면 이렇게 말합니다. '세상에! 삶이 망가졌겠군.' 하지만 그런 이야기를 듣고 싶어 하는 사람이 있을까요?"

나는 마나사가 무얼 말하려고 하는지 압니다. 모든 사람들이 대가를 치르지만 그 끝이 모두 즐거운 것은 아닙니다.

인생은 우리를 끌어올리기도 하고 끌어내리기도 합니다. 강간으로 인해 모든 것이 파괴되는 사람도 있지만 모두 그런 것은 아닙니다. 그 일을 극복하고 우아함을 잃지 않고 멋지고 위풍당당하게 앞으로 나아가는 사람도 많습니다. 물론 꼭 그래야만 한다는 건 아닙니다.

또 그걸 혼자 힘으로 해야 한다는 것도 아닙니다.

내가 대학 졸업 후 강간피해자센터에 취업하겠다고 하자 어머니는 반대했습니다.

"그거 말고는 다 괜찮다!"

어머니는 내가 겨우 딛고 일어섰는데 또다시 무너질까 봐 걱정하셨던 것입니다. 어쨌든 나는 취업을 했습니다. 내가 그곳에 다니면서 가장 좋았던 것은 바로 어머니였습니다. 우리는 어머니가 방문하는 날을 손꼽아 기다렸습니다. 어머니는 일을 마치면 한 손에는 뜨개질 거리를, 다른 한 손에는 파운드케이크를 들고 푸른색 나무 계단을 올라 내가 일하는 곳에 찾아오시곤 했습니다. 강간 피해자의 전화가 걸려 오고, 구타를 당한 여성이 나타나고, 연달아 전화벨이 울리고, 무언가 못마땅한 고양이가 미친 듯이 계단을 오르락내리락할 때 어머니는 가장 편안한 자리에 조용히 앉아서 뜨개질을 하셨습니다. 어머니는 조용한 증인과도 같았고, 그곳에서 일하는 사람들에게 말로 표현하기 힘든 든든한 위안이 되었습니다. 우리에게 케이크를 가져다주고는 가만히 앉아서 공포, 두려움, 고립감이 침범하지 못하도록 묵묵히 뜨개질을 하고 계셨던 겁니다. 어머니는 우리의 목격자였습니다.

그리스인 조르바는 삶은 '대재앙'이라고 했습니다. 춤추는 두루미, 망고, 사랑, 음악, 월출moonrise, 부패, 폭력. 이 모든 것이 대재앙이라고 했습니다. 강간은 그중 하나일 뿐입니다. 하지만 나는 강간이 어쩔 수 없는 것이라는 주장을 받아들일 수 없습니다. 앞으로도 마찬가지일 것입니다. 강간은 선택입니다. 강간범들은 강간을 선택했습니다. 우리도 어떻게 행동할지 선택하면 됩니다. 내가 비현실적인 이상주의자처럼 보인다고 해도 괜찮습니다. 나는 강간이 없는 세상이 가능하다고 믿습니다.

야스민 엘리패의 글에는 그녀가 속한 카이로중재그룹 멤버들이 타흐리르 광장에 모인 군중과 이야기하는 장면이 나옵니다.[1] 그들은 군중이 잠재적인 성범죄자이고, 성범죄를 저지르지 않는다고 하더라도 자신들에게 아무런 도움을 주지 않을 사람들이라고 생각했습니다. 하지만 이 그룹은 사람들이 해치려고 하기보다는 서로 도와주고 싶어 한다고 믿었습니다. 다음은 카이로중재그룹의 회원인 아담과 내가 나눈 인터뷰입니다.

언제 이런 방침을 정한 것입니까?
우리는 사람들이 둘 중에서 선택할 수 있다는 것을 늘 알고 있었습니다.

공격을 하다가도 가끔 돌변하는 사람이 있다고 여자들이 말했기 때문인가요?
사람들이 그냥 미치는 경우도 있고, 다른 사람에 의해 격앙되어 그렇게 되는 경우도 있습니다. 하지만 사람들은 각자 자신의 위치에서 좋은 사람이 되고 싶을 수 있습니다. 당신은 훼방꾼이 되고 강간은 선택입니다. 강간범들은 강간을 선택했습니다. 우리도 어떻게 행동할지 선택하면 됩니다. 내가 비현실적인 이상주의자처럼 보인다고 해도 괜찮습니다. 나는 강간이 없는 세상이 가능하다고 믿습니다.

싶나요? 영웅이 되고 싶나요? 우리는 아주 차분하고 지극히 조심스럽게 그들의 귀에 대고 영웅이 되라고 격려합니다. 소리를 지르거나 공포를 조장해서 위험한 히스테리가 발작하게 하면 안 됩니다. 우리는 아주 부드럽게 접근하여 조용한 힘, 감각과 이성이 되살아나게 하는 것을 목표로 합니다.

평정을 유지하는 것이 어려운 적도 있나요?

대가를 무릅쓰고 폭력을 행사하는 것은 내면에서 끓어오르는 분노와 두려움 때문입니다. 정반대되는 처방만이 광기와 히스테리를 해소시킬 수 있죠. 용광로 속에 얼음덩어리를 넣는 것처럼 기이한 일이지만 분명히 효과가 있습니다.

무대에서 펼치는 연기 같은 것이군요.

네, 맞습니다. 연기입니다.

물론 그 무대가 정말 무서운 곳에 있다는 것이 다르네요.

데스 메탈 콘서트에 가서 청중들의 귀에 플라톤을 속삭이는 것과 같죠.

믿음의 도약은 어렵습니다. 데스 메탈 콘서트에 가서 플라톤을 떠올리는 사람도 있고, 두루미와의 진실한 사랑을 믿는 사람도 있고, 해치기보다는 도와주는 것을 선택하는 사람도 있습니다. 역사가 우리에게 귀 기울이지 않으면 더더욱 힘들어집니다. 인간 종의 이야기는 집단 차원뿐만 아니라 개인 차원에서도 강간과 침략의 역사입니다. 인도 시골 상점에서 100루피만 주면 강간 비디오를 살 수 있는 현실에서 인간성을 신뢰하기란 어려운 일입니다.

게다가 이 비디오는 연극이 아니라 진짜 강간 장면을 담고 있습니다. 북인도에서는 '로컬 비디오' 또는 '왓츠앱 섹스 비디오'라고 부르기도 합니다.[2] 그냥 구멍가게에 들어가 얼마 되지 않는 돈만 내면 살 수 있습니다. 남성이 여성을 강간하는 장면을 촬영해 비디오로 만들어 팝니다.

그럼에도 나는 인간의 본성에 대한 믿음을 포기하고 싶지 않습니다. 인간의 본성에는 다정함, 관대함, 동정심, 존경심이 있습니다. 물론 비열함, 잔인함, 이기심, 형편없는 나약함도 존재합니다. 나는 인간의 모든 면을 낱낱이 들여다보았기에 진정한 인간의 본성이 무엇인지는 잘 모르겠습니다. 내가 아는 것은 우리는 서로 어떻게 대할지 선택을 한다는 것입니다. 그 선택이 너무나 자주 타인을 침해하고 파괴해서 일어서지 못하게 만든다는 것입니다. 강간은 본능적인 것일까요? 사회화 과정에서 싹트는 필수 불가결한 부산물일까요? 우리는 함께 그 답을 찾아 나서야 합니다. 서로 대화하지 않으면 그 답을 영원히 찾지 못할 것입니다.

소음이 가득한 세상에서 강간을 둘러싼 침묵은 눈에 쉽게 띄지 않습니다. 그저 통계나 고상한 원칙을 들먹이고 넘어가는 것은 쉽습니다. 하지만 정당하지 않은 처벌, 일관성 없는 기억, 비논리적인 궤변에 대해 이야기하는 것은 결코 쉬운 일이 아닙니다. 씻을 수 없는 수치심, 죄책감, 트라우마에 대해 이야기하는 것도 결코 쉽지 않습니다. 딱 꼬집어 분류하기 어려운 괴상한 역설에 대해 이야기하는 것은 더더욱 쉽지가 않습니다.

라말라에서 코펜하겐, 뭄바이, 포트엘리자베스까지 다양한 목소리를 담고 있는 이 책이 기나긴 침묵을 깨뜨리고 몇몇 어두운 그림자에 조금이나마 빛을 비추길 바랍니다.

강간. 구원. 대재앙.

감사의 말

내 삶을 구원해주신 분들

아리아 압둘알리, 슈문 압둘알리, 아딜 압둘알리. 당신들은 나에게 세 개의 잭팟입니다. 나의 영웅 톰 엉거는 요리를 해주고 글을 편집해주고 자료를 찾아주고 격려를 해주고 웃어주고 참아주고 이해해주고 베이컨과 석류와 땅의 요정을 선사해주었습니다. 사마라 엉거는 씨앗에 날개를 달아주었습니다. 제프리 알페린, 라시드 알리, 아지자 티압지 히다리, 실라 나하르와르, 비샤카 다타, 수전 햄버거, 소피 몰홀름, 재닛 야센, 그리고 보스턴강간피해자센터에서 일하는 여성분들에게 감사드립니다.

이 글이 책이 되게 해주신 분들

네 명의 환상적인 페미니스트 편집자가 이끄는 국제적인 능력을 갖춘 출판사를 만난 것은 내게 정말 큰 행운이었습니다.

미리어드 에디션, UK: 칸디다 레이시가 이 모든 것을 시작했습니다. 그녀는 정말 재능이 뛰어납니다. 열정적이고 성실하며 상상을 초월할 정도로 현명합니다. 정기적인 스카이프 잡담 시간이 없었다면 내 삶은 정말 무료했을 겁니다. 미켈란젤로가 대리석을 매만지듯 내 원고를 다듬어준 린다 매퀸에 감사의 말을 전합니다. 나머지 팀원 돈 새킷, 이소벨 매클레인, 커린 펄먼, 에마 다우슨, 애나 버트, 애나 모리슨, 루이자 프리처드에게도 감사합니다. 댄 레이먼드 바커, 뉴 인터내셔널리스트, 미리어드에서 일하는 모든 직원들, 초기부터 이 책을 믿어준 분들께 감사드립니다.

펭귄 랜덤하우스 인디아: 마나시 수브라마니암, 내 이야기를 책으로 만들어야 한다고 힘을 주셨습니다. 감사합니다.

펭귄 랜덤하우스 오스트레일리아·뉴질랜드: 탁월한 제안과 더불어 오렌지색 토트백을 선물해준 메러디스 커노우에게 감사합니다. 세라 헤이스와 에밀리 쿡에게도 감사를 표합니다.

뉴프레스, USA: 엘런 아들러, 비행기 안에서 휴대폰 빛에 의지해 내 책을 읽고 기존의 출판 관행을 깨고 바로 출간할 수 있도록 도와주셔서 감사합니다. 브라이언 올리키, 세라 스윙을 비롯해 이 책이 나오기까지 도움을 주신 모든 뉴프레스 직원들에게 감사드립니다.

그리고 열정적으로 아낌없이 홍보를 지원해주신 맥널리잭슨북스의 세라 맥널리와 앤절라바게타커뮤니케이션스의 앤절라 바게타에게 감사드립니다.

소중한 의견과 지혜를 주신 분들

야스민 엘리쩨, 아이린 메터, 비샤카 다타, 신시아 인로, 할린 에이즐리, 칼키 코이클린, 미탈리 아이양가르, 그리고 국경없는의사회. 라일라 앳산, 미나 세슈와 상그람, 노마웨투 시스와나, 자나 진델과 우분투 패스웨이, 숀 그로버, 재클린 프리드먼, 시다르스 두브, 샤론 잭스, 티나 혼, 사미 팔타스, 지나 스카라멜라, 멜리사 디트모어, 게타 미스라에 감사의 말을 전합니다. 그리고 톰 엉거, 톰 엉거에게 다시 한번 감사를!

나에게 자신의 이야기를 들려주신 분들

나에게 아낌없이 자신의 이야기를 들려준 분들은 참혹한 지옥을 경험했으나 대부분 고결함과 기품을 가지고 다시 제자리를 찾았습니다. 물론 그렇지 않은 사람도 있습니다. 모두 다 성공적인 것은 아닙니다. 이야기를 나누면서 꽤 많은 티슈를 써야만 했지만 함께 웃은 적도 많습니다. 당신들은 우리 시대의 전사이자 영웅들입니다. 당신들과 함께 시간을 보낼 수 있어서 얼마나 큰 영광인지 모릅니다. 당신들의 이름을 네온사인에 새겨 밝힐 수 있다면 얼마나 좋을까요.

주

1. 들어가며

1. www.slate.com/blogs/the_slatest/2016/10/07/donald_trump_2005_tape_i_grab_
women_by_the_pussy.html

2. https://transequality.org/sites/default/files/docs/usts/USTS-Executive-Summary-
Dec17.pdf

2. 누구에게 말해야 할까요?

1. www.youtube.com/watch?v=c6sxzOpHQrY

2. www.nytimes.com/2013/01/08/opinion/after-being-raped-i-was-wounded-my-
honor-wasnt.html

3. 조용히 있든지, 죽든지, 미친년이 되든지

1. Dept of Justice, Office of Justice Programs, Bureau of Justice Statistics, National Crime
Victimization Survey, 2010–14 (2015)

2. http://journals.sagepub.com/doi/10.1177/1077801210387749

3. Slepian, M. L., J. S. Chun, and M. F. Mason (2017). The experience of secrecy. *Journal
of Personality and Social Psychology,* 113(1), 1–33.; http://psycnet.apa.org/record/

2017-20428-001

4. Beard, Mary, *Women & Power: A Manifesto*, Profile Books, London, 2017.

5. www.bbc.com/news/entertainment-arts-41594672

6. http://news.bbc.co.uk/2/hi/africa/8650112.stm

7. www.panzifoundation.org/panzi-hospital

8. www.theguardian.com/world/2016/aug/03/kavumu-village-39-young-girls-raped-justice-drc

9. www.alternet.org/human-rights/how-one-american-journalist-took-down-militiamen-who-raped-50-young-girls

4. 완전히 다르고 정확히 같은

1. www.dissentmagazine.org/article/breaking-cage-india-feminism-sexual-violence-public-space

2. www.scribd.com/document/121920147/Justice-J-S-Verma-committee-report-on-sexual-assault

3. www.bbc.com/news/magazine-38796457

4. www.amnestyusa.org/issues/death-penalty/death-penalty-facts

5. www.livemint.com/Leisure/NvPjEMDihrmOiL7XAjl6MP/Why-the-Delhi-sentence-is-too-much-and-too-little.html

6. www.washingtonpost.com/local/social-issues/calls-to-rape-crisis-centers-are-surging-amid-the-outpouring-of-sexual-assault-allegations/2017/11/22

7. https://people.com/archive/no-town-without-pity-a-divided-new-bedford-seeks-justice-in-a-brutal-gang-rape-case-vol-21-no-10

8. www.justice.gov/ovw/tribal-affairs

9. www.stuff.co.nz/national/21913/Abuse-of-Maori-women-shocking

10. www.aihw.gov.au/reports/domestic-violence/family-domestic-sexual-violence-in-australia-2018/contents/summary

11. www.ncdsv.org/images/SexAssaultandPeoplewithDisabilities.pdf

12. www.nytimes.com/2018/02/04/opinion/metoo-law-legal-system.html?mtrref=www.

google.com&assetType=opinion

5. 예스, 노, 아마도

1. www.youtube.com/watch?v=oQbei5JGiT8

2. www.bbc.com/news/world-us-canada-41699245

3. Seager, Joni, *The Penguin Atlas of Women in the World*, 4th ed., Penguin Books, UK, 2009. pp. 58–9.

4. www.aljazeera.com/indepth/opinion/2017/08/middle-east-roll-repeal-marry-rapist-laws-170822095605552.html

5. www.bbc.com/news/entertainment-arts-41594672

6. www.buzzfeed.com/katiejmbaker/meet-the-expert-witness-who-says-sex-in-a-blackout-isnt?

7. www.slate.com/articles/news_and_politics/interrogation/2017/09/in_search_of_a_new_standard_for_sexual_consent_on_campus.html

8. www.vox.com/first-person/2018/1/19/16907246/sexual-consent-educator-aziz-ansari

9. www.bustle.com/p/who-is-madhumita-pandey-the-research-student-interviewed-over-100-convicted-rapists-in-india-heres-what-she-learned-2335827

10. www.vox.com/first-person/2018/1/19/16907246/sexual-consent-educator-aziz-ansari

11. www.nytimes.com/2017/08/05/us/usc-rape-case-dropped-video-evidence.html

6. 뭘 기대한 거야?

1. www.alternet.org/news-amp-politics/montana-lawyer-argues-13-year-old-rape-victim-blame-being-temptress

2. *Strong Island*, directed by Yance Ford, Yanceville Films, 2017. 이 독백은 1시간 13분 2초에 나온다.

3. http://mashable.com/2017/09/21/its-on-us-consent-logic-video

4. www.hrw.org/news/2013/07/03/egypt-epidemic-sexual-violence

7. 침묵의 카르텔

1. www.detroitnews.com/story/tech/2018/01/18/msu-president-told-nassar-complaint-2014/1042071001.

   www.nbcnews.com/news/us-news/olympic-committee-was-told-2015-suspected-abuse-nassar-n843786

2. www.mlive.com/news/index.ssf/2018/01/nassar_victim_describes_tellin.html

3. www.detroitnews.com/story/news/local/michigan/2017/11/22/larry-nassar-sexual-assault-charges/107934168

4. www.worldcrunch.com/opinion-analysis/full-translation-of-french-anti-metoo-manifesto-signed-by-catherine-deneuve

5. www.nytimes.com/2018/01/12/opinion/catherine-deneuve-french-feminists.html

6. www.odoxa.fr/sondage/plus-dune-femme-deux-france-a-deja-ete-victime-de-harcelement-dagression-sexuelle/

7. www.washingtonpost.com/blogs/compost/wp/2018/01/13/ladies-lets-be-reasonable-about-metoo-or-nothing-will-ever-be-sexy-again

8. 목숨을 부지하는 법

1. www.timeslive.co.za/news/south-africa/2017-10-10-lion-mama-walks-free-after-fatal-stabbing

2. www.deccanchronicle.com/nation/crime/230917/chandigarhhc-suspends-sentences-of-3-convicts-accuses-girls-promiscuous-attitude.html

3. www.cnn.com/2017/07/27/asia/pakistan-revenge-rape/index.html

4. www.nytimes.com/2012/05/10/nyregion/ultra-orthodox-jews-shun-their-own-for-reporting-child-sexual-abuse.html

5. https://forward.com/news/308681/25-years-later-manny-waks-is-on-a-quest-to-confront-his-abuser/?attribution=tag-article-listing-1-headline

6. www.nytimes.com/2012/05/10/nyregion/ultra-orthodox-jews-shun-their-own-for-reporting-child-sexual-abuse.html

10. 공식적인 언어로 말하기

1. www.rainn.org/statistics/criminal-justice-system
2. http://news.trust.org/item/20180206171511-j0mac
3. UNDP *Editorial Style Guide*, 2014.

11. 너의 사랑이 나를 죽여

1. https://babe.net/2018/01/13/aziz-ansari-28355
2. www.jaclynfriedman.com/unscrewed
3. www.vox.com/first-person/2018/1/19/16907246/sexual-consent-educator-aziz-ansari

12. 아주 잠깐 동안의 공포

1. www.nytimes.com/2017/07/27/world/middleeast/isis-yazidi-women-rape-iraq-mosul-slavery.html

13. 틀니로 가득 찬 가방

1. www.nimh.nih.gov/health/topics/post-traumatic-stress-disorder-ptsd/index.shtml
2. www.ptsd.va.gov/professional/trauma/other/sexual_assault_against_females.asp
3. http://zaksdental.com.au
4. www.bostonglobe.com/metro/2018/02/06/jamaica-tufts-dentists-provide-care-for-rural-communities/vbWDFGnOD Y0UBI9glyZ5wO/story.html
5. www.ncbi.nlm.nih.gov/pmc/articles/PMC3096184/#i1524-5012-10-1-38-Little1
6. http://nautil.us/blog/when-cancer-treatment-re_traumatizes-survivors-of-sexual-trauma

14. 지독하게 뻔뻔한 남자

1. www.propublica.org/article/false-rape-accusations-an-unbelievable-story
2. http://dynamic.uoregon.edu/jjf/articles/freyd97r.pdf

3. www.rollingstone.com/music/news/taylor-swift-talks-groping-trial-sexual-assault-w513445

4. https://harpers.org/archive/2018/01/cant-touch-this

15. 억겨운 권력자들에게 맞서며

1. www.nytimes.com/2016/10/08/us/donald-trump-tape-transcript.html

2. http://abcnews.go.com/International/silvio-berlusconi-wiretaps-prime-minister-spare-time/story?id=14546921

3. www.pulse.ng/bi/lifestyle/the-15-beautiful-wives-that-king-mswati-iii-has-married-id7546888.html

4. www.slate.com/blogs/the_slatest/2016/10/07/donald_trump_2005_tape_i_grab_women_by_the_pussy.html

5. http://riceinstitute.org/blog/what-fraction-of-sexual-violence-in-india-is-within-marriages-media-coverage-of-research-by-aashish-gupta

6. www.thehindu.com/news/national/criminalising-marital-rape-will-destabilise-marriage-govt-tells-hc/article19581512.ece

7. www.rappler.com/nation/politics/elections/2016/129784-viral-video-duterte-joke-australian-woman-rape

8. https://zimbabwe-today.com/grace-mugabe-women-who-wear-mini-skirts-deserve-to-be-raped-southafrica-zimbabwe-nigeria-robertmugabe

9. http://aids-freeworld.org/Publications-Multimedia/Reports/Electing-to-Rape.aspx?view=web_report

17. 처방전: 예의 바른 대화

1. www.theguardian.com/commentisfree/2013/apr/26/protect-children-talk-rape-desmond-tutu

2. Enloe, Cynthia, *The Big Push: Exposing and Challenging the Persistence of Patriarchy*, Myriad Editions, Oxford, 2017. p.49.

3. www.reddit.com/r/MuseumOfReddit/comments/1t1r2z/the_ask_a_rapist_thread

4. http://answer.rutgers.edu/blog/2015/06/12/sex-education-must-work-to-dismantle-rape-culture

20. 강탈당한 자유, 강탈당한 기쁨

1. www.mosac.net/page/285
2. https://medium.com/skin-stories/when-secrets-turn-into-stories-living-with-ptsd-as-a-young-queer-woman-146f49f2a4a5
3. https://storage.googleapis.com/vera-web-assets/downloads/Publications/overlooked-women-and-jails-report/legacy_downloads/overlooked-women-and-jails-report-updated.pdf

22. 아주 잠깐 동안의 권태

1. Haupt, Lyanda Lynn, *Mozart's Starling*, Little, Brown and Company, New York, 2017.

23. 자비심의 본질

1. Elva, Thordis and Tom Stranger, *South of Forgiveness*, Scribe Publications, Victoria, Australia, 2017; and Skyhorse Publishing, New York, 2017.
2. www.ted.com/talks/thordis_elva_tom_stranger_our_story_of_rape_and_recon-ciliation
3. www.cnn.com/2018/02/05/us/larry-nassar-sentence-eaton/index.html

24. 당신의 경험이 내 경험보다 더 끔찍해요

1. De Guissmé, Laura, and Laurent Licata (2017). "Competition over collective victimhood recognition: When perceived lack of recognition for past victimization is associated with negative attitudes towards another victimized group." *European Journal of Social Psychology*, 47: 148–166. https://doi: 10.1002/ejsp.2244
2. www.inanna.ca/catalog/im-girl-who-was-raped
3. www.theweek.in/content/archival/news/india/dont-criminialise-marital-rape-violence-not-just-forcible-sexual-penetration-flavia-agnes.html

25. 착한 여자는 안 그래

1. www.vice.com/en_us/article/evvm7e/grandmothers-in-nairobi-are-fighting-off-rapists-with-self-defense-techniques-v24n7

2. www.nytimes.com/2018/01/20/style/confronting-sexual-harassment-dominatrix-training.html

3. www.aidsdatahub.org/sites/default/files/documents/new/Rights-Evidence-Report-2015-final.pdf

4. www.livemint.com/Leisure/pf20TksLBZSZ3jtFR7oLSP/Sex-work-and-violence.html

5. www.melissaditmore.com

6. www.sangram.org/resources/RAIDED-E-Book.pdf

27. 그 남자의 상식

1. Fiske, Alan Page, and Tage Shakti Rai, *Virtuous Violence: Hurting and Killing to Create, Sustain, End, and Honor Social Relationships*, Cambridge University Press, Cambridge, 2014.

2. www.newyorker.com/magazine/2017/11/27/the-root-of-all-cruelty

3. www.ncjrs.gov/pdffiles1/nij/grants/221153.pdf

4. www.theguardian.com/us-news/2016/jun/06/stanford-sexual-assault-case-victim-impact-statement-in-full

5. www.alternet.org/world/mob-violence-india-will-have-legal-repercussions-once

29. 강간. 구원. 대재앙

1. www.yasminelrifae.com

2. www.aljazeera.com/indepth/features/2016/10/dark-trade-rape-videos-sale-india-161023124250022.html

옮긴이 김성순

대학에서 국제경영학을 전공한 뒤 다국적 IT 회사에서 10여 년간 일했다. 좋아하는 일을 하기로 마음먹고 번역가의 길로 들어섰다. 두 딸을 키우며 번역을 하고 책 만드는 일도 하고 있다. 《워리어 마마》, 《일하지 않아도 좋아》, 《낫 포 프리》 등을 우리말로 옮겼다.

강간을 말할 때 우리가 이야기하는 것

2020년 7월 13일 초판 1쇄 발행

지은이·소하일라 압둘알리 | 옮긴이·김성순

펴낸이·김상현, 최세현

책임편집·정상태 | 교정교열·김미영 | 디자인·THIS-COVER

마케팅·양근모, 권금숙, 양봉호, 임지윤, 조히라, 유미정

경영지원·김현우, 문경국 | 해외기획·우정민, 배혜림 | 디지털콘텐츠·김명래

펴낸곳·(주)쌤앤파커스 | 출판신고·2006년 9월 25일 제406-2006-000210호

주소·서울시 마포구 월드컵북로 396 누리꿈스퀘어 비즈니스타워 18층

전화·02-6712-9800 | 팩스·02-6712-9810 | 이메일·info@smpk.kr

ⓒ 소하일라 압둘알리(저작권자와 맺은 특약에 따라 검인을 생략합니다)

ISBN 979-11-6534-179-4 (03330)

• 이 책은 저작권법에 따라 보호받는 저작물이므로 무단전재와 무단복제를 금지하며, 이 책 내용의 전부 또는 일부를 이용하려면 반드시 저작권자와 (주)쌤앤파커스의 서면동의를 받아야 합니다.
• 이 책의 국립중앙도서관 출판시도서목록은 서지정보유통지원시스템 홈페이지(http://seoji.nl.go.kr)와 국가자료공동목록시스템(http://www.nl.go.kr/kolis net)에서 이용하실 수 있습니다. (CIP제어번호: CIP2020021880)
• 잘못된 책은 구입하신 서점에서 바꿔드립니다. • 책값은 뒤표지에 있습니다.

쌤앤파커스(Sam&Parkers)는 독자 여러분의 책에 관한 아이디어와 원고 투고를 설레는 마음으로 기다리고 있습니다. 책으로 엮기를 원하는 아이디어가 있으신 분은 이메일 book@smpk.kr로 간단한 개요와 취지, 연락처 등을 보내주세요. 머뭇거리지 말고 문을 두드리세요. 길이 열립니다.